Schaduw van de leeuw

Linda Dielemans

Schaduw van de leeuw

Leopold / Amsterdam

De leeuwenman kwam alleen wanneer ze het niet verwachtte. Als ze hem riep, antwoordde hij niet. Als ze hem zocht, was hij nergens te vinden. Maar rennend onder de sterren met de kuddes, tussen de rendieren met hun donkere geweien of de paarden met hun wuivende, ruige manen, was hij er soms opeens. Dan voelde ze zijn glinsterende blik nog voordat ze hem zag.

Vaak was hij niet meer dan een schaduw, een schim, half verborgen in de ademwolken van de dieren die dampten in de ijzige kou. Soms rende hij naast haar. Met zijn lange, slanke benen hield hij haar gemakkelijk bij. Hij droeg altijd dezelfde kleren. Een soepele broek van donker leer. Gevoerde laarzen. Een jas versierd met strepen rode oker en een kraag van wit vossenbont. Maar hij was geen gewone man. Hij had de kop van een leeuw. Zijn oren waren zacht en rond, bedekt met een lichtbruine vacht. Scherpe tanden blonken in zijn bek en zijn ogen waren geel met een kleine, zwarte pupil. Intelligente ogen. Gevaarlijke ogen.

Ze wist niet hoe hij kon bestaan. Niemand had ooit van hem gehoord. Ze had hem wel gevraagd wie hij was, maar hij antwoordde nooit. Ze wist niet of hij niet kon praten, of dat hij het niet wilde. Maar ze wist dat hij er was om haar te helpen. Hij kende haar, dat zag ze, dat voelde ze. En zij kende hem. Ergens diep vanbinnen kende ze deze leeuwenman. Ze wist alleen nog niet hoe.

Dus vroeg ze hem niets meer. Ze wilde hem niet wegjagen uit haar dromen. Ooit zou ze ontdekken wie hij was, maar voorlopig zou ze tevreden zijn met zijn gezelschap. Door hem was ze niet meer zo alleen.

1

'Joeni! Joeni, waar ben je?'

De mannenstem sijpelde haar oren binnen. De rennende paarden losten op voor haar ogen en maakten plaats voor een lege vlakte. Pas nu merkte Joeni weer hoe koud de wind was, het puntje van haar neus voelde ze al niet meer. De geur van bevroren lucht vulde haar neusgaten, en ijskristallen hadden zich in haar ooghoeken genesteld. Ze prikten terwijl ze ze wegknipperde.

Ze was hier al veel te lang. Achter haar scheen de zon bleekjes. Hij stond laag aan de helderblauwe hemel, de rotsen langs de rivierbocht verderop blokkeerden het licht. Wind en schaduw werkten samen om haar in ijs te veranderen.

Joeni huiverde. Waarom was ze niet tegen die rotswand gaan zitten? Dat was een prima plek uit de wind.

Maar hier droom ik beter, dacht ze, ik heb de kou nodig om te dromen. De wind moet in mijn oren suizen. Het moet pijn doen.

Ze had zo veel mogelijk rendierhuiden mee gegrist toen ze vanochtend uit de woongrot was geglipt en die allemaal om zich heen geslagen, om haar schouders, om haar benen, over haar hoofd. Het was niet genoeg. Rillingen trokken onafgebroken door haar lijf en lieten haar spieren verkrampen. Maar ze moest opstaan. Er kwam iemand aan.

Ze liet de huiden van zich af glijden en duwde zich omhoog. Meteen zakte ze door haar benen. Die tintelden pijnlijk, en ze kon maar net voorkomen dat ze met haar gezicht op de grond belandde. De man in de verte haastte zich naar haar toe. Het was Das. Natuurlijk was het Das.

'Wat doe jij hier?' vroeg de jager nors. Hij trok haar overeind alsof ze niets woog.

'Hoe vaak heeft Uma nu al gezegd dat je niet zo ver weg moet gaan? Zelfs de honden weten dat het gevaarlijk is om in de winter alleen buiten te zijn. Als de kou je niet te pakken krijgt, zijn het de hyena's wel. Ze hebben honger. Ik hoor ze iedere avond janken, en ze komen steeds dichterbij.'

'Ik heb mijn speer bij me, Das,' antwoordde Joeni. 'Ik ben aan het vissen. Ik wilde net een gat in het ijs slaan.'

Das staarde haar aan.

'Waarmee dan? En ik zie geen vishaken, geen touw. Lieg niet tegen me. Je was aan het dromen. Ik zie het aan je. Hoe vaak moet Uma nog zeggen dat je daarmee moet stoppen? Toek is onze dromer. Tira is zijn leerling. Jij niet.'

Das' donkere ogen gingen schuil onder zijn zwarte wenkbrauwen. Bevroren adem hing in zijn baard en snor.

Het kan me niet schelen wat Uma zegt, dacht Joeni, of ze nu de stammoeder is of niet. Ze heeft een hekel aan me. En ik aan haar.

Maar ze zei niets.

'Kom,' zei Das. 'Het is tijd voor de jacht. We hebben de kudde lang genoeg gevolgd. Sommige dieren zijn moe en hongerig en blijven achter. We moeten snel zijn, voordat de leeuwen ze te pakken krijgen.'

'Ja,' antwoordde Joeni, maar ze had niet echt geluisterd.

'Kom,' zei Das nog eens. Hij zweeg even, maar plotseling pakte hij haar gezicht vast en dwong Joeni hem aan te kijken. Zijn ruwe vingers begroeven zich in haar wangen.

'Joeni! Kijk in mijn ogen. De dromen zijn niet voor jou. Blijf er ver vandaan.'

'Je doet me pijn,' kermde ze.

'Dan onthoud je misschien een keer wat ik zeg.'

Hij liet haar los en liep weg. Joeni moest hem wel volgen. Ze wreef over haar wangen, maar ze kon het gevoel van Das' gloeiende vingertoppen niet uitwissen.

In de verte klonk het geluid van een roofvogel. Joeni kneep haar ogen tot spleetjes en tuurde naar boven. Geen vogel te zien. Dit was het afgesproken teken.

Ze klakte met haar tong om de anderen te waarschuwen, die net als zij onbeweeglijk op hun hurken achter de rotsen verscholen zaten. Langzaam kwamen ze tevoorschijn, speren in de aanslag. Aan de andere kant van de kudde had de roep van de roofvogel nog meer schaduwen uit hun schuilplaats gelokt. Joeni kon hen tussen de poten van de rendieren door zien sluipen, hoofd gebogen en op hun hoede, net als zij.

De kudde graasde in het dal, zich onbewust van het gevaar dat langs hun flanken bewoog. Een van de rendieren keek op, snuivend in de knisperend koude lucht, en Joeni probeerde zijn blik te vangen. Maar hij zag haar niet. De rendieren in haar dromen zagen haar altijd. Ze wisten wie ze was en lieten haar zo dichtbij komen dat ze ze aan kon raken. Maar niet dit rendier. Niet deze kudde.

Al snel ging het dier verder met grazen. Zijn gewei bewoog loom mee met zijn kop, en zijn zachte lippen en hoeven schoven over de grond op zoek naar het korstige mos dat de rendieren zo graag aten. Het was maar goed dat hij Joeni niet had gezien. Want dit was geen droom. Dit was de grote jacht. Vandaag ging het om eten. Om kleren en pezen en botten.

De jagers slopen naar de achterkant van de kudde, waar de zwakke dieren zouden zijn. Ze stonden een beetje apart, alsof de anderen ze al hadden opgegeven. Het waren er vijf. Maar vijf was meer dan genoeg. Hun koppen schoten om beurten omhoog, onrustig en waakzaam. Ze wisten dat ze meer gevaar liepen dan hun soortgenoten.

Weer klonk de roep van de roofvogel.

'Nu!' riep Joeni, en ze stoof samen met de andere jagers naar voren, tussen de afgezonderde dieren en de rest van de kudde in. Angstige kreten klonken door het dal, gevolgd door het overdonderende geluid van honderden hoeven toen de kudde in beweging kwam. Joeni rende, joelend en fluitend, terwijl ze haar speer door de lucht zwaaide en af en toe dreigend stak naar de dieren die voor haar wegdraafden. Ze keek even achterom. Het was hun gelukt om het grootste deel van de kudde de andere kant op te laten gaan. Een zee van korte, witte staarten en donkere geweien wierp aarde en klompen harde sneeuw omhoog. Een van de achtervolgende jagers schreeuwde en greep naar zijn gezicht. Joeni grinnikte. Dat zou een blauw oog worden.

Opeens zag ze vanuit haar ooghoeken een flits van een ruige roofdiervacht.

De leeuwenman?

Ze vertraagde haar pas, liet haar speer zakken en wilde al bijna omdraaien toen iemand hard aan haar mouw trok.

'Joeni! Wat doe je?'

Toen: 'Pas op!'

Er botste iets tegen haar op, het raakte haar schouder met zo'n harde klap dat ze met haar gezicht op de bevroren grond viel. Ze voelde haar tanden door haar lip gaan en proefde bloed. Toen ze omhoogkeek, zag ze nog net het witte achterste in de richting van de kudde verdwijnen. Ze staarde het rendier met open mond na.

'Joeni, gaat het?'

'Nee.'

Ze draaide zich op haar rug. Het was Cram die bezorgd op haar neerkeek. Cram, niet Das, gelukkig. Die zou haar zo hard geslagen hebben dat ze meteen weer op de grond terecht was gekomen. Cram stak zijn hand uit om haar overeind te helpen.

'Wat deed je?' vroeg hij toen ze weer stond.

'Niets, Cram. Ik dacht dat ik iets zag. Dat is alles, en het was dom.'

Haar schouder klopte pijnlijk.

'Het maakt niet uit,' zei Cram. 'We hebben er toch drie te pakken. Kijk maar.'

Even verderop waren de bange rendieren recht in de val gelopen. Vier nieuwe jagers hadden ze opgewacht, precies zoals Das van tevoren had bedacht. Hun speren waren snelle, zwarte strepen tegen een lucht van lichtblauw ijs. De doodskreten van de rendieren vulden Joeni's oren. Ze rilde even.

'Maar als Das ervan hoort...'

'Van mij hoort hij niets.'

Joeni keek hem even onderzoekend aan, maar Crams blik was vriendelijk. Ze geloofde hem.

'Dank je.'

De man haalde zijn schouders op. 'Ik zie heus wel dat Das je in de gaten houdt. Hij kan dan wel de leider van de jagers zijn, maar dat betekent niet dat hij anderen het leven zuur mag maken. Probeer alleen niet al te veel eten meer te laten ontsnappen. Goed?'

'Ik beloof het,' zei Joeni met een scheve glimlach.

'Kom, we gaan helpen,' zei Cram. 'Rendieren lopen niet vanzelf naar het vuur. Zeker niet als ze net dood zijn.'

'Je hebt bloed in je jas. Laat me het eruit kammen.'

De stem van stammoeder Uma was zacht maar dwingend.

Joeni keek nog even verlangend naar het vuur, maar ging toen gehoorzaam zitten, buiten het bereik van de hitte die daar zo heerlijk van de vlammen en de stenen afstraalde. Uma zat nooit bij het vuur, zij bleef meestal in de schaduwen, net buiten de kring van mensen. Ze sliep in de achterste nis van de woongrot, waar de scherpe rotsen naar voren staken alsof het binnenste van de aarde haar met zijn harde armen wilde beschermen. Ze had het toch nooit koud, zei ze. En het was voor de stamleden gemakkelijker om met hun vragen bij haar te komen als niet iedereen er met zijn neus bovenop zat.

Dat was waar. Maar Joeni had niet om een gesprek gevraagd. En wat kon dat bloed haar schelen? Zo veel mensen hadden bloed in hun jas. Dat was normaal. Ze had twee zware achterpoten naar de woongrot gedragen. En nu wilde ze alleen maar ontspannen en warm worden. Ze huiverde en trok haar handen in haar mouwen. Het hielp niet veel.

'Das vertelde me van je uitstapje,' zei Uma achter haar, terwijl ze met korte bewegingen een benen kam door het bont van Joeni's jas haalde.

Natuurlijk ging het daarover.

'Was je vergeten wat ik heb gezegd?'

'Nee, Uma.'

'En toch ga je naar buiten.'

'Het spijt me.'

De vrouw hield op met kammen. 'Kijk me aan.'

Langzaam draaide Joeni zich om. Uma's gezicht was zacht en rond, en haar haren waren in tientallen knotjes strak op haar hoofd vastgezet. Haar blik was bezorgd, maar Joeni wist dat die bezorgdheid vals was. Uma pakte haar handen. Haar vlezige vingers waren warm.

'Ik weet dat je droomt. Ik weet ook dat je me niet alles vertelt. En misschien ben je wel een betere dromer dan Tira. Maar je kunt haar plaats niet innemen, dat begrijp je toch? Er is geen andere plek voor haar. Jij bent sterk en snel. Jij moet rennen en jagen en voor je kinderen zorgen als je moeder wordt. De dromen zijn voor Tira. Zij is Toeks leerling.'

Uma zuchtte.

'Ik ben de stammoeder, Joeni. Het is mijn taak om voor iedereen te zorgen. De dromen die de Moeder stuurt, zijn verraderlijk. De waarheid ligt er diep in verborgen, en alleen een echte dromer kan haar herkennen. Als je zomaar iedere droom volgt die zich aandient, zul je rampen veroorzaken. Rampen die niet meer goed te maken zijn.'

'Leer me de waarheid dan herkennen,' smeekte Joeni. 'Laat Toek me helpen!'

Dit was niet de eerste keer dat Uma haar had aangesproken op het dromen. En dit was niet de eerste keer dat Joeni om Toeks hulp had gevraagd. Waarom gaf Uma niet toe? Ze moest toch voor de stam zorgen? Waarom dan niet voor haar?

'Nee,' antwoordde Uma beslist. 'Ik verbied je om nog te dromen.'

'Hoe kan iemand stoppen met dromen? Iedereen droomt.'

Joeni moest moeite doen om niet te schreeuwen. Schreeuwen hielp niet, zeker niet bij Uma. De mond van de stammoeder veranderde in een harde streep.

'Doe niet alsof je dom bent. Je weet wat ik bedoel. Vanaf nu glip je niet meer weg naar afgelegen plekjes. Denk maar niet dat ik ze niet ken. En iedere droom die toch komt, vertel je meteen aan mij. Hopelijk duurt het dan niet lang voordat ze uit je hoofd verdwenen zijn. Je moet ze vergeten. Dus ook geen tekeningen meer, Joeni. Niet in de woongrot en zeker niet op de rotsen buiten. Begrijp je waarom ik dit zeg?'

Joeni wilde haar handen uit die van Uma trekken en wegrennen, ver weg van het vuur en de grot en de wrede vrouw die voor haar zat, maar de stammoeder hield haar stevig vast. Begreep Uma het dan niet? Zonder haar dromen was Joeni niets. Zonder haar dromen was ze niemand. Ze zou de leeuwenman nooit meer zien.

Tranen sprongen in haar ogen, maar de boze woorden in haar hoofd kwamen niet uit haar mond. Ze liet haar hoofd hangen. Geen dromen meer, geen leeuwenman. Geen tekeningen meer om te bewijzen dat ze de paarden en de rendieren uit haar dromen echt had gezien. Zonder tekeningen hadden haar dromen geen betekenis. En dat was precies wat Uma wilde.

'Ik zie dat je het snapt,' zei Uma. 'Maar treur niet te lang, meisje. Tranen zijn voor de dood, niet voor het leven. Geef het dromen op, zoals ik gevraagd heb. Wees verstandig. Ik zal Das zeggen dat hij je in de gaten moet houden.'

'Alsof hij dat al niet deed!'

'Niet zo onbeschoft, Joeni.' Er verschenen harde lijnen rond Uma's ogen. 'Dat staat je niet.'

Toen ontspande haar gezicht. 'Het valt niet mee om stammoeder te zijn. Kom hier.'

Ze spreidde haar armen en hoewel er niets was wat Joeni op dit moment minder graag wilde, liet ze zich toch door Uma omhelzen. Het was wonderlijk hoe iemand die zo hard was vanbinnen, vanbuiten zo zacht kon zijn. Joeni stikte bijna, ze verdronk in een rivier van vel en vet, van borst en buik. Toen de stammoeder haar losliet, waren haar wangen rood en hijgde ze een beetje.

Uma glimlachte. 'Ga nu maar.'

Snel stond Joeni op, veegde over haar gezicht en vluchtte weg.

De rest van de stam zat rond het vuur. Mannen en vrouwen, jong en oud. Een van de mannen repareerde een jas, een vrouw sneed een nieuwe speer. De oudere kinderen speelden met de kleintjes of praatten met elkaar, maar Joeni deed geen moeite hen te verstaan. Een baby huilde en de moeder begon zachtjes te zingen. Haar stem weerkaatste tegen de zijkanten van de grot en de melodie golfde door de ruimte. Slaap, slaap maar, zei het lied. Het hielp.

Joeni vond een plekje tussen een soezende hond en iemand die met zijn rug naar haar toegekeerd zat. Hij draaide zich om. Het was Cram. Joeni knikte hem toe en ontspande. Hier was ze veilig.

'Eet wat,' zei Cram, en hij reikte haar een stuk geroosterd vlees aan.

'En dit.' Hij duwde een vochtige bal in haar handen. 'Uit de magen van de rendieren van vanochtend. Goed voor je.'

Joeni zette haar tanden in het half verteerde mos. Het smaakte zuur en was slijmerig, maar ze had al zo lang niets groens gegeten dat een handvol verse lentekruiden niet lekkerder had kunnen zijn. En het was de enige manier. Mensen kregen buikpijn van het mos als ze het zomaar aten. Dat wist ze uit ervaring.

Joeni likte haar vingers af en nam toen een hap van het vlees. Het was heerlijk sappig en warm, maar het bleef rendier. Weer rendier. Ze kon het niet meer ruiken, wilde het niet meer proeven. Met moeite slikte Joeni het vlees door. De andere helft gaf ze aan de hond naast haar. Die had er geen problemen mee en smakte luidruchtig.

'Wanneer denk je dat de mammoeten weer komen?' vroeg ze aan Cram. 'Of de bizons?'

Cram lachte kort.

'We hebben allemaal wel zin in iets anders. Maar ik weet het niet. Ze zijn niet in Toeks dromen, en Das heeft op zijn verkenningstochten nog niets gezien wat erop wijst dat ze onderweg zijn. We moeten dus nog even volhouden, of anders binnenkort vertrekken. Het zal jammer zijn om deze woongrot achter te laten. Maar wees blij dat we geen honger lijden.'

'Dat is waar.'

Bijna had ze er spijt van het vlees aan de hond gevoerd te hebben, maar hij kroop dichter tegen haar aan, legde zijn kop op haar been en zuchtte tevreden terwijl ze door zijn vacht kriebelde.

Misschien moet ik ook gewoon tevreden zijn, dacht Joeni, net als jij, hond. We hebben het warm en krijgen te eten. Wat is er nog meer te willen?

Een thuis. Een stam waar ik gezien word in plaats van in de gaten gehouden.

Aan de andere kant van het vuur glansden Das' ogen. Als kooltjes waren ze, altijd gloeiend en gemakkelijk tot een brullend vuur te wekken. Joeni was meer dan eens degene die dat vuur aanwakkerde. Maar zijn blik was dit keer niet op haar gericht. Hij leunde ontspannen tegen de wand van de grot en praatte met Tira, zijn dochter.

Ze was een dun, pezig meisje met steil zwart haar dat ze altijd achter haar oren streek. En ze was slim. Joeni wist heel goed hoe slim ze was. Maar haar rug was krom als de stam van de verweerde jeneverbes die aan de voet van de rotsen groeide. Ze kon niet goed lopen en had altijd pijn. Terwijl Joeni naar haar keek, zag ze Tira's smalle gezicht meer dan eens vertrekken.

Das zag het ook, maar iedere keer als hij probeerde haar te troosten, duwde Tira zijn hand weg. Ze wilde geen medelijden, zelfs niet van haar vader. En haar moeder was al lang geleden overleden. Joeni kon zich niet eens meer goed herinneren hoe ze eruit had gezien. In dat opzicht hadden zij en Tira iets gemeen.

Een vlaag lucht blies hard door de woongrot toen de leren gordijnen voor de ingang plotseling opzij werden geduwd. Mensen mompelden boos, en zelfs de hond rilde. Hij kroop nog wat dichter tegen Joeni aan. Naast Joeni schudde Cram zijn hoofd.

'Dromers,' bromde hij.

Iedereen was stil toen Toek in het licht van het vuur stapte, zelfs de kinderen. Joeni's hart bonsde wild en ze hield haar adem in. Hij had gedroomd, en hij had zijn droom getekend. Er hing verf in zijn baard. Wat voor een droom was het geweest? Kwamen de mammoeten? Moest de stam vertrekken? Waren ze in gevaar?

Toek keek even om zich heen, alsof hij nu pas begreep waar hij was. De ivoren kralen op zijn jas tikten zachtjes tegen elkaar en smeltend ijs druppelde uit zijn haar langs de rimpels op zijn voorhoofd. Toen glimlachte hij, met glinsterende ogen en ontblote tanden. Ze waren rood van het spugen van verf op rots. Dromers tekenden met hun adem.

Joeni liet opgelucht de lucht uit haar longen ontsnappen en de spanning, die even als een dikke rookwolk in de woongrot had gehangen, loste op. Het was een goede droom geweest. Toek zei niets, maar zijn lach was duidelijk genoeg. Snel verdween hij in de schemer achter in de woongrot. Naar Uma. De stammoeder zou zijn dromen als eerste horen, en samen bepaalden ze dan wat de droom betekende en wat er gedaan moest worden. Dat was hoe het altijd ging. Dat was hoe het moest zijn.

Het duurde een tijdje voor Toek terugkwam naar het vuur. Hij keek rond en ging toen bij Das en Tira zitten. Met grootse gebaren legde hij zijn droom aan zijn leerling uit. Het was moeilijk om niet jaloers te zijn. Toeks handen weefden figuren in de lucht, zo vloeiend en snel dat Joeni niet kon zien wat ze voorstelden. Tira leek haar pijn te vergeten en luisterde aandachtig. Als ze iets vroeg, antwoordde Toek liefdevol en geduldig. Das mengde zich niet in hun gesprek, maar keek toe. Hij was trots op zijn dochter. Iedereen kon dat zien. Het was alsof Tira twee vaders had.

En ik? Ik heb niemand.

Pas toen de hond begon te piepen, merkte Joeni dat ze hard in zijn vel kneep. Vlug liet ze los. Maar de hond hees zich overeind en sjokte naar een plekje waar hij hopelijk beter behandeld zou worden.

Cram keek Joeni fronsend aan. 'Die hond kan er niets aan doen dat jij ongelukkig bent.'

'Ik wilde hem geen pijn doen.'

'Maar je deed het wel.'

'Het spijt me, Cram.'

Hij keek haar niet meer aan toen hij opstond en naar een plekje verderop verhuisde. Ze was weer alleen, zoals ze dat al was sinds de dag dat ze haar vader en moeder was kwijtgeraakt. Ze was nog maar een klein meisje geweest. Twaalf winters geleden, of misschien wel meer. Een lange tijd om alleen te zijn.

Joeni staarde in de vlammen terwijl ze probeerde haar tranen in te slikken. Tranen waren voor de dood, niet voor het leven. Dat was wat Uma altijd zei. Morgen zou het beter gaan. Morgen was de wereld weer nieuw.

2

'Joeni! Joeni, wacht nou even!'

De stem klonk ver beneden haar. Joeni hield haar hand boven haar ogen en tuurde omlaag. De rivier sneed met haar donkere bochten door de vallei, als de golvende, zwarte houtskoollijnen van Toek op de rotsen.

Joeni's ogen traanden van het staren tegen het felle zonlicht in. Haar hoofd begon pijn te doen en ze veegde over haar wangen. Als Ren haar niet bij kon houden, was dat jammer voor hem. Ze zwaaide even, draaide zich om en klom verder. Hij had haar vast gezien en dan kon hij achter haar aan komen, zo langzaam als hij maar wilde.

Aan deze kant van de vallei voelden de rotsen de warme kus van de zon. Joeni voelde hem ook, maar de ijzige wind sneed tegelijk in haar gezicht en deed de laatste sneeuwresten opstuiven. Hoewel ze haar haren had ingevlochten, bleven er zwarte plukken voor haar gezicht waaien.

Joeni schoof de band van haar tas wat hoger over haar schouder. Haar speer voelde warm en glad in haar hand. Ze glimlachte. Het was goed om hem bij zich te hebben, al zou ze hem vandaag niet gebruiken. Uma had haar eropuit gestuurd om mest te verzamelen voor het vuur. De kudde had genoeg achtergelaten in de vallei; Joeni's tas zat al vol met uitgedroogde rendierdrollen.

Maar als Uma eens wist waar ik nu ben...

Joeni wist dat het niet de bedoeling was dat ze omhoog zou klimmen. Ze had gedaan wat haar was opgedragen, en nu werd ze weer in de woongrot verwacht. In de winter wilde Uma niet dat iemand langer buiten bleef dan nodig. Wie te lang wegbleef, moest door een groepje stamleden opgehaald worden. En Uma was niet vriendelijk voor iemand die anderen voor niets in gevaar bracht. Buiten waren wolven, leeuwen, hyena's. En die hadden altijd honger.

Waar blijft Ren?

Joeni keek ongerust achterom. Ze was hem al bijna vergeten, de korte jongen met de donkere blik. Ren was een stuk jonger dan zij, en hij was háár verantwoordelijkheid. Das had het pas nog maar eens een keer tegen haar gezegd, met luide stem, waar iedereen bij was. Het was een van de manieren waarop hij en Uma ervoor probeerden te zorgen dat ze zich niet meer zou afzonderen. Om ervoor te zorgen dat ze niet meer zou dromen. Ze snoof. Het werkte. Het liefst wilde ze Ren terugsturen naar de woongrot, maar wat moest hij daar zeggen? Dat hij Joeni onderweg kwijt was geraakt? Als Das zelf haar moest komen zoeken, zou hij er persoonlijk voor zorgen dat ze de komende tijd helemaal niet meer buiten kon komen. Er zat niets anders op dan de jongen mee te nemen.

Ze stopte met klimmen en keek om zich heen. Ze wist het zeker: daar, op het hoogste punt, had ze hem zien staan, een paar dagen geleden. Het reuzenhert, met een gewei dat bijna net zo groot was als de slagtanden van een mammoet, en net zo gevaarlijk. Joeni wist dat de reuzenherten iedere winter hun gewei verloren. Als ze vandaag zo'n gewei mee kon nemen, zou iedereen trots op haar zijn. Van één zo'n gewei zouden ze de rest van de winter speerpunten en naalden kunnen maken, en nog veel meer. Het moest hier ergens zijn.

'Dáár ben je!'

Hijgend en met rode wangen kwam Ren de helling op. Hij struikelde, en Joeni kon nog net zijn arm vastpakken om hem overeind te houden.

'W-wat doe je?' vroeg hij buiten adem. 'We moeten terug, we hebben meer dan genoeg verzameld!'

'Zo meteen,' antwoordde Joeni, om zich heen kijkend met haar hand boven haar ogen.

'Joeni!'

Ren greep haar arm. Ze keek hem geërgerd aan en schudde zijn hand van zich af.

'Ik wil niet dat Uma boos op me wordt,' klaagde Ren. 'En zeker niet als het jouw schuld is.'

'Stil! Ik probeer me te concentreren.'

'Waarop? Er is niks–'

Joeni luisterde niet meer. Daar, recht vooruit, net achter het hoogste punt van de helling. Een donkere schim, vlug als water. Ze tuurde in de verte. Waar was hij gebleven? Plotseling stond hij daar, massief, groots, trots, de bult achter zijn nek als een heuvel aan de horizon. Hij had geen gewei meer.

'Daar is hij!'

'Wie? Joeni, wacht!'

Het hert keek haar even aan terwijl ze naar hem toe rende, maar algauw draaide hij zijn machtige kop en draafde weg.

Ik mag hem niet kwijtraken, dacht Joeni.

Haar oren suisden en ze zag alleen nog het reusachtige beest voor haar, zijn dikke vacht, zijn dreunende galop. Ze wilde niets anders dan hem volgen. De grond leek zacht te worden onder haar voeten terwijl ze de helling op rende, alsmaar hoger, alsmaar verder.

Een schaduw aan de rand van haar blikveld leidde haar af en ze keek opzij. Haar hart sloeg een slag over toen ze het silhouet van de leeuwenman herkende. Ze struikelde, en het hert verdween uit het zicht.

'Wie ben je toch?' schreeuwde Joeni. Haar stem kwam nauwelijks boven de wind uit. En de leeuwenman keek haar alleen maar aan, zijn gele ogen glanzend zoals de ogen van een roofdier dat nooit zouden doen. Het waren mensenogen in vermomming.

Langzaam draaide hij zijn hoofd, bracht zijn arm omhoog en wees. Joeni volgde zijn blik.

Ze was op de top van de helling, de vallei lag beneden aan haar voeten, net als de woongrot en de mensen van Uma's stam. Op de bodem van het dal kronkelde de rivier, en de bergen in de verte waren grillige vormen aan de horizon.

'Ik zie niets,' zei Joeni.

De leeuwenman raakte haar schouder aan en bleef wijzen.

Ze keek nog een keer omlaag en schermde met haar hand haar ogen af voor de felle zon. Er was iets, in de verte, in de vallei. Daar bewoog iets...

'Mammoeten!'

Hoge ruggen deinden op en neer en wierpen brede schaduwen op de rotswand. Slagtanden zwaaiden loom op het ritme van hun stappen. Er waren grote dieren bij, maar ook kleintjes. Jongen, van afgelopen lente. Een moederkudde!

Joeni lachte en keek opzij. De leeuwenman was verdwenen. In plaats daarvan kwam Ren de heuvel op, met warrig haar en een boze blik in zijn ogen. Joeni rende naar hem toe, pakte zijn hand en trok hem mee.

'Mammoeten, Ren! De mammoeten komen!'

'Wat? Waar? Joeni, laat me los!'

'Geen tijd!' riep Joeni. 'Kom mee!'

De mammoeten! Het kon niet beter! Nu de rendieren weg waren getrokken, moest de stam ze eigenlijk volgen. Maar als de mammoeten kwamen... Deze woongrot was comfortabel en groot genoeg, en beschermde de stam tegen kou en wind. Hij was beter dan alle woongrotten die ze ooit tegen waren gekomen. Toek droomde hier goed. Niemand wilde hier weg. En nu konden ze blijven!

Ze merkte pas dat ze Rens hand nog steeds vasthield toen hij begon te jammeren. Ze liet hem los en rende verder, maar hij volgde haar niet. Joeni stopte en draaide zich om. Ren was blijven staan, met hangend hoofd. Zijn schouders schokten een beetje.

'Ren! Wat is er?' vroeg Joeni terwijl ze terugliep.

'Je... je denkt helemaal niet aan mij,' snikte hij. 'Je roept rare dingen en dan ren je zomaar weg! Dat hoort niet. Iedereen in de stam moet op elkaar letten! Ik ga het Uma vertellen! Let maar op!'

'Sst, rustig maar, het spijt me,' suste Joeni hem. 'De mammoeten komen, Ren! Uma zal juist heel blij zijn dat we de helling op zijn geklommen!'

'Ik heb niets gezien!'

'Het spijt me dat ik je zo snel weer meetrok. Maar echt, ik zag ze! Een mooie kudde vrouwtjes, aan de andere kant van de vallei. Hun slagtanden, Ren! Ze waren zo wit en groot! We moeten het aan Das en Uma vertellen. Ik zal rustiger lopen. Goed?'

Hij zei niets, maar keek haar boos aan vanonder zijn borstelige wenkbrauwen.

'Mooi zo,' zei Joeni. Toen ze wegliep, kwam hij mokkend achter haar aan.

Ze waren zo ver afgedwaald dat ze een ander pad moesten zoeken om de helling af te komen. Joeni probeerde zich niet te ergeren aan Ren, aan zijn traagheid en zijn koppige vragen. Hij kon niet weten wat zij had gezien. Het reuzenhert, de leeuwenman, de mammoetkudde...

Wat heb ik eigenlijk echt gezien?

De gedachte overviel haar als een leeuw zijn prooi. Het hert, zomaar ineens verdwenen. De leeuwenman... Had ze gedroomd? En als dat zo was, was het dan een droom van de Moeder geweest? Waren de mammoeten dan wel echt geweest? Opeens kon ze nauwelijks ademhalen.

'Daar is Toek!' riep Ren, en hij rende opeens de andere kant op, terug naar de rotsen in plaats van naar de rivier.

'Heja, Ren, wacht!' riep Joeni. 'Au!'

Ze had zich te snel omgedraaid en bleef met haar voet achter een steen haken. De hand waarmee ze zichzelf opving was geschaafd en bloedde een beetje. Toen ze opkeek, was Ren al uit haar blikveld verdwenen.

'Ren! Wacht even!' riep ze nog eens, voor ze hem achternaging.

Toek zat met zijn rug naar hen toe in een ronde inham in de rotswand. Het was een van zijn luchtgrotten, zoals hij ze noemde: stille plekken met gladde wanden waar hij kon dromen en tekenen. Waar hij zijn leerling mee naartoe nam om haar alles te leren. Overal waren lijnen, stippen, spiralen en dieren te zien. Twee zwarte neushoorns keken elkaar boos aan, een rode mammoet reikte met zijn slurf en een beer snuffelde over de grond. Joeni had hier nooit eerder durven komen, maar nu ze er was, moest ze zichzelf bedwingen om de vloeiende lijnen niet aan te raken en hun warmte door de rotsen heen proberen te voelen.

'Toek!' riep Ren. 'Joeni heeft mammoeten gezien!'

'Sst, Ren!' siste Joeni hem toe. 'Je mag Toek niet zomaar storen.'

Maar intussen klopte haar hart steeds sneller. Hier stond ze, bij Toek, de dromer van de stam. Met haar droom. Wat zou hij zeggen?

'Wat doen jullie hier?' klonk onverwachts een meisjesstem.

Joeni had Tira nog niet zien zitten. Het meisje kwam moeizaam overeind met behulp van een stok en keek hen boos aan.

'Zien jullie niet dat Toek aan het dromen is? Ga weg! Hij heeft geen tijd voor jullie.'

Er zaten verfvegen op haar wangen en haar handen waren rood.

'Het is goed,' zei Toek terwijl hij zich omdraaide. Zijn helderblauwe ogen hielden Joeni meteen gevangen.

'Tira, neem Ren mee naar de woongrot.'

Toek keek naar Joeni's geschaafde hand.

'Zeg maar dat Joeni gevallen is en dat haar been misschien gebroken is. Ik moet haar verzorgen.'

'Maar…'

'Geen gemaar, Tira! Naar de woongrot. Nu.'

Al die tijd had Toek Joeni's blik niet losgelaten.

Heel even staarde Tira ongelovig van Toek naar Joeni en weer terug. Toen liet ze haar schouders hangen en liep ze langzaam naar Ren, leunend op haar stok, haar stappen onregelmatig.

'Kom mee, Ren,' zei ze en zonder nog om te kijken pakte ze Ren bij de arm en voerde hem weg.

'Kom eens hier,' zei Toek tegen Joeni.

Toen ze bij hem was, pakte hij haar speer en tas af.

'Deze spullen heb je niet nodig. Hier.'

Hij drukte haar een stuk houtskool in de hand.

'Wat heb je precies gezien? Wie vertelde je wat je moest zien? Sluit je ogen, denk na en doe ze dan weer open. Kies een plek. Vertel. En teken.'

Even durfde Joeni niet te bewegen. Tekenen, zij? Wat zou Uma zeggen? Het was alsof Toek haar gedachten kon horen.

'Denk niet aan Uma of Das. Ogen dicht. Concentreer je. En ga terug naar je droom.'

Toen Joeni haar ogen dichtdeed, veranderde het donker al snel in een reeks lichtflitsen die dansten in het zwart. Wie had het haar verteld? De leeuwenman? Hij had de mammoeten aangewezen, maar ze zou nooit bij hem zijn gekomen als...

'Het reuzenhert,' zei ze en meteen deed ze haar ogen open. Ze liet haar blik over de rotswand glijden. Haar blik viel op een spleet in de rots, naast de rode mammoet. De bult van een hertenrug.

'Ga je gang,' moedigde Toek haar aan.

De rots voelde niet koud, zoals ze had verwacht, maar warm toen ze haar hand over de plek liet glijden. Terwijl ze de punt van haar houtskool op de rots zette, begon ze te praten.

'Ik had het reuzenhert al eerder gezien. Op de helling boven de woongrot.'

De rotswand at de houtskool langzaam op terwijl ze lijnen trok. Het stof verdween in de poriën van de steen.

'Toen had hij zijn gewei nog, breed en zwaar. Vandaag riep hij me. Ik zag hem weer. Zijn gewei was weg.'

Ze kwam met haar houtskool bij de spleet. De schaduw eronder was net zo zwart als de lijnen die ze tekende. Ze tilde haar hand op en ging aan de andere kant weer verder.

'Hij riep me, hoewel ik zijn stem niet hoorde. Ik rende achter hem aan. Op de top was ik hem kwijt. De...'

Moest ze over de leeuwenman vertellen? Nee. De leeuwenman was van haar, en van haar alleen. Ze kende zijn geheimen nog niet. Misschien later.

'Daar zag ik de mammoeten, aan de andere kant van de vallei,' ging ze verder. 'Ze liepen langzaam. Een moederkudde met jongen. Ze komen eraan.'

Haar hand hield stil en Joeni knipperde met haar ogen. De houtskool was weggesleten tot aan haar vingertoppen. Ze deed een stap terug. Daar, op de rotswand, stond het reuzenhert. Zijn kop iets omhoog, alsof hij de lucht opsnoof, zijn poten stevig op de grond.

'Hij is...'

'Machtig,' zei Toek. Hij liep naar de tekening en liet zijn vingers langs de lijnen glijden. Plotseling draaide hij zich om en legde zijn handen op Joeni's wangen. Zijn gezicht was heel dicht bij het hare. Zijn lippen en tanden waren weer rood. Het was zijn favoriete kleur.

'Je weet zeker dat het mammoeten waren?' vroeg hij dringend.

'Ja, Toek. Ik weet het zeker.'

'Dan gaan we nu naar de woongrot om het Uma en Das te vertellen. Je hand werd geleid door de Moeder, ik kan het zien. Het hert heeft kracht. De mammoeten zijn echt.'

Toek raapte Joeni's spullen bij elkaar.

'Vertel niemand wat je hebt gedaan. Was je handen in de rivier. Zorg dat er geen zwart meer op te zien is! Ik zal zeggen dat het mijn droom was. Gelukkig valt het mee met je been, maar je hebt er wel last van. Ik zal het verbinden, zodat niemand vragen stelt.'

'Goed.'

Joeni liep naar de rivieroever en hurkte om haar handen te wassen in een wak dat Toek eerder al had geslagen. Wat was het water koud! Haar vingers werden rood en dik en haar huid prikte. Maar ze wist dat Toek gelijk had. Als iemand het zwart zou zien…

Toek liep weg en kwam terug met handenvol mos. Met zijn stenen mes sneed hij stukken van de koorden aan hun jassen en tassen af en knoopte die aan elkaar.

'Geef me je been,' zei Toek.

Joeni ging zitten en strekte haar rechterbeen uit. Zonder aarzelen sneed hij door het leer van haar broek.

'Toek!' riep Joeni verschrikt.

Hij keek verstoord op. 'Het zou niet echt lijken als ik het verband boven op je broek zou aanleggen.'

Het mos kriebelde en schuurde, en het geknoopte koord dat het bij elkaar hield, zat strak om haar kuit.

'Dat maakt het alleen maar makkelijker om te doen alsof je gewond bent,' zei Toek toen ze erover klaagde.

Hij hielp haar omhoog en duwde haar spullen in haar handen.

'Hier. Onthoud: hinken. Leun op je speer. Ik zal je ondersteunen.'

Joeni hees de tas om haar schouder en greep haar speer stevig vast.

'Daar gaan we.'

3

Al dagenlang zat Joeni vast in de woongrot, veroordeeld tot huiselijke klusjes. Het viel niet mee om Toeks list vol te houden. Ze vergat vaak dat haar been pijn moest doen, en had al een paar keer klaargestaan voor de jacht. Soms hinkte ze gedachteloos op het verkeerde been, en kon ze alleen maar hopen dat het niemand was opgevallen.

Intussen overlegden Toek, Uma en Das achter in de woongrot. De dromer, de stammoeder en de jager, de leiders van de stam. Joeni wist dat Das naar haar keek. Ze zag het, ze voelde het. Hij had door dat er iets niet in orde was. Maar hij zei niets. En de enige van wie ze wilde dat hij wel naar haar keek en iets zou zeggen, deed dat niet. Toek negeerde haar zo volkomen dat het wel moest opvallen, en ook Ren deed zijn best om haar te mijden. Dat laatste was misschien maar goed ook. Ren wist wat er was gebeurd. Hij wist dat ze niet gewond was en dat Toek en zij tegen Uma hadden gelogen. Joeni had geen idee of ze Ren nog recht in de ogen zou kunnen kijken. Als Uma en Das hem maar niet gingen ondervragen, als hij maar niets zou zeggen!

'Joeni, mogen we nog een verhaal horen?'

Ze keek op van het gordijn dat ze aan het repareren was en glimlachte. De enigen die blij waren dat ze er was, waren de jonge kinderen. Ze schoof opzij om plaats te maken voor de vier kleintjes, die rode wangen hadden van het rennen en buiten spelen. Een van hen had een speerwerper in zijn handen. Hij was slordig gesneden en het gat in het uiteinde was niet helemaal netjes doorboord. Er bungelde een grof koord aan.

'Heb je die zelf gemaakt?' vroeg Joeni. 'Wat goed! Zal ik hem voor je versieren? Wat wil je erop? Een mammoet? Of een snel paard? Die zul je dan zeker vangen!'

'Een paard! Ja, een paard!' riep het jongetje.

Joeni zocht om zich heen naar een scherp stuk steen en pakte de speerwerper van het jongetje aan. Ze keek naar het gewei, naar de lijnen en bultjes die er van nature al op zaten. Een begin van een neus, een wuivende staart, een starend oog...

'Wat doe je?'

Tira's stem was ijzig als de winterwind. De kinderen waren meteen stil en staarden met grote ogen omhoog. Ze keek hen niet aan. Haar blik was gericht op Joeni.

'Je mag niet tekenen,' zei ze. 'Dat heeft Uma gezegd.'

'Het is maar versiering. Iedereen doet dat. De hele grot zit vol met tekeningen!'

'Maar jij mag het niet. Van wie is de speerwerper? Geef maar hier. Ik doe het wel.'

Tira stak haar hand uit. Haar dunne, pezige arm trilde een beetje. Joeni keek op. Tira's wangen waren ingevallen en er zaten donkere kringen rond haar ogen. Haar hoofd stond niet goed ten opzichte van haar lijf, te veel naar de zijkant door de kronkel in haar rug, te veel naar voren door haar bochel. Als een verweerde oude boom, die door de wind opzij was gegroeid in plaats van omhoog. Alleen was Tira nog jong.

Heel even aarzelde Joeni. Wat was er eigenlijk zo bijzonder aan Tira dat die haar kon vertellen wat ze wel en niet mocht? Ze was even oud als zij.

Ze was Uma niet! Maar al snel verdween dat gevoel. Ook Tira wist van het bedrog. Ze was al boos op haar. Er zou niet veel nodig zijn om haar te laten besluiten dat het tijd was dat Joeni er weer eens goed van langs kreeg.

'Hier dan. Hij is van Tip.'

Tira sloot haar vingers om de speerwerper en keek neer op het groepje kinderen.

'Morgen is hij klaar, Tip. Kom me dan maar opzoeken.'

Tip knikte, keek van Tira naar Joeni en weer terug en besloot toen om zich uit de voeten te maken. De anderen volgden zo snel als ze konden.

Joeni zuchtte, trok het gordijn weer op schoot en tastte om zich heen naar de naald. Waar was die gebleven?

'Ik was nog niet klaar.'

Tira nam haar stok in haar andere hand, waardoor ze haar gewicht moest verplaatsen. Haar gezicht vertrok eventjes, zo snel dat het bijna niet te zien was. Ze was er goed in haar pijn te verbergen. Joeni wachtte af.

'Ik wil niet dat je nog met Toek praat.'

'O?'

Wat gaf Tira het recht om haar iets te verbieden? Joeni voelde boze warmte naar haar wangen stijgen, en ook die van Tira hadden plotseling kleur gekregen.

'Toek heeft gedroomd, een heel belangrijke droom, ik weet het zeker, maar hij wil me niets vertellen. Hij praat er alleen over met Uma en mijn vader. Ik kende altijd al zijn dromen!' Haar stem trilde. 'En dat komt door jou. Ik weet niet wat je hebt gedaan, maar het is jouw schuld. Als je nog één keer met hem praat, vertel ik mijn vader alles over je zogenaamd gewonde been. Wat er dan gebeurt, mag je zelf bedenken.'

'Toek heeft die list bedacht, ik niet!'

'Alsof iemand Toek iets kwalijk zou nemen. Toek is veel belangrijker dan jij. Jou kunnen we missen. Net als je vader.'

'Hoe durf je!'

Joeni sprong op en stortte zich naar voren. Maar Tira stak haar stok vooruit, sneller dan Joeni voor mogelijk had gehouden. Hij kwam hard in haar maag terecht, en met een grom viel Joeni op de grond, haar armen over haar buik geslagen.

'Doe maar voorzichtig met dat been,' zei Tira. 'Het is duidelijk nog niet genezen.'

Toen draaide ze zich om en liep weg. Maar ze kwam nauwelijks vooruit en haar rug leek krommer dan ooit. Joeni's woede doofde meteen. Er bleef alleen maar leegte achter.

Ze keek om zich heen. Als iemand gezien had wat er was gebeurd, was die nu druk bezig met doen alsof dat niet zo was. De meeste stamleden waren op pad, en de kleintjes zouden het niet snappen. Voorlopig was ze veilig.

De leeuwenman zat op de klif, zijn leeuwenneus in de lucht en zijn mannenbenen bungelend over de rand. Joeni drukte zich met haar buik tegen de rotswand onder hem en keek naar zijn voetzolen. Haar vingers grepen naar scheuren voor houvast, haar tenen zochten richels om op te staan terwijl de wind probeerde haar weg te blazen. Haar handen deden pijn, haar benen trilden. Maar ze moest klimmen! Ze moest de leeuwenman vragen of de mammoeten echt waren, of ze het reuzenhert wel had moeten volgen. Hij keek naar beneden, zijn gezicht onleesbaar als altijd.

'Had ik gelijk?' schreeuwde Joeni tegen de wind in. 'Heb ik het goed gedaan?'

Hij hoorde haar wel. Hij boog zijn hoofd, alsof hij niet goed verstond wat ze vroeg. Toen zwaaide hij zijn benen naar boven en stond op.

'Niet weggaan!' riep Joeni. 'Niet weggaan!'

Hij keek nog een keer omlaag en liep toen weg van de klif. Al snel kon Joeni hem niet meer zien.

'Niet weggaan,' fluisterde ze.

Heel even keek ze naar de rivier beneden haar. Die was klein, op de bodem van de vallei, dieper dan ze ooit had gezien. Ze hield zich nog wat steviger vast. Een nieuwe, wilde windvlaag gierde langs haar, trok aan haar armen en benen. Ze probeerde zich vast te houden, maar haar vingers hielden het niet meer, haar voeten vonden enkel lucht. Ze gilde en viel achterover de leegte in.

Joeni trok de kap van haar jas over haar hoofd en sloeg de bizonvacht die ze ergens vandaan had gegrist om zich heen. Ze nestelde zich in een hoekje zo ver mogelijk bij het vuur vandaan. Uma had aangekondigd dat ze iets te vertellen had deze avond. En Joeni kon wel raden waar het over ging.

Nu hoeft Tira niet meer boos te zijn. Zo meteen weet ze van de mammoet-droom. Iedereen zal het weten.

Uma zou over de mammoeten vertellen alsof Toek ze had gezien. Het zou zijn droom zijn, niet die van Joeni. Zo had hij het bedacht, en het was de enige manier. Maar Joeni was niet goed in het volhouden van leugens, dat had haar zogenaamd zere been haar wel geleerd. Als iemand haar nu zag, zou diegene meteen doorhebben dat er iets aan de hand was. En als die haar dan iets zou vragen, zou ze ongetwijfeld wat zeggen dat haar – of nog erger, Toek – zou verraden.

Vooral Das. Hij zal me niet zien vanavond. Daar zal ik voor zorgen.

Toen Uma in het licht stapte, hield Joeni haar adem in. De stammoeder leek te glinsteren. Haar kleren waren bezet met ontelbare kralen, sommige wit, andere roodgekleurd, in een ingewikkeld patroon dat Joeni nooit eerder gezien had. Wie had dit gemaakt? Het moest in de schaduwen gebeurd zijn, want dit werk zou iedereen zijn opgevallen. Het gewaad leek Uma nog groter te maken dan ze al was.

Das stond rechts van haar, met zijn speer in de hand, een berenvacht om zijn schouders en nieuwe uilenveren in zijn haren, wit als net gevallen sneeuw. Hij had al zijn kettingen om, die hij had gemaakt van de tanden van de gevaarlijkste dieren die hij eigenhandig had gedood. De beer, de hyena, de wolf. Joeni kende de verhalen goed.

Ze voelde de spanning naar haar keel stijgen. Iedereen voelde het. De woongrot gonsde ervan. Maar waar was Toek?

'Het is zover,' sprak Uma met haar zachte, hese stem. 'De mammoeten zijn gekomen. Toek heeft ze gedroomd. Ze lopen door de vallei, niet ver hiervandaan. De Moeder heeft besloten onze tijd hier te verlengen. We zijn Haar dankbaar.'

Dit is mijn droom, dacht Joeni, van mij en mij alleen.

Ze voelde zich licht in haar hoofd.

'Maar het zal niet gemakkelijk zijn,' ging Uma verder. 'Ik kan Das en zijn dappere jagers niet beschermen zolang ze op de mammoeten jagen. En wij zullen voor onszelf moeten zorgen totdat ze ons nodig hebben om het vlees te dragen. Das?'

Das stapte naar voren terwijl Uma in de schaduwen verdween, alsof ze er nooit uit tevoorschijn was gekomen. Alle ogen waren nu op Das gericht. De beste jager van de stam, de sterkste, met de scherpste blik en de snelste beslissingen. Alle jongens wilden zijn zoals hij. Het was bijna niet voor te stellen dat Tira zijn dochter was.

'Dit wordt een moeilijke jacht,' begon hij. 'We weten niet precies waar de mammoeten zijn. We weten niet hoe snel ze bewegen. Daarom neem ik alle mannen mee die kunnen jagen. En een paar jongens die ons kunnen helpen en straks snel terug kunnen rennen met nieuws.'

Hij wees de jongens een voor een aan. Ze sprongen op, elk met een kreet van blijdschap. Das lachte terwijl ze elkaar op de rug sloegen, blozend van opwinding. Dit was hun grote kans, en Joeni was blij voor hen. Maar waar was Toek toch?

Stilletjes stond Joeni op. Iedereen had alleen maar aandacht voor de jonge jagers, en Tira zat te dicht bij haar vader in de buurt om Joeni te kunnen zien. Ze sloop naar de gordijnen voor de ingang en glipte erdoorheen.

De nachtlucht veranderde haar adem in witte mist. De blauwzwarte hemel was bezaaid met lichtpuntjes, die het donker eindeloos lieten lijken. Joeni keek graag naar de sterren. Het was bijna als dromen.

Ze liep langs de oever van de bevroren rivier. Ze had wel een idee waar ze Toek kon vinden.

'Toek,' zei Joeni zachtjes toen ze hem zag zitten, een zwart silhouet tegen de lichte wand van de luchtgrot. 'Waarom ben je niet in de woongrot?'

'Ik maak me zorgen,' zei hij.

De dromer klopte met zijn hand op de grond naast hem. Aarzelend ging Joeni zitten. Ze keek op. Haar reuzenhert, vanaf de grond haast levensgroot, begroette haar. Zijn lijnen waren vager nu het donker was, maar hij was net zo krachtig als toen ze hem had gezien op de helling. Een kudde paarden hield hem nu gezelschap. Ze galoppeerden naast elkaar, zoals een echte kudde zich over de vlakte voortbewoog, allemaal samen maar toch alleen. Overal op de rotswand waren dieren. Niet alleen getekend, maar ook gekrast in de rots, scherpe lijnen in het schijnsel van de sterren. Joeni miste de paarden. Ze had al een hele tijd niet meer van ze gedroomd.

'Zie je dat hert van jou?' vroeg Toek. 'Zie je zijn gespierde poten, zijn massieve rug, hoe trots hij is? Zie je hem ademen? Ik zie het.'

Toek liet heel langzaam de lucht uit zijn longen ontsnappen, zodat de damp voor zijn gezicht bleef hangen.

'Kijk nu naar de bizon links van hem. Kijk goed. Wat zie je?'

Het was een stevig dier, deze bizon. Veel lijf, weinig kop. Zijn poten waren kort en staken wat vreemd uit. Eigenlijk leek hij niet erg op een bizon.

'Ik... ik weet het niet...' zei Joeni aarzelend. Wat bedoelde Toek?

'Precies,' antwoordde Toek. 'Ik weet het ook niet. Dit is... versiering. Dit is geen droom van de Moeder, die leeft en ademt en vertelt. Het is het werk van Tira.'

Hij zuchtte. 'Ik werd verrast door jouw hert, door de echtheid en de lijnen. Dit dier zit in jou en jij hebt het naar buiten gebracht. Iets wat Tira nog steeds niet kan, na al die jaren. Ik weet dat Uma je verboden heeft te dromen. Maar de dromen van de Moeder laten zich niet stoppen. En ik ben bang.'

Toek draaide zijn gezicht naar Joeni toe en staarde haar aan, peinzend, alsof hij in haar hoofd wilde kijken.

'Ik was misschien te snel, te snel met je droom. Ik heb hem gepakt en doorgegeven terwijl hij niet van mij was. Maar ik was zo blij! Deze plek is goed, beter dan alle andere die we kennen, en ik wil zo graag dat de stam kan blijven. Je hebt de mammoeten gezien, ik weet het zeker. Ik zag het in je ogen, ik zag het aan je tekening. Maar wat betekent het, Joeni? Dat kan alleen jij weten. Alleen heeft niemand jou ooit iets over het dromen geleerd. Je kent de betekenis niet van wat je ziet, je weet niet hoe de dromen je soms kunnen misleiden. Dus misschien heb ik een fout gemaakt. Vertel me, Joeni. Was het hert het enige dier dat je de weg wees?'

De leeuwenman, dacht Joeni, de leeuwenman wees me de weg.

Maar ze kon het niet zeggen. Als ze hem met Toek zou delen, ging hij misschien weg. Ze had de leeuwenman nodig. Hij was haar vriend.

'Ja,' zei ze dus. 'Alleen het hert. Ik volgde hem en toen ik op de top van de helling was, keek ik naar beneden en zag de mammoeten.'

Toek kneep zijn lippen samen en zuchtte.

'Goed dan. Ik vertrouw je. Maar ik denk dat Uma's besluit niet wijs is. Het is alleen lastig om haar dat te vertellen.'

'Wil je het proberen, Toek? Alsjeblieft? Ik wil leren. Van jou.'

'Niet nu Das en de jagers weggaan. Tira is dan alleen en het is mijn taak om haar te beschermen wanneer haar vader weg is. Dat moet je begrijpen. Tira ziet meer dan je denkt. Ze voelt zich bedreigd.'

'Maar waarom? Je kunt ons samen lesgeven. Dat kan toch?'

'Zeker. Maar ze weet dat jij beter droomt, beter tekent. En voor iemand als zij, die niet kan jagen of zelfs maar lang genoeg kan zitten om een jas te maken, is dat moeilijk te accepteren. Dit is haar plek, Joeni. Dit is haar leven.'

Joeni slikte. Toek had gelijk.

'Het spijt me.'

'Dat hoeft niet. Maar blijf uit onze buurt de komende tijd. Probeer niets met je dromen te doen, maar onthoud ze, teken ze, en dan zullen we ze later bespreken, als Das weer terug is. Er is een kleine luchtgrot aan de overkant langs de oever. Ik neem Tira daar nooit mee naartoe, dus ze kent hem niet. Je zult hem vinden als je goed kijkt. Maar wees voorzichtig. Uma mag niets merken totdat ik met haar gesproken heb.'

'Maar...'

'Nee, genoeg. We hebben al te lang gepraat. Ga terug naar de woongrot. Ik wacht hier nog even. Misschien vraag ik het hert wel mij te vertellen wat hij jou heeft verteld.'

Toeks lach flitste rood.

'Ik zal niets zeggen als er af en toe wat verf uit mijn voorraad verdwijnt. Onthoud: goed je handen wassen na het tekenen. Iedere keer, altijd. En waag het niet om met gekleurde tanden terug te komen. Je droomt misschien wel, maar dat maakt je nog geen dromer. Alleen dromers tekenen met hun adem.'

'Dat weet ik. Dank je, Toek.'

'En nu wegwezen.'

Joeni snelde langs de rivier terug naar de woongrot. Voor het gordijn bleef ze even staan. Binnen klonk gezang en geklap, en het geluid van een zoemhout. Niemand zou haar naar binnen zien gaan als ze aan de rand van de lichtkring bleef. Alsof ze nooit was weg geweest.

Maar ze was nog maar net langs het gordijn geglipt of iemand greep haar arm. De kooltjes in Das' ogen brandden woest in zijn beschilderde gezicht. Joeni moest haar best doen om niet te piepen als een jong hondje.

'Daar ben je. Wat heb je uitgespookt?'

'Niets,' zei Joeni tussen haar opeengeklemde kaken door. 'Het was warm. Ik wilde de sterren zien.'

'Waar is Toek?'

'Dat weet ik niet. Ik heb hem niet gezien. Laat me los, Das!'

In plaats daarvan trok hij haar bij de voorkant van haar jas dichter naar zich toe.

'Ik heb je door,' zei hij. 'Denk maar niet dat je je gang kunt gaan als ik weg ben. Je wordt in de gaten gehouden. Daar heb ik voor gezorgd. Je zult mijn Tira niet meer kwetsen. En Toek niet van haar afpakken. Heb je nog niet genoeg? Een gezond, jong lijf en een goede speer! Tira heeft niets! Niets!'

'Ze heeft een vader. Tenminste, als hij de mammoetjacht overleeft.'

Het vuur in Das' ogen veranderde in ijs. Ze hoorde zijn hand aankomen nog voor ze hem voelde. De klap liet haar oor suizen en haar wang branden. Haar lip scheurde en ze proefde bloed.

'Dit was een waarschuwing,' zei Das. 'Zorg dat het daarbij blijft.'

4

Ze was nog nooit zo dicht bij hen geweest. Ze hoorde de mammoeten, voelde hun warmte, rook hun overweldigende geur. Ze snoven en smakten terwijl ze liepen. Ze waren zo groot! Elk van hun poten was langer en dikker dan Joeni zelf. De kudde bewoog langs haar heen, loom wiegend, maar ook vastberaden en krachtig. Van dichtbij waren hun slagtanden geel, gekrast en verweerd. De kudde leek eindeloos groot. Ze kwamen nog dichterbij en Joeni voelde hun slagtanden langs haar gezicht zwaaien, voelde de grond beven op het ritme van hun passen.

'Heja!' riep ze terwijl ze haar hoofd met haar armen beschermde. 'Pas op! Ik sta hier!'

Maar de dieren keken niet eens naar haar.

Plotseling voelde ze een druppel op haar wang. Ze veegde erover met haar vingers. Het was bloed. Meer druppels vielen op haar hoofd, op haar jas, op de grond. Ze keek omhoog. Het bloed kwam uit de ogen van de mammoeten. Ze huilden bloed. Maar ze liepen door, en door, zelfs toen de druppels veranderden in stromen, toen het geelwit van hun slagtanden veranderde in glanzend rood, toen Joeni's haar tegen haar schedel plakte en het bloed in haar neus, in haar ogen, in haar mond kwam...

Joeni snakte naar adem terwijl ze overeind schoot, ze voelde aan haar haren, haar gezicht, maar er was niets. Geen bloed. Geen mammoeten. Het was donker. Ze hoorde alleen de slaapgeluiden van haar stamgenoten, verspreid over de woongrot. In de haard gloeide nog een enkel kooltje.

Wat betekent het?

De mammoeten bloedden. Dat was goed. Dat moest een teken zijn dat de jacht succesvol zou zijn! Maar waarom voelde ze zich nu dan niet tevreden of triomfantelijk? Ze had de zekerheid dat iedereen levend terug zou komen. Dat alle moeders en vaders hun zonen weer in hun armen konden sluiten. Maar zij voelde zich verdrietig en ongerust. Kon ze Toek maar vragen wat het betekende. Kon ze het de leeuwenman maar vragen. Kon ze iemand ook maar iets vragen.

'Sst, kom mee,' hoorde ze iemand aan de andere kant van de grot fluisteren, gevolgd door een gedempt ritselen en schuifelen. Donkere figuren stonden op en slopen weg. In het schemerduister kon Joeni nog net zien wie het waren: de jongens die waren uitgekozen voor de jacht. Ze zaten al dagenlang met elkaar te fluisteren in een hoekje van de woongrot. Ze waren iets van plan. Toen de laatste jongen het gordijn opzijschoof, herkende ze het silhouet van Ren. Wat deed hij bij hen? Meteen nam ze een beslissing. Ren was nog steeds haar verantwoordelijkheid. Hem mocht niets overkomen.

Ze liet de warme huiden van zich af glijden en liep zachtjes langs de wand van de woongrot naar buiten. Joeni keek om zich heen. De maan was fel en rond. De jongens liepen een eindje voor haar uit. Ze gniffelden en duwden elkaar plagend. Voorzichtig ging ze achter hen aan, stiller dan een vos in de sneeuw.

De jongens passeerden de luchtgrotten zonder ernaar te kijken, maar Joeni kon het niet laten om een snelle blik te werpen op het hert, háár hert, badend in het maanlicht. Bijna liep ze tegen de jongens op. Ze waren stil blijven staan voor een donkere opening in de witte rots. Een voor een verschenen de vlammetjes van hun stenen lampjes, flakkerend in de wind.

De moedergrot! dacht Joeni. Ze gaan de moedergrot binnen!

De moedergrot liep tot diep in het hart van de rots. Veel dieper dan hun woongrot. Het was geen plek om te wonen. Het was geen plek voor gewone mensen. In de moedergrot kwamen dromen tot leven. Iedereen wist dat ze er fluisterden en bewogen, al hadden maar weinigen dat met eigen ogen gezien. De moedergrot was een plek waar dromers hun belangrijkste dromen tekenden en hun handafdruk neerzetten wanneer ze volleerd waren. Zelfs Toek kwam hier niet vaak.

'De dromen zijn al moeilijk genoeg als ze niet terugpraten,' had hij ooit gezegd.

Wat gingen de jongens doen? Ze moest hen tegenhouden, ze moest Uma wakker maken en Toek halen! Maar aan de andere kant… Als ze nu wegging, zouden ze de moedergrot binnengaan zonder dat er iemand was om te voorkomen dat ze iets doms deden. Iets zouden beschadigen en de Moeder boos zouden maken. Nee. Ze moest hen volgen.

'Ik wil niet!' jammerde Ren aan de rand van het groepje.

'Je hebt het beloofd,' beet iemand hem toe. 'Jij zou op wacht staan.'

'Ik wil hier niet alleen blijven!'

'Stil, Ren! Ik dacht dat jij ook een jager wilde zijn. Als je dit voor ons doet, zullen we Das vragen of je een volgende keer mee mag.'

Even was het stil.

'Goed dan,' zei Ren ten slotte.

'Mooi zo.'

De jonge jagers fluisterden opgewonden met elkaar terwijl ze een voor een werden opgeslokt door het donker. Ren bleef achter bij de ingang, op zijn hurken en met zijn blik op de grond gericht. Joeni kon gemakkelijk langs hem glippen zonder dat hij haar zag. Ze had medelijden met hem. Ze wist dat er van de belofte van de jongens niets terecht zou komen. Das zou Ren heus niet meenemen op jacht. Hij was nog veel te jong.

Joeni stapte verder naar binnen en liet het maanlicht achter zich. De oneven vloer voelde korrelig, de wand waarbij ze houvast zocht was scherp en hoekig.

Ik heb geen lamp, bedacht ze. Ze zou dicht bij de jongens moeten blijven en goed moeten opletten waar ze haar voeten neerzette.

De lichtjes bewogen langzaam voor haar uit. Er werd gekletst en gelachen maar hoe dieper de jongens de grot ingingen, hoe stiller ze werden. De hoekige wanden werden glad, en voor Joeni uit doemden stenen torens op die glinsterden in het licht van de vlammetjes. De jongens bleven staan en staarden er verwonderd naar.

Toen pas viel het Joeni op, omdat iedereen gestopt was met lopen. Het was stil. Geen vogels, geen stromend water. En geen wind. De lucht was kalm, bijna zwoel. Als ze haar ogen dichtdeed, hoorde ze alleen haar eigen ademhaling en het kloppen van haar hart.

Algauw werd de gang smaller, zodat de jongens dicht achter elkaar moesten lopen, lichtje voor lichtje. Een grote steen blokkeerde bijna het hele pad en ze wrongen zich er een voor een langs. Stilletjes volgde Joeni, en even leek ze wel gevangen in steen, koel en massief tegen haar buik en rug. Het was een vreemd gevoel, angstaanjagend en geruststellend tegelijk.

'Zijn we er al?' vroeg een van de jongens. Ze hielden hun lampjes omhoog, verlichtten de rotswanden.

'Nog een stukje verder,' zei een andere.

Toen: 'Kijk eens hier!'

Plotseling waren alle lampjes bij elkaar.

'En hier!'

Joeni schuifelde naar de oranje gezichten toe die omhoogstaarden.

'We zijn er bijna, nog wat verder, kom.'

Voor Joeni zelf iets had kunnen zien, waren de lichtjes alweer weg. Maar ze kon het wel raden. Een tinteling trok door haar lijf. De tekeningen. De levende dromen. Bijna kon ze ze zien in het donker. Mocht ze de wand wel aanraken? Of zou ze de tekeningen dan uitsmeren en verpesten? Even twijfelde Joeni, maar ze moest wel. De rotswand was haar enige houvast.

'Het moet hier ergens zijn,' mompelde een van de jongens. 'Kijken jullie eens aan de andere kant.'

Twee lichtjes splitsten zich af van de groep en bewogen voorzichtig naar de overkant van de grot. Daar, in het schijnsel van de lampjes, waren ze duidelijk te zien. Handafdrukken.

Joeni hield haar adem in. Rode verf was door de dromers op de rotswand gespuugd. Hier hadden Toek en de dromers vóór hem voor het eerst hun adem aan de Moeder gegeven. Hier zou Tira haar hand neerzetten als ze een echte dromer was geworden, en geen leerling meer was.

Een van de jongens reikte voorzichtig met zijn hand naar een handafdruk om er een aan te raken, te kijken of het zou passen...

'Niet doen!' riep Joeni voor ze er erg in had, en ze sprong naar voren om de jongen weg te duwen. Niemand mocht ze aanraken! Zeker geen jager zoals hij!

Een chaos van geschreeuw, geroep en geduw volgde. Joeni trok aan de mouw van de jongen, en hij tuimelde achterover. Zijn lampje viel op de grond en de vlam doofde meteen. Hij trok haar met zich mee, gromde als een boze hond, en ze voelde een vuist in haar maag. Ze kreunde van de pijn, maar stompte hard terug. Toen waren er meer handen, die haar omhoogtrokken en haar losmaakten van haar tegenstander. Hijgend liet ze zich vasthouden.

'Wat doe jíj hier?'

Een van de jongens hield zijn lampje zo dicht bij haar gezicht dat ze haar ogen moest toeknijpen tegen het licht.

'Niet doen!'

'Kian mag doen wat hij wil!' zei de jongen die haar vasthield hooghartig. 'Jij bent een indringer! Je hoort hier niet!'

'En jullie horen hier wel?' brieste Joeni. 'Jullie zijn in de moedergrot! Alleen dromers mogen hier komen. Wacht maar tot ik het Uma vertel.'

In één keer waren ze stil.

'Dat zou je niet durven,' zei een andere jongen uiteindelijk. 'Iedereen weet dat Uma jou in de gaten houdt! Ze zou jou straffen in plaats van ons!'

'O ja? Wil je het erop wagen?'

Weer stilte. Joeni trok zich los.

'Jullie moeten weggaan. Hoe durf je de handen van de dromers aan te raken?'

'Nee. Wij gaan niet weg. Jij moet gaan. Anders zullen wíj het tegen Uma zeggen.'

'Natuurlijk.' Joeni snoof. '"Uma, Joeni was in de moedergrot, maar we zeggen niet hoe we dat weten." Nee, ik blijf. Om ervoor te zorgen dat jullie niets verkeerds doen.'

'Wat weet jij daarvan? Toek praat niet met jou. Maar wel met ons!'

'Heeft Toek jullie hiernaartoe gestuurd?'

Dat kon toch niet waar zijn? Dat zou hij nooit doen!

'Nou... misschien. Hij zei dat we de Moeder om geluk bij de jacht moesten vragen. Waar zou dat beter kunnen dan hier?'

Even zei Joeni niets.

'Goed dan,' antwoordde ze ten slotte. 'Jullie gaan je gang maar. Maar ik blijf, zodat jullie niets doen wat niet mag. In ruil daarvoor zeg ik niets tegen Uma.'

De jongens keken elkaar aan bij het licht van de lampjes. Joeni wist dat ze gewonnen had. Ze hadden geen keuze.

'Afgesproken,' zeiden ze toen. 'Maar je mag ons niet storen!'

'Best. Als ik een lampje krijg.'

Met veel gezucht en gesteun stond een van de jongens zijn lampje af. Hij zei niets, maar keek behoorlijk boos.

'Het spijt me,' zei Joeni.

'Helemaal niet,' antwoordde hij, en hij liep weg om zich bij de rest te voegen.

Van een afstandje keek Joeni toe terwijl de jongens met hun lampjes over de grond schenen, platte stenen verzamelden en eromheen knielden.

Uit tassen die haar in het donker nog niet waren opgevallen, haalden ze vuurstokken en gedroogde mest tevoorschijn. Al snel brandde er een vuurtje op de vloer, waarvan de vlammen een deel van de wand en het plafond zichtbaar maakten.

Ze schudden iets uit een leren lap en begonnen het te vermalen op een van de platte stenen. Het geluid echode door de grot. Hadden ze verf van Toek gestolen? Of had hij het hun gegeven?

Terwijl sommigen bij het vuur bleven zitten, pakten de anderen hun lampjes op en namen ze mee naar de wand. Een van hen had een stuk steen in zijn hand. De jongen keek bedachtzaam naar de kale rots voor hem, zoekend naar het beste plekje. Toen zette hij de punt van de steen tegen de rots en begon te kerven.

Het klonk nog erger dan het vermalen van de verf. De steen piepte en kraste, alsof de rots zelf het uitgilde. Joeni wilde het liefst de steen uit zijn handen trekken, maar ze deed het niet. Een paar jongens lachten.

'Wil je die mammoet al doodmaken voor we hem hebben gezien? Hoor hem eens krijsen!'

Maar de tekenaar zei niets en kraste stug door.

'De verf is klaar!' riep iemand bij het vuurtje. 'We hebben niet zo veel, dus zuinig zijn.'

De verfmenger deelde aan iedereen platte stenen uit met een rood gruis erop. De jongens spuugden erin en roerden het met hun vingers tot een papje. Ze lieten hun rode vingers over de rotswand gaan, langs richels en de dunne, stenen pilaren die hier uit de vloer omhoogrezen.

Joeni huiverde. Hoe konden ze zo argeloos tekenen? Maar in ieder geval lieten ze de handafdrukken met rust. Kinderspel, dat was alles. Ze zuchtte. Deze grot verdiende beter. De Moeder verdiende beter. Maar als Zij er niets tegen deed, zou het wel goed zijn.

Joeni tilde haar lampje op en draaide zich voorzichtig om. De grot ging nog dieper de aarde in. Langzaam liep ze weg van de jongens en hun lawaaierige onzin. Joeni's voetstappen waren stil en behoedzaam terwijl ze het zwart om haar heen verjoeg met haar vlammetje. De stemmen van de jongens bleven haar achtervolgen, weerkaatsten van de wanden. Hun monden waren ver weg, maar ze klonken soms heel dichtbij.

Hoe verder ze liep, hoe dieper het duister werd. Straks zou haar lampje niet sterk genoeg meer zijn om het donker terug te dringen. Ze rilde ondanks de milde lucht die haar omringde. Toen liet ze het stenen bakje bijna uit haar handen vallen. De mammoet die voor haar opdoemde, was immens. Zijn slagtanden kromden zich naar voren en de welving van zijn rug was donker in de schaduwen die het lampje op de rotswand wierp. Het leek wel of hij bewoog.

Joeni knipperde met haar ogen, maar de mammoet bleef lopen. Zijn poten bewogen op het ritme van haar flakkerende lampje.

Dromen komen tot leven, dacht ze, ze leven echt.

Ze liep verder met het lampje boven haar hoofd.

Met de kudde mee, dacht ze, net als in mijn dromen. Ik moet ze volgen.

De dieren leidden haar dieper de grot in. Niet alleen mammoeten, maar ook herten, bizons, zelfs beren... Als ze goed luisterde, kon ze hen horen. Hun snuiven en briesen, hun dreunende voetstappen en snelle hoeven. Als Joeni haar lampje hoog genoeg hield, kon ze het plafond zien. Ook daar waren dieren, in rood en zwart, schuilend in de vouwen van de rots.

De werkelijkheid bestond niet meer, de koude buitenwereld was verdwenen, de stemmen van de jongens vervaagd tot ruis. De dieren fluisterden in haar oren. Ze keken haar aan, liepen voor haar uit of volgden haar.

Bijna had ze het niet gehoord. Dit geluid was anders. En het was dichtbij. Het klonk alsof ze wakker werd uit een diepe slaap. De grot werd weer stil en de levende dromen keerden terug naar hun plek op de wand. Joeni was alleen met het onbekende geluid. Het kwam uit het verste deel van de grot. Het bewoog. Het kwam dichterbij. Een grom, gesnuif. Tikken op de stenen vloer. Klauwen. Het waren klauwen.

Maar ik zie niets, dacht Joeni, waar is het? Waar is het?!

Een oorverdovend gekras zorgde ervoor dat Joeni bijna haar lampje liet vallen. Het klonk alsof er tien jongens tegelijk lange strepen in de rotswand kerfden. De geur van een groot dier kwam in vlagen op haar af. Vochtige vacht, als een verse rendierhuid die ergens te lang opgerold had gelegen. Een rommelende grom echode door de grot. Trillend hield Joeni haar lampje in de richting van het geluid, terwijl ze zo snel mogelijk naar achteren schuifelde. Weer tikten de klauwen op de rotsvloer, sneller nu. Toen ze het dier eindelijk kon zien, wist Joeni al wat het was.

De ogen van de beer blonken groen terwijl hij op zijn achterpoten ging staan en hoog boven haar uit torende. Nog nooit had Joeni een beer van zo dichtbij gezien. Ze voelde zijn warmte. Toen hij zich weer op vier poten liet vallen, leek de aarde te beven.

'Wat gebeurt daar?' riep een stem in de verte.

Ze durfde niet terug te roepen. En ze durfde haar blik niet van de beer af te wenden. Hij viel niet aan. Was hij uit zijn winterslaap gewekt door het geschreeuw van de jongens? Dan was hij vast in de war. En hongerig. Joeni wist dat deze beren alleen planten aten. Maar er waren genoeg jagers die hun zinnen hadden gezet op een mooie, dikke berenvacht en dat niet hadden overleefd. Beren hadden tanden en klauwen, ze waren snel en sterk. Dat zou genoeg moeten zijn om Joeni te doen vluchten.

Maar ze bewoog niet. De beer kwam langzaam naar haar toe. Ze voelde zijn adem op haar gezicht, rook de weeïge geur van opgedroogd speeksel en lange slaap. Hij besnuffelde haar, zijn neus raakte haar haren, haar wangen. Joeni hield het lampje dicht tegen zich aan. De kop van de beer leek te zweven in het donker voor haar. Langzaam strekte ze haar vrije hand uit. Haar vingertoppen raakten zijn borstelige vacht.

'Joeni!' klonk een jongensstem opeens heel dichtbij. Toen zag hij de beer, en hij gilde. De beer opende zijn bek en brulde zo hard dat Joeni's haren ervan naar achteren waaiden. De stank uit zijn bek liet haar bijna kokhalzen. Een hand greep haar pols en trok haar naar achteren.

'Wegwezen!'

Haar lampje viel op de grond, het vlammetje doofde meteen. De jongen sleurde haar mee. Joeni struikelde, stootte haar elleboog en haar hoofd, maar hij liet niet los.

De beer brulde nog een keer en door de echo's leek hij overal tegelijk te zijn. De jongen gaf een kreet van paniek en begon nog harder te lopen, terug naar de handen van de dromers, naar het vuur, waar de andere jongens omheen stonden, met hun rug naar de vlammen en hun blik angstig.

'Wat was er? Is de Moeder boos op ons?'

'We moeten weg, nu! Het is een beer, en hij komt achter ons aan!'

Maar de jongens bewogen niet. Ze staarden langs Joeni en haar redder heen alsof ze lucht waren. Joeni keek achterom. In de gloed van het vuur leek de beer nog groter, zwaar als een rotsblok, zijn poten dikker dan boomstammen. Hij schudde zijn kop, alsof het felle licht van de vlammen hem te veel was. Een van de jongens schreeuwde. Toen viel de beer aan.

Met dreunende poten rende hij op hen af, zijn bek open en dreigend. Joeni en de jongens stoven opzij. De meeste lampjes gingen uit, en de beer denderde dwars door het vuur heen. Vonken sprongen alle kanten op. Alle jongens riepen en schreeuwden.

Joeni gilde toen ze opnieuw een hand om haar pols voelde, en weer werd ze meegetrokken. Waar was de beer? Dichtbij. Hij snoof en gromde. Ze wilde rennen. De jongens wilden rennen, maar dat kon niet. Als ze zouden rennen, zouden de laatste lampjes uitwaaien en zonder licht zou de beer hen zeker te pakken krijgen. Dus liepen ze, zo snel ze konden, met hun handen angstig om de kostbare vlammetjes heen.

'Waar is hij? Waar?' vroeg een jongen.

'Niet aan denken. Doorlopen!' zei een ander.

Hij leek kalm, maar Joeni wist dat zijn hart moest bonzen, dat de adem in zijn keel stokte bij elk geluidje, dat hij het lampje vastklemde alsof dat het enige was wat hem in leven hield.

'Daar! De steen! Daar kan hij vast niet langs!'

Natuurlijk wel, dacht Joeni, hij is de grot toch ook binnengekomen?

Maar ze zei niets. Een voor een wurmden ze zich langs de steen. Hun handen lieten zweet en rode verf achter. Terwijl ze op haar beurt wachtte, keek Joeni achterom het donker in. Hoorde ze de beer nog snuiven? Voelde ze zijn warmte?

De brul die volgde liet haar oren suizen. De beer richtte zich op en liet zich tegen de steen vallen, zodat de grond ervan trilde en er stukjes rots naar beneden vielen. Joeni schreeuwde en begon de laatste jongen die langs de steen moest komen te duwen.

'Schiet op!' riep Joeni.

'Joeni!'

'Laat haar toch achter!'

'Nee! Dan weet iedereen wat we gedaan hebben!'

De beer richtte zich op haar. Hij brulde woedend, zette zich schrap en sprong. Er was net genoeg licht om hem te zien komen, een en al kracht, zijn bek wijd opengesperd...

'Jóéni!'

Een ruk aan haar arm en haar gezicht schaafde tegen de rotswand, haar enkel knikte, een dreun, een kreet, en toen was er ruimte.

Joeni zakte hijgend op de grond. Haar enkel deed zeer. Toen ze met haar hand over haar wang streek, voelde ze warm bloed. De beer brulde nog een laatste keer, het duurde lang voordat de laatste echo's verdwenen waren. Daarna hoorden ze niets meer.

'Hij is weg,' zei een van de jongens. 'Waarom kon hij er niet door?'

'De steen moet in het begin van de winter naar beneden zijn gevallen,' antwoordde Joeni. 'Als er geen andere ingang is, kan hij hier nooit meer uit.'

Even was het stil, op Joeni's kreun na toen ze opstond en op haar zere enkel wilde gaan staan.

'Laten we teruggaan.'

Ze hadden nog twee lampjes over, waarvan er eentje al een beetje sputterde.

Joeni moest hinken, maar niemand hielp haar. Het was niet erg. Ze liepen langzaam, als in een droom, verdoofd. Haar enkel klopte op het ritme van haar hart.

De snijdende wind buiten was een verademing. In het licht van de maan konden ze elkaar nu weer goed zien, als hele mensen, niet alleen als gezichten en handen in een oranje schijnsel. Van Ren was geen spoor te bekennen.

'Waar is hij?' vroeg iemand.

'Hij gaat ons vast verraden,' zei een ander.

'Laat hem met rust!' zei Joeni. 'Hij was vast bang. Hij moet de beer gehoord hebben.'

'Hoe dan ook, niemand vertelt iemand hier iets over,' ging de laatste jongen verder. 'We zijn hier nooit geweest. Joeni, je ziet er niet uit. Je moet jezelf wassen en verzin dan maar iets voor de schaafwonden en je enkel.'

'Goed,' zei Joeni. Geen probleem. Dit had ze eerder gedaan.

Terwijl de anderen teruggingen naar de woongrot, knielde Joeni bij de rivieroever, brak het laagje ijs op het water en waste haar handen en haar gezicht.

'Gaat het?' klonk er ineens een stem naast haar. Joeni schrok.

Cram hurkte naast haar en raakte haar schouder aan.

'Cram!'

'Laat eens kijken?'

'Wat doe jij hier?'

'Wat denk je?' zei hij met een serieuze uitdrukking op zijn gezicht. 'Jou oplappen is een hobby van me. Hoofd naar achteren.'

Hij schepte met zijn hand water uit de rivier en goot het over haar wangen.

'Ren heeft je gehaald,' zei Joeni.

'Hij is een lieve jongen. Hij wil niemand in de problemen brengen en had net zo goed Das kunnen roepen, of zelfs Uma, maar dat deed hij niet. Ik hoop dat je vrienden zich dat realiseren.'

'Het spijt me. Ik had ze moeten tegenhouden.'

'Dat was verstandig geweest. Maar dat is niet hoe ik je ken.'

Joeni gromde en Cram lachte zachtjes.

'Ik kan best verstandig zijn,' zei ze toen. 'Ik zal ervoor zorgen dat ze Ren niet lastigvallen.'

'Heel goed.'

Terwijl Cram de laatste restjes bloed van haar gezicht veegde, vroeg Joeni: 'Wat gaan we tegen Uma en Das zeggen?'

'Dat je lelijk bent gevallen toen je vannacht de woongrot uit moest om te plassen,' zei hij. 'Het zit je niet mee de laatste tijd. Gelukkig was ik toevallig ook net opgestaan.'

'Dank je, Cram.'

'Je vader was mijn vriend. Er moet toch iemand op jou letten?'

5

Dit was geen goede droom, Joeni wist het meteen. Het was avond. Er brandden vuren. Het was nooit avond in de dromen van de Moeder. 's Avonds sliepen de dieren.

Ze keek om zich heen. Er waren veel mensen. Ze stonden doodstil, zo stil dat ze nauwelijks leken te ademen. Toen Joeni een van hen voorzichtig aanraakte, voelde de man hard en koud als steen. Alle stenen mensen keken naar de plek waar het grootste vuur brandde. Allemaal hadden ze hun handen voor hun mond geslagen, hun ogen opengesperd. Ze zagen alles, maar zeiden niets. Joeni rilde en wurmde zich toen tussen hen door, naar de plek waar iedereen naar keek.

Haar hart sloeg een slag over toen ze Uma en Das herkende, net zo versteend als de anderen. Vóór hen op de grond lag een man. Een andere man stond over hem heen gebogen, als een leeuw boven zijn prooi. Een scherp mes glinsterde in zijn stenen hand. Maar de man op de grond was niet van steen. Hij hijgde en kermde zachtjes, met zijn handen op zijn buik. Zijn vingers glommen donkerrood. Hij draaide zijn hoofd en keek Joeni recht aan. Ze wilde naar hem toe, hem helpen, hem troosten, want ze kende hem, maar ze kon zich niet bewegen. De stenen Uma had haar dikke vingers rond Joeni's arm geklemd.

'Laat los, laat me los!'

De ogen van de man rolden weg in hun kassen. Hij werd slap en zijn hoofd bonkte op de grond.

'Nee! Papa!'

Ze waren al lang weg nu, de jagers. Veel te lang. Joeni bekeek de wand van haar geheime luchtgrot en veegde over haar voorhoofd. In de verte riep een sneeuwhoen, hoog in de lucht krijste een roofvogel. De lente was begonnen. De laatste sneeuw was twee dagen geleden weggesmolten. Langzaam werden de vallei en de vlakte weer groen. Maar de wind bleef ijzig als altijd. Pas in de zomer zou die wat milder worden. En als het dan eindelijk kon, was er niets fijner dan al die lagen bont uittrekken om de bries op je huid te voelen.

Na Uma's aankondiging van de mammoetjacht waren de jagers niet meteen vertrokken. Ze moesten nieuwe speren maken, oude gereedschappen aanscherpen, kleding repareren. Tenthuiden werden verzameld en gebundeld, zodat ze aan stokken meegedragen konden worden. Op de oever voor de woongrot oefenden de jagers met hun speren. Hun kreten hadden iedere dag door de vallei geschald, wanneer ze hun doel misten én als ze het raakten.

Op de dag dat de jagers waren vertrokken, was het ongewoon donker geweest. Een grijs wolkendek had de zon verborgen. Windvlagen zwiepten dwarrelende sneeuwvlokjes op en lieten ze in ieders gezicht waaien.

De sneeuw had Joeni's blik vertroebeld terwijl ze samen met de rest van de stam de jagers uitzwaaide op de helling boven de woongrot. Toek had de avond daarvoor de dans van de jacht opgevoerd om de Moeder om hulp te vragen, en daarna had een van de vrouwen een fluit tevoorschijn gehaald en iedereen betoverd met haar spel. Avond was veranderd in nacht, maar iedereen danste door. Het maakte niet uit dat de jagers de volgende morgen vroeg zouden vertrekken. Dansen bracht geluk en liet zorgen verdwijnen.

Maar toen de dag weer kwam, veel te vroeg, veel te snel, waren de zorgen ook terug. Joeni had moeite moeten doen de jagers niet toe te schreeuwen dat ze niet moesten gaan. Ze snapte niet waarom; ze had toch gedroomd van een moederkudde en bloedende mammoeten? Het zou goed gaan, ze zouden terugkomen met voldoende vlees voor de stam. Ze zouden nog een winter hier in deze woongrot kunnen blijven. Das wist wat hij deed. De meeste mannen waren ervaren jagers. Er was geen reden voor bezorgdheid. Helemaal niet.

Joeni legde haar hand op de rots voor haar. Haar eigen wand, haar eigen plek, haar tekeningen, haar dromen. Als Toek eens wist wat hij haar gegeven had, hoe dit alles beter maakte! Maar zolang Das weg was, kon ze het hem niet vertellen. Tira was altijd bij Toek in de buurt, en Joeni wist dat Toek een man van zijn woord was. Ze moest zich tevredenstellen met de presentjes die hij voor haar achterliet bij zijn verfvoorraad, waar ze soms wat uit haalde als niemand keek. Een mandje met deksel, gevlochten van stug gras, waarin ze haar verf kon bewaren of, zoals de laatste keer, een beertje van gebakken klei. Ze hield het figuurtje in haar hand en voelde hoe het haar lichaamswarmte in zich opnam, alsof het alleen nog een vleugje adem nodig had om tot leven te komen.

Wist Toek van haar avontuur in de moedergrot? Ze dacht nog vaak aan de beer, die haar bijna te pakken had gekregen. Had hij ook op de Moeder vertrouwd toen hij de grot in ging? Had hij haar gevraagd om bescherming?

Voordat de jongen de beer met zijn gegil aan het schrikken had gemaakt, had ze hem aangeraakt. De beer was alleen, net als zij. Ze had hem begrepen, en hij haar. Ze wist zeker dat hij haar niets zou hebben aangedaan, dat hij haar zou hebben toegelaten en zijn geheimen had verteld. Soms maakte Joeni plannen om terug te gaan naar de moedergrot, om te kijken of de beer nog leefde of misschien toch was ontsnapt, of ergens in een hoekje gestorven was en nu niets meer was dan een stinkend karkas. Toek móést ervan weten, hij moest in de tussentijd in de moedergrot geweest zijn. Waarom zou hij haar anders het berenbeeldje gegeven hebben?

Ze wilde dat ze er met hem over kon praten. Weten dat hij haar wel wilde helpen, maar dat niet kon, was moeilijk. In de woongrot voelde Joeni voortdurend Uma's wantrouwende blik. Sinds de stammoeder haar had verboden te dromen was Joeni een paar keer naar haar toe gegaan, zoals haar was opgedragen. Dan verzon ze een droom over bizons en rendieren en luisterde ze braaf naar Uma's verklaringen, die er altijd op neerkwamen dat het allemaal niets betekende en dat ze er zich geen zorgen over hoefde te maken. Dan knikte Joeni en zei ze: 'Dank je, Uma, voor je wijsheid,' waarna ze zich zo snel mogelijk uit de voeten maakte. Natuurlijk geloofde Uma niets van Joeni's plotselinge onderdanigheid. De stammoeder wist dat Joeni iets voor haar verborgen hield, iets belangrijks. Maar Joeni was er trots op dat Uma er niet achter was gekomen wat dat was.

Mede dankzij Ren. Joeni had nachtenlang wakker gelegen om te bedenken wie ze in vertrouwen kon nemen. Ze herinnerde zich Das' waarschuwing maar al te goed. Er zou altijd iemand zijn die haar in de gaten hield. Ren was de enige die ze kon vragen haar te helpen. Hij was jong, maar hij had haar niet verraden toen hij de kans had. Ze vertrouwde Cram ook, maar hij was mee op jacht. En daarbij, hij kwam alleen voor haar op als hem dat uitkwam.

Een paar dagen na het vertrek van de jagers had ze Ren meegenomen naar de afgelegen plek langs de rivier, verborgen achter een berg stenen en een eenzame den met laaghangende takken. De inham was bijna zo diep als een woongrot, maar met een rechte wand die omhoogstak naar de blauwe hemel.

Ren was eerst verbaasd geweest, toen boos, toen bang, maar uiteindelijk had hij beloofd Joeni te helpen. Misschien omdat hij bang voor háár was. Of omdat hij nieuwsgierig was naar haar dromen en tekeningen. Het maakte niet uit, zolang hij haar maar hielp.

Iedere keer als Joeni naar haar geheime plek wilde, ging Ren met haar mee en vertelden ze de anderen dat ze vallen gingen zetten of botten verzamelen. Ren deed dat dan ook echt en liet Joeni achter in haar luchtgrot. Als hij klaar was met zijn werk, kwam hij terug en keek stilletjes toe hoe ze haar dromen aan de rotswand toevertrouwde.

Paarden, bizons en rendieren vulden Joeni's hoofd met vrijheid en kracht. En altijd voelde ze die sterke band in de kudde, die boven alles ging, die belangrijker was dan de dieren zelf, altijd en overal. Zoals haar stam zou moeten zijn. Ze hadden voor haar moeten zorgen. Zeker de sterksten, zoals Uma en Das, maar in plaats daarvan hadden ze haar verraden, haar eenzaam gemaakt.

Ze droomde niet meer van de stenen stam en de man op de grond, maar ze dacht er nog vaak aan terug. Waarom was deze droom gekomen? Waarom nu? Ze kon hem niet tekenen. Het was geen droom van de Moeder die haar iets liet zien over de wereld en de stam en het leven. Er waren geen dieren geweest, alleen mensen.

De laatste tijd had ze helemaal niet zo veel meer aan haar vader gedacht. Het had geen zin om iemand te missen die toch niet terugkwam. Dat had ze inmiddels wel geleerd. Moest ze dan toch steeds opnieuw beleven hoe ze hem kwijt was geraakt, zo veel winters geleden? Ze hadden het laten gebeuren, Das en Uma, ze hadden haar vader dood laten gaan op de grond, alsof ze erop hadden gewacht, alsof ze het hadden gewild. En niemand had Joeni getroost, niemand had er ooit nog iets tegen haar over gezegd, alsof iedereen dacht dat ze het wel zou vergeten zolang ze het er maar niet over hadden. Mensen wilden sowieso niet veel met haar praten of te dicht bij haar komen, alsof ze ziek was en hen zou besmetten met haar eenzaamheid.

Cram beschermde haar, maar hield afstand. Das en Uma spraken tegen haar, maar alleen als ze iets verkeerds had gedaan. Alleen de kinderen die te jong waren om zich Joeni's vader te herinneren, kwamen weleens bij haar zitten en vroegen haar dan om verhalen of een spelletje. Maar ook zij merkten op dat er iets was met Joeni, iets vreemds, al begrepen ze niet wat.

Joeni keek op en bestudeerde haar luchtgrot. Er was ruimte genoeg voor nieuwe dromen. De kudde paarden werd steeds groter, er was een beer en een hert. Maar waar waren de mammoeten? Ze had verwacht dat ze van geen ander dier zou dromen nu de jagers weg waren. Dat de Moeder haar een glimp zou laten opvangen van hoe het met hen ging. Of haar zou vertellen waar de mammoeten waren, dichtbij of ver weg. Dat laatste zou verklaren waarom de jagers nog niet terug waren, waarom niemand nog iets van hen had gehoord. Het duurde al veel te lang.

Ze hadden geen honger, nog niet. Er waren genoeg kleine dieren om te vangen: vogels en hazen en vissen, en de eerste kruiden en bloemen kwamen op nu de lente aanbrak. Maar dat was niet genoeg om de stam te voeden tot aan de volgende winter. Normaal gesproken zouden ze de rendierkudde volgen naar het oosten. Bizons kwamen hier niet en paarden waren te onvoorspelbaar. Het ene jaar renden ze wel door de vallei, het andere jaar niet. Maar door Joeni's droom, háár droom, hadden Uma, Toek en Das ervoor gekozen te blijven. Wat moesten ze doen als de jagers niet zouden terugkomen? Wat moesten ze doen als Toek de mammoetdroom verkeerd begrepen had? Zouden ze verhongeren? Zouden ze moeten vertrekken? De jagers zouden hen nooit meer terugvinden.

Joeni keek nog een keer naar de rotswand voor haar en zuchtte. Vandaag lukte het niet. Gedachten aan haar vader zaten haar al dagenlang in de weg, weerden de dieren uit haar dromen en blokkeerden haar hand. Ze borg haar spullen op en ging op zoek naar Ren.

De rivier was onstuimig vandaag. Het water stroomde met witte schuimkoppen langs de rotsen. Wat had Ren ook alweer gezegd dat hij ging doen? Ze schermde haar ogen af voor de zon. Een silhouet verscheen op de rand van de rotsen.

De leeuwenman?

Joeni keek nog eens goed.

'Cram!' riep ze, en tegelijkertijd verscheen een tweede schaduw, die langzaam en haperend bewoog.

Ze rende naar een stuk waar de rotswand minder steil was en klauterde zo snel ze kon omhoog. Haar maag legde zich in een knoop. De jagers waren terug, maar er was iets mis.

Toen ze dichterbij kwam, zag ze het. De tweede schaduw was Das. Hij stond naast Cram met een doffe blik in zijn ogen en zijn armen slap langs zijn lijf. Joeni vertraagde haar pas.

'Joeni, meisje,' verzuchtte Cram en tot haar verbazing omhelsde hij haar. Hij rook naar zweet en bloed.

'Wat is er gebeurd?' vroeg Joeni.

'Ze zijn allemaal dood. Er waren geen mammoeten, we konden ze niet vinden. Maar er waren wel leeuwen. Een hele troep. En ze hadden honger.'

Ze voelde Cram huiveren, deze sterke man, een ervaren jager.

'We konden niets doen. De leeuwen scheidden ons van de anderen, ze wisten dat wij de sterksten waren. Ze gilden, Joeni, de arme jongens. Ze werden verscheurd, samen met de mannen die probeerden hen te redden. Ik moest Das bedreigen met mijn speer om hem met me mee te laten vluchten. Hij wilde hen niet achterlaten, maar het was al te laat. Te laat...'

'O, Cram...'

'Huil zo veel je wilt. Mijn tranen zijn op.'

'Ik breng jullie naar huis,' zei Joeni met dichtgeknepen keel. 'Jullie zijn nu veilig.'

Ze pakte Cram bij de hand en leidde hem naar de woongrot. Das volgde hen zwijgend, afwezig als een geest.

Zodra ze binnenstapten, was ze hen kwijt. Mensen sprongen op en snelden op Cram en Das af met begroetingen en vragen. Uitroepen van verdriet volgden al snel. De twee jagers werden naar Uma geleid, waar de schemer hen opslokte. Joeni keek verloren om zich heen. Vlak bij de ingang stond Tira. Ze had de opwinding gehoord, de kreten, maar ze kon niet snel opstaan, en nu had iedereen haar vader gezien behalve zij. Even voelde Joeni medelijden. Moest ze naar Tira toe gaan? Haar het nieuws vertellen? Ze zette een eerste stap, maar toen kreeg Tira haar in de gaten. De blik die het meisje haar zond, was als een speerpunt. Joeni vluchtte de grot uit.

Weg. Iedereen weg. De beste jagers van de stam. De jongens uit de moedergrot. De beer had hen niet te pakken gekregen. Maar de leeuwen wel. Hoe kon dit?

Mijn droom.

Het was haar droom geweest die hen de dood in had gejaagd. Maar ze had de mammoeten gezíén! Het hert en de leeuwenman hadden haar de kudde aangewezen! Wat had ze verkeerd gedaan? Wat had ze niet begrepen? Ze moest Toek spreken. Hij was niet in de woongrot bij Tira geweest. Misschien was hij in zijn luchtgrot, bij de rivier.

Normaal gesproken kalmeerde het geluid van stromend water haar, maar dit keer niet. Ze wilde dat het stopte. Ze wilde dat alles stopte. Door haar waren de jagers nu dood. Uma had gelijk gehad. Ze wilde gillen, ze wilde schreeuwen, slaan, schoppen.

'Toek!' riep ze. 'Toek, waar ben je?'

'Joeni!'

Zijn stem klonk hol.

'Tira kan je horen. We hadden een afspraak!'

Hij stapte uit de bescherming van zijn luchtgrot en keek haar streng aan, maar toen hij haar gezicht zag, veranderde zijn blik en snelde hij naar haar toe.

'Wat is er gebeurd?'

'Das en Cram zijn terug. Er waren geen mammoeten, maar leeuwen, Toek, en het is mijn schuld! Alle anderen zijn dood! Het was mijn droom, en hij was vals! Wat moet ik doen, Toek? Wat moet ik doen?'

Even zei hij niets. Zijn ogen waren leeg terwijl hij het nieuws in zich opnam.

'Ach, meisje,' zei hij toen, en hij trok haar tegen zich aan. Joeni liet haar voorhoofd op zijn magere schouder rusten.

'Ik ben dom geweest. Misschien... Ja. Het is tijd.'

Hij pakte haar gezicht in zijn beide handen en keek haar indringend aan. Toen drukte hij een kus op haar voorhoofd.

'Toek...'

'Geen gemaar. Je bent nu van mij. Ik ga met Uma praten. En met Tira. Wees niet bang, Joeni. Ik had dit eerder moeten doen. Niet jij, maar ik ben verantwoordelijk voor de dood van die dappere jagers. Ik besloot jouw droom aan Uma en Das te vertellen, en overtuigde hen ervan die te volgen. Onthoud voor de rest van je leven dat dit niet jouw schuld was. Beloof het me.'

'Ik beloof het.'

Ze zei het zo zachtjes dat het bijna niet te verstaan was.

'Harder.'

'Ik beloof het,' zei ze.

'Harder!'

'Ik belóóf het!'

Haar stem schalde over de rivier.

'Goed zo,' zei Toek. 'Ik moet nu naar Uma. Wacht hier even. Kom tot rust. Ik zal Ren sturen om je te halen als het tijd is. Bereid je voor, Joeni. Je moet sterk zijn en niet buigen voor boze woorden en kille blikken. Als jij sterk bent, zal ik dat ook zijn, sterk genoeg om Uma en Das te laten inzien dat jij je dromen niet zomaar kunt stoppen. En dat je mijn hulp nodig hebt.'

'Waarom doe je dit, Toek?'

'Omdat jouw dromen gevaarlijk zijn,' antwoordde hij. 'Voor de stam en voor jezelf.'

Toen draaide hij zich om en haastte zich naar de woongrot.

Toeks kus brandde op Joeni's voorhoofd. De kus van de dromer. Dit was wat Joeni had gewild sinds haar dromen waren begonnen, sinds ze haar ouders kwijt was geraakt... Maar waarom had Toek niet gewacht met zijn kus? Was dit echt het goede moment om de stam nog meer in verwarring te brengen, en Uma en Das boos te maken terwijl ze al zo verdrietig waren? Toeks woorden bleven door haar hoofd spoken.

Jouw dromen zijn gevaarlijk.

Toek had de kus niet gegeven omdat hij haar die gunde of omdat hij het wilde, maar omdat hij wel moest. Omdat ze anders nog meer doden zou veroorzaken met haar dromen. Dit zorgde er niet voor dat ze zich beter voelde.

Met een vingertop voelde ze voorzichtig aan het plekje net boven haar wenkbrauwen. Verwonderd keek ze naar de rode verf op haar vinger.

'Niet aankomen,' klonk plotseling een mannenstem. 'Niet voordat iedereen je heeft gezien.'

'Cram! Waar is Ren? Hij zou me komen halen.'

'Ren is overstuur. Ik wilde hem niet op pad laten gaan.'

Cram staarde naar Joeni's voorhoofd.

'Toek vertelde me wat hij heeft gedaan. Ik weet niet of het een verstandig idee is, maar ik weet ook niet of Uma en Das wel zo verstandig zijn. Dus wie weet.'

'Hoe gaat het met… iedereen?'

'Zoals je zelf wel kunt bedenken. Iedereen is verdrietig, boos en in de war. Toek heeft nog nooit iemand de dood ingejaagd. Niemand begrijpt waarom het is gebeurd. En Das heeft nog niets gezegd sinds hij terug is, ook niet tegen Tira. Ze is in paniek.'

'Kunnen we nog even wachten met teruggaan, Cram?'

Cram schudde zijn hoofd. 'Toek vroeg me je meteen mee terug te nemen. Hij heeft vast een plan. Ook vroeg hij me je te herinneren aan je belofte. Ik weet niet wat die inhoudt, maar denk aan je belofte, Joeni. En nu gaan we.'

Sterk zijn. Ze moest zich niet schuldig voelen en sterk zijn. Ze had niet gedacht dat het zo moeilijk zou zijn om zich aan die belofte te houden. Maar Toek wilde een dromer van haar maken. Ze moest nu laten zien wat ze waard was. Ze moest laten zien dat ze niet alleen gevaarlijk was, maar een goede dromer zou zijn en de stam zou helpen in moeilijke tijden als Toek er ooit niet meer was.

Ik zal voor de stam zorgen zoals die nooit voor mij heeft gezorgd.

Het gordijn van de woongrot had er nog nooit zo dreigend uitgezien. Cram schoof het zonder moeite opzij. Hij zei niets, maar gebaarde haar naar binnen te gaan. Met haar ogen dicht stapte Joeni erdoorheen. Toen ze haar ogen weer opende, was Cram verdwenen. Iedereen staarde haar aan. Alsof ze nu pas weer in de gaten hadden dat Joeni bestond. Langzaam liep ze verder de grot in, naar de schaduwen waar ze niet doorheen kon kijken, waar Uma was, en Toek, en wie weet wie nog meer. Ze voelde dat de schemer zich achter haar sloot, haar verborg voor de ogen van de stam. Misschien zouden ze straks het hoofd schudden en vergeten wat ze hadden gezien, alsof Joeni met de rode kus een droom was geweest.

'Joeni.'

Uma's stem was kil.

'Uma,' antwoordde Joeni.

'Het is dus waar. Hij heeft je de kus gegeven.'

'Ja, Uma.'

Joeni's blik begon aan het donker te wennen en ze zag Uma's omvangrijke contouren, haar hoofd bedekt met een fijn net met rotsschelpjes. Onder haar ogen zaten zwarte houtskoolstrepen, het teken van rouw. Toek stond naast haar, Das aan de andere kant. Hij keek dwars door haar heen.

'Toek heeft ons alles verteld,' ging Uma verder. Joeni's hart stond even stil. 'Ik had je gevraagd niet meer te dromen. Daarna had ik je bevolen niet te dromen. Maar luister je naar me? Nee. Je gaat maar door met dromen, je zoekt Toek op en vertelt mij verzinsels.'

'Uma–'

'Stop! Ik wil je stem niet horen.'

'Het spijt me,' zei Joeni, en ze boog haar hoofd.

'Ik geloof je niet,' zei Uma koud. 'Maar daarom ben je niet hier. Toeks laatste droom heeft… heeft gezorgd voor…'

Uma keek opzij naar Das, maar hij reageerde niet.

Sterk zijn, dacht Joeni.

‘Toek is bang dat hij te oud wordt om de dromer van de stam te zijn,’ ging Uma verder. ‘Dat hij na vele winters zijn dromen niet meer goed kan duiden. Natuurlijk heeft hij Tira.’

De stammoeder aarzelde even.

‘Maar Tira is… niet genoeg. Ze heeft iemand nodig die haar helpt. Iemand die sterk is en weet wat het betekent om een dromer te zijn. Toek kiest jou.’

Joeni zei niets.

‘Kom hier,’ beval Uma.

Zo langzaam mogelijk kwam Joeni dichterbij. Uma greep haar jas en trok haar naar zich toe. Ze greep Joeni’s kin en bekeek Toeks kus op haar voorhoofd.

‘Onthoud dit, Joeni. Jij bent nummer twee. Je bent er alleen om Tira te helpen. Als Toek niet meer kan dromen, zal Tira de dromer van de stam zijn. Durf er niet eens aan te denken om haar te passeren. Je zult met ergere dingen dan met mij te maken krijgen. Begrepen?’

Joeni slikte, maar vermande zich. Buig niet voor boze woorden en kille blikken, had Toek gezegd.

‘Ja, Uma. Ik zal het onthouden.’

‘En jij, Toek,’ zei Uma zonder zich naar hem om te draaien. ‘Jij ook. Tira is je opvolger. Vergeet dat niet.’

‘Natuurlijk niet, Uma,’ antwoordde Toek kalm. ‘Joeni is er alleen om te helpen.’

‘Heel goed.’ Ze liet Joeni los en zuchtte. ‘We hebben niet eens botten om te begraven.’

Uma’s stem had nog nooit zo verdrietig geklonken.

‘Jullie kunnen gaan. Allemaal.’

6

Er was lucht in de woongrot. Lucht en ruimte. 's Nachts was er plek om te woelen. Overdag konden de kinderen binnen rondrennen. Het zou fijn zijn als de oorzaak ervan niet zo droevig was geweest. De lucht woog zwaar. Als er al iemand lachte, klonk het hol en vreemd. De woongrot waar de stam zo graag had willen blijven, was vol met de schimmen van mensen die er hadden moeten zijn, maar er niet meer waren.

Ze zouden binnenkort weggaan. Joeni voelde het, ze wist het. Onwillekeurig wreef ze over haar voorhoofd, de plek van Toeks kus. Het tintelde daar nog steeds, al moest de verf allang van haar huid verdwenen zijn.

Sinds de kus leek Tira erop gebrand Joeni zo veel mogelijk bezig te houden. Blijkbaar wilde ze goed gebruikmaken van de situatie, nu Joeni niet meer te mijden of weg te jagen was. Ze liet Joeni haar eten halen, haar kleren herstellen en haar verf mengen. Als ze naar de luchtgrot gingen, leunde ze zo zwaar op haar dat ze nog langzamer vooruitkwamen dan wanneer Tira alleen met haar stok had gelopen.

Toek zei er nooit iets van. Soms maakte dat Joeni kwaad, maar ze wist dat dit voor nu het beste was wat hij voor haar kon doen zonder dat Uma en Das er bezwaar tegen hadden. Welke plannen Toek verder had, vertelde hij niet. Misschien had hij helemaal geen plannen. Maar ze had beloofd sterk te zijn, en ze zou die belofte waarmaken.

Want de dromen, de dromen… Joeni had niet beseft hoe erg ze ertegen had gevochten. Tot nu. Zodra ze 's nachts haar ogen sloot, waren de dieren bij haar. In de luchtgrot, met haar rug tegen de rotswand, ontvouwde de ruige vlakte zich voor haar ogen, begeleid door Toeks zangerige stem.

Soms zweefde ze boven de kuddes en zag hoe die zich bewogen, nooit in een rechte lijn maar kolkend en golvend, vooral de paarden en rendieren. Dan weer stond ze op de grond terwijl de dieren om haar heen renden. Dan voelde ze het donderen van hun hoeven en de hitte van hun adem en lijven. De leeuwenman was nu bijna altijd bij haar. Ook als ze hem niet zag, wist ze dat hij er was. Hij zweeg nog steeds, hoe vaak ze hem ook vroeg waarom hij haar de mammoeten had aangewezen. Waarom vertelde hij haar niet wat hij had bedoeld, wat ze fout had gedaan? Toen ze uiteindelijk een keer in al haar wanhoop probeerde hem omver te duwen terwijl ze schreeuwde dat hij nutteloos was omdat hij nooit wat zei, had hij haar hand gepakt en hadden ze samen over de vlakte gewandeld terwijl de kuddes vervaagden. Ze wist niet wat het betekende, maar ze voelde zich getroost toen ze wakker werd.

Die dag had ze niet één paard in de luchtgrot getekend, maar een hele kudde, met wilde manen en zwarte snuiten. Zowel Toek als Tira had ademloos toegekeken terwijl ze bezig was. Maar ze had hen pas opgemerkt toen ze, met het zweet op haar voorhoofd en haar wangen onder de zwarte vegen, het laatste paard zijn oog had gegeven. Sinds die dag stelde Tira nog hogere eisen aan haar.

Nu zaten ze in Toeks favoriete luchtgrot, niet ver bij de moedergrot vandaan. Daar vertelde hij zijn verhalen het liefst. De ondergaande zon maakte hun schaduwen lang en de geschilderde dieren leken te ademen.

'… en de bizons omsingelden de leeuwenwelp en vertrapten hem voordat hij kon opgroeien tot hun grootste vijand.'

'Maar waarom stond ik in het midden van die kudde?' vroeg Tira aan Toek. Een van haar dromen had Toek geïnspireerd om het verhaal van de leeuwenwelp te vertellen. 'Ben ik de leeuwenwelp? Wie probeert me dan te vertrappen?'

Ze keek even opzij naar Joeni, haar blik flitste venijnig. Toek zweeg even en keek Tira aan.

'Dat kan ik niet zeggen,' zei hij toen. 'Denk na; herinner je hoe je je voelde in de droom. Misschien ben je zelf de kudde en wilde de Moeder je laten voelen hoe het is om de welp te zijn die je probeert te vertrappen. Kijk om je heen, luister, let op. Probeer je volgende dromen met deze te verbinden. Alleen op die manier zul je de betekenis te weten komen.'

'Waarom praat mijn vader niet meer met me?'

De vraag was zo onverwacht dat zowel Toek als Joeni hun adem inhielden. Alleen de roep van een uil in de verte verbrak de stilte. Tira's ogen glommen in het licht van de lampjes, haar lip trilde.

'Helemaal niet?' vroeg Toek zacht.

'Nee,' antwoordde Tira. 'Hij kijkt wel naar me, maar hij ziet me niet. Hij komt nooit dichtbij. Hij zit alleen bij zijn vuur en als ik naar hem toe ga, loopt hij weg. Ik ben niet snel genoeg om achter hem aan te gaan.'

Ze was even stil en keek naar beneden. Tranen drupten op haar jas.

'Hij was altijd trots op me, hij hielp me en lachte met me, ook al ben ik... zoals ik ben. Ik wil mijn vader terug, Toek!'

'Je hebt ons nog, Tira. Mij en Joeni. Wij zullen je helpen. Das is... Hij is gewond. Niet vanbuiten, maar vanbinnen. Hij heeft nu ook dromen, maar niet zoals de onze. Hij droomt van brullende leeuwen, scheurend vlees, van krakende botten en angstige doodskreten.'

Ik heb wél zulke dromen, dacht Joeni, de droom van de stenen stam.

'Hij droomt van aan de grond genageld staan terwijl zijn jagers zijn hulp nodig hebben,' ging Toek verder. 'Hij droomt van eindeloos rennen en niet weg kunnen komen van het geluid van stervende mensen.'

'Maar ik kan helpen! Ik kan luisteren.'

'Hij wil het je niet aandoen. Hij wil niet dat jij die kreten ook zal horen, dat jij het bloed ook zal ruiken. Hij beschermt je.'

'Ik wil niet beschermd worden.'

'Vertel dat maar aan een vader. Das heeft tijd nodig om te genezen. We moeten hem die tijd geven, jij ook, hoe moeilijk dat ook is als zijn dochter.'

Niet lang na deze woorden stuurde Toek Joeni en Tira terug naar de woongrot. Tira dacht er niet eens aan om Joeni haar te laten helpen met lopen. Maar Joeni hield gelijke tred met haar moeizame gang, stap voor stap. Tira's kromme rug bracht haar steeds weer uit balans, steeds weer moest ze zichzelf corrigeren, zichzelf rechtop houden, tegenbewegingen maken. Welke strijd Joeni ook met haar had, ze bewonderde Tira omdat ze nooit opgaf, altijd klaar was om te vechten en nooit liet merken dat ze pijn had of moe was. Blijkbaar voelde Tira haar starende blik, want ze zei: 'Denk maar niet dat je me nu kent. Of dat we nu vrienden zijn. Ik vertrouw je niet. En dat zal ik nooit doen ook.'

'Waarom haat je me zo?' vroeg Joeni. Het was eruit voor ze er erg in had.

Tira stopte met lopen en staarde Joeni ijzig aan.

'Voor wat je mijn vader aandoet. Iedere keer dat hij je ziet,' antwoordde Tira.

'Wat ik hem aandoe? Ik doe hem niets aan! Hij slaat me, hij schreeuwt naar me, hij kleineert me. Hij doet míj dingen aan!'

'Jij denkt altijd alleen maar aan jezelf. En nu wil ik gewoon verder lopen. Ik heb geen zin om je nog te zien. Laat me met rust.'

'Prima. Zoek het maar uit.'

En Joeni zette het op een rennen. Het was goed om de wind weer eens langs haar wangen te voelen strijken. Zo goed dat ze de woongrot voorbijsnelde, langs de rivier, langs haar geheime luchtgrot, en de rotswand op klom. Ze rende verder over de helling tot het hoogste punt, waar ze stopte en haar jas uit gooide, zodat het zweet op haar huid al snel een laagje ijs was. Ze rilde.

Het land aan haar voeten welfde hier omlaag tot een vlakte die eindeloos was als de hemel, zonder bomen, zonder struiken, alleen gras en mos, bespikkeld met bloemen en kruiden. Ze holde omlaag. Haar jas liet ze achter op de helling, ondanks de kou die over niet al te lange tijd haar spieren zou laten verstijven en haar hoofd licht zou maken. Ze wilde het voelen. Niet de pijn van herinneringen en dromen, maar echte pijn die al het andere zou overstemmen.

In een veld met witte bloemen ging ze liggen, plat op haar rug. De blaadjes en stengels kietelden haar oren en wangen. Ze merkte pas hoe hevig ze rilde toen haar tanden klapperden en ze per ongeluk op haar tong beet. Het bloed smaakte warm en zoet.

Nog even, dacht ze, nog even.

Ze ging rechtop zitten en sloot haar ogen, verwelkomde de kou als een goede vriend.

Ik moet sterk zijn, dacht ze, sterk zijn en alles verdragen. Ik zal leren wat mijn dromen betekenen. Ik zal leren hoe ik de mammoeten kan vinden. Ik zal erachter komen wie de leeuwenman is. En dan zal hij me nooit meer verlaten. Dan zal ik nooit meer alleen zijn.

7

Nu was het echt, en iedereen wist het. Ze zouden vertrekken. Lang had de stam gefluisterd over weggaan, over de snel afnemende voorraad en de magere opbrengst van de jacht de afgelopen tijd. Maar ook over het rondwarende verdriet en de wens dat achter te laten.

Die avond was Uma uit de schemer gestapt. Tot ieders verbazing was ze bij de haard komen zitten, had ze gepraat en gelachen, al gleden er al snel dikke zweetdruppels over haar voorhoofd en werden haar wangen roder dan Joeni ze ooit had gezien. Maar het voelde zoals het zou moeten. Zij waren de kinderen en Uma was de moeder van de stam, zorgzaam en vol verhalen en wijsheid.

Zo zou het altijd moeten zijn, dacht Joeni. Als Uma vaker bij het vuur kwam, zou ze vast ook minder kil en streng zijn. De warmte deed haar goed.

'We moeten gaan,' zei Uma toen de klanken van het laatste lied van die avond weggestorven waren. 'Ik weet dat het moeilijk is. En ik weet dat de rendieren al zo ver weg zijn dat we ze niet meer zullen inhalen. Maar we kunnen hier niet langer blijven. Er is niet genoeg te eten, en de stam is kwetsbaar nu de jagers er niet meer zijn. Ik heb besloten, samen met Toek en Das, dat we naar het zuiden trekken. Daar is het warmer, en daar zijn meer stammen. We moeten hen om hulp vragen. We hebben mannen en jongens nodig. Het is tijd voor een Verbinding.'

Een opgewonden gemompel volgde, maar Joeni kon niets meer zien, kon nauwelijks meer ademen. Haar hart verplaatste zich naar haar hoofd en bonkte tegen haar schedel als een trommel. Een Verbinding!

Het was lang geleden dat Joeni bij een Verbinding was geweest. Op zo'n dag had een man van een andere stam haar moeder gestolen. En haar vader weigerde dat te laten gebeuren. Allebei kwijt. Allebei weg. Sindsdien had ze Verbindingen gemeden, was ze weggevlucht van de vuren en pas de volgende ochtend teruggekomen om te zien wie er nu weer verdwenen was. Mannen kwamen en gingen, vrouwen kwamen en gingen, maar er was nooit meer bloed gevloeid. Niemand had mee hoeven maken wat zij had meegemaakt.

Uma begon de namen van de meisjes op te noemen die dit keer gekozen mochten worden. Joeni luisterde niet echt. Ze was nu een dromersleerling. Geen Verbinding voor haar.

'... en Joeni.'

Joeni schrok op uit haar gedachten en zocht Uma's blik. De stammoeder knikte en glimlachte naar haar, alsof ze Joeni een grote gunst verleende.

'Maar...' begon ze, en meteen greep iemand haar bij de schouder. Cram legde zijn vinger op zijn lippen en schudde zijn hoofd.

'Laat me los!' grauwde ze hem toe. 'Cram, ik ben van Toek, ik mag niet gekozen worden! Ik ben van Toek!'

Zag ze medelijden in zijn ogen? Daar had ze niets aan! Ze wilde opstaan, Uma's besluit aanvechten, maar Cram hield haar schouder nog steviger vast.

'Maak het niet erger dan het is. Alle jonge vrouwen mogen dit keer gekozen worden. Zelfs Tira. Er is niets aan te doen, Uma heeft besloten,' zei hij.

Even maakte Joeni's woede plaats voor verbazing. 'Tira?'

Tira zat net buiten de groep, zoals ze de laatste tijd deed, half verborgen in het duister. Maar Joeni zag duidelijk dat ze glimlachte, een zeldzame aanblik. Tira keek haar kant op en haar glimlach werd nog breder. Was ze echt zo blij om gekozen te mogen worden? Waarschijnlijk had ze niet verwacht daar ooit voor in aanmerking te komen. Misschien was dit wel wat ze altijd had gewild.

Joeni glimlachte terug, maar intussen voelde ze een knoop in haar maag. Als een man haar zou kiezen, kon ze geen dromer meer zijn. Ze zou naar zijn stam gaan in ruil voor een van hun jongens, of haar nieuwe man zou bij haar blijven. Hoe dan ook zou Uma een nieuwe jager in de stam verwelkomen. Joeni zou kinderen krijgen. En ze kon niet tegelijkertijd dromen en moeder zijn. Dat mocht niet.

Haar ogen zochten Toek, maar hij was er niet. Hij was vast naar buiten geglipt, naar zijn luchtgrot, zoals gewoonlijk. Zou hij het met Uma eens zijn? Zou hij bereid zijn om zijn twee leerlingen kwijt te raken, juist nu hij zo veel moeite had gedaan voor Joeni? Ze geloofde het niet. En ze zou het hem vragen.

Er brandden vuren. Joeni's hand lag in de sterke hand van degene naast haar. Ze keek omhoog. Het was haar moeder. Haar gezicht was wazig, alsof Joeni door mist heen moest kijken, maar ze zag de nerveuze glimlach die haar moeder haar gaf. De mensen rondom praatten en lachten, maar haar moeder stond doodstil, alsof ze iets hoorde wat ze niet kon plaatsen. Hij kwam onverwachts. Een snelle schim greep haar moeders arm en rukte haar hand uit die van Joeni. Ze schreeuwde, en het praten en lachen verstomde. De mensen veranderden in steen, ogen opengesperd en met hun hand voor de mond. Joeni rende achter de schaduw en haar moeder aan, en toen wás ze haar moeder en voelde ze de genadeloze greep van de hand om haar arm, de harde woor-

den, het worstelen, de klap op haar wang. Ze probeerde zich uit alle macht te bevrijden, terug naar haar dochtertje, terug naar de man die zo goed voor haar was, naar de stam die altijd haar thuis was geweest. Ze keek achterom, zoekend naar het meisje dat ze zojuist nog vast had gehouden, maar de stenen mensen blokkeerden de weg en ze zag niets dan stille, starende gezichten. Waarom lieten ze dit gebeuren? Ze had al een man, ze had al een kind, waarom koos deze vreemde man niet iemand anders, waarom zij? Hete tranen ontsnapten aan haar ogen. 'Joeni!' riep ze. 'Joeni, waar ben je?'

Ineens was Joeni weer zichzelf. Twee magere armen hielden haar stevig maar niet onvriendelijk vast terwijl ze probeerde zich te bevrijden, naar haar moeder toe wilde rennen. Ze keek opzij en zag Toeks gezicht, jonger dan ze hem kende, met treurige ogen, en hij legde zijn vinger tegen zijn lippen. Langzaam begon hij te verstenen, net als de anderen, zijn armen werden hard, zijn blik levenloos. Joeni vocht om vrij te komen, maar zijn stenen greep liet haar niet los. Kou verspreidde zich in haar benen, die gevoelloos werden, kroop omhoog naar haar armen, haar nek, haar gezicht. Ze kreeg geen adem, het was alsof ze stikte. Alles werd grijs, en toen was er alleen nog maar zwart.

Toek was onvindbaar. Niemand had de dromer gezien sinds de avond van Uma's aankondiging. De stam bereidde zich voor op het vertrek, maar Joeni maakte zich zorgen. Ze zocht overal, ging al zijn luchtgrotten langs en had het zelfs aangedurfd om de moedergrot in te gaan, al was ze niet verder gekomen dan het daglicht en haar ogen hadden toegelaten. De moedergrot bleef het domein van de dromers, en wat ze verder ook van zichzelf dacht, ze wist heel goed dat ze er geen recht op had daarbinnen te zijn.

Ook Tira was van streek, zo erg zelfs dat ze op een avond naar Joeni toe kwam om te vragen of zíj Toek had gezien. En ze had niet eens onvriendelijk geklonken. Ondanks alles waren ze met elkaar verbonden. Ze waren allebei hun ouders en hun leraar kwijt, en ze waren allebei kiesbaar op de komende Verbinding. Maar dat betekende duidelijk niet dat ze nu iedere avond naast elkaar bij het vuur zouden zitten.

Gelukkig, dacht Joeni. Ik zou niet weten wat ik dan moest doen.

Toen kwam de dag van vertrek. Iedereen stond klaar om te gaan, met gepolijste speren en warme reiskleren, met huiden en voorraden. De rest lieten ze achter. Joeni keek nog een laatste keer om zich heen in de woongrot, waar iedereen zo lang gelukkig was geweest. Rond de haard lagen de scherven van gebarsten kookstenen en verkoolde botten. Ze zag afgedankte huiden, kapotte manden van gras, gebroken bijlen en botsplinters van lang geleden gemaakte speerpunten. Rode stippen, en golven en lijnen sierden de wanden.

Dit zijn dus de sporen die wij achterlaten, bedacht Joeni, niet uit te wissen door sneeuw of mos zoals de sporen van de kuddes. Wat zullen de mensen die na ons komen van ons vinden?

Uma stapte uit de schaduwen, gevolgd door Das, die zelf steeds meer op een schaduw begon te lijken. De stam week uiteen om hen voor te laten gaan, want niemand anders dan de stammoeder kon de stam over de vlakte leiden. Langzaam kwam de stoet in beweging. De zon stond laag aan de hemel en de wind was die nacht gaan liggen. Dat maakte het ongewoon stil. Het leek wel of de wind op iets wachtte. Sommige stamleden keken schichtig om zich heen, als hazen op hun hoede. Toen zag Joeni hem.

Met zijn armen over elkaar stond Toek onder de kromme jeneverbes naast de woongrot, half verscholen in de schaduw van de boom. Hij had een tas over zijn schouder, ongetwijfeld gevuld met zijn geliefde pigmenten en kwasten. Joeni rende naar hem toe, maar toen ze dichterbij kwam, remde ze af. Er was iets mis. Er was iets mis met zijn gezicht.

Zijn ogen waren zwart geschilderd, net als zijn mond: een brede, duistere streep van oor tot oor. Vanuit zijn mondhoeken liepen twee grillige, rode strepen naar beneden. Het leek wel bloed. Het wás bloed.

'Toek!' riep Joeni, en ze begon weer te rennen. Verschillende stamgenoten volgden haar.

'Toek, wat is er gebeurd?' vroeg Joeni buiten adem.

De dromer keek haar aan met een blik die ze niet kon lezen. Het zwart rond zijn ogen reikte tot zijn wenkbrauwen en verborg de rimpeltjes die zeiden of hij lachte of niet, of hij verdrietig was of ernstig. Hij schudde zijn hoofd en wees naar zijn mond.

Op twee plekken bij Toeks mondhoeken was een leren koord door zijn huid geregen, slordig vastgeknoopt op zijn onderlip. De wonden waren rood, rafelig en opgezet. Het zag er slecht uit.

'Het Zwijgen,' fluisterde iemand. 'Toek heeft zichzelf het Zwijgen opgelegd.'

Toek sloot even zijn ogen. Door het zwart leken er twee gaten in zijn gezicht te zitten, als een schedel zonder vlees. Zijn lippen waren droog, de barsten staken onnatuurlijk rood af.

Joeni stak haar hand uit naar Toek, maar Cram, die mee was gerend, greep haar arm.

'Niet doen,' zei hij. 'Het Zwijgen vraagt toewijding en eenzaamheid. Niemand mag hem aanraken. Jij en Tira moeten ervoor zorgen dat hij drinkt en dat zijn eten fijn genoeg is, maar alleen als hij erom vraagt. Blijf in zijn buurt, maar stoor hem niet. Er is iets belangrijks dat om een oplossing vraagt. Toek offert zichzelf op om daarover na te denken.'

Joeni kon haar blik niet van Toek lostrekken. Hij leek naar haar te glimlachen. Wat had hij zichzelf aangedaan?

De rest van de stam was blijven staan, onzeker en in de war. Er werden vragen geroepen. Toek liep naar hen toe, met Joeni en de anderen achter zich aan. Ze besloot dicht bij Toek te blijven.

'Het Zwijgen!' riep Uma toen ze Toek zag. Ze straalde een boosheid uit waarvan Joeni had gedacht dat die alleen voor haar gereserveerd was. De stammoeder stevende op hem af, maar ondanks haar woede kwam ze niet dichterbij dan een armlengte.

'Je durft wel, dromer,' zei ze. 'Ik houd je in de gaten, ga daar maar van uit. Je bent net zo schuldig als wij. Doe maar niet alsof.'

Schuldig? Wat bedoelde Uma?

Toek staarde Uma alleen maar aan, en al snel moest de stammoeder haar blik afwenden. Ze draaide zich om en zei: 'We gaan.'

En de stam kwam weer in beweging, Das en Uma vooraan, Toek achteraan, op veilige afstand van de laatste reiziger, een oudere vrouw met grijze haren die in stugge strengen tot aan haar middel hingen. Af en toe keek ze ongerust achterom.

'Ik ga Tira zoeken, goed?' zei Joeni. Toek liet niet merken dat hij haar gehoord had. Hij bleef vooruitkijken en vertraagde niet één keer zijn pas. Misschien had ze zijn toestemming niet nodig.

Joeni vond Tira tussen de vrouwen met jonge kinderen, die ze in een leren lap op hun rug droegen. Ze brabbelden of huilden.

'Tira,' zei Joeni. 'Toek heeft ons nodig.'

'Ik weet al van het Zwijgen,' antwoordde Tira koeltjes. 'Uma heeft het me verteld. Zorg jij maar voor hem. Hij kan nu toch niet praten, en ik moet voor mezelf zorgen.'

Dit had Joeni niet verwacht.

'Weet je het zeker?'

Tira keek haar venijnig aan. 'Je hebt me toch gehoord?'

'Goed dan.'

Wat was er aan de hand? Waarom was Uma boos over Toeks Zwijgen, en waarom vond Tira het goed dat Joeni voor hem zou zorgen? Maar ze was alleen met haar vragen, zoals altijd.

8

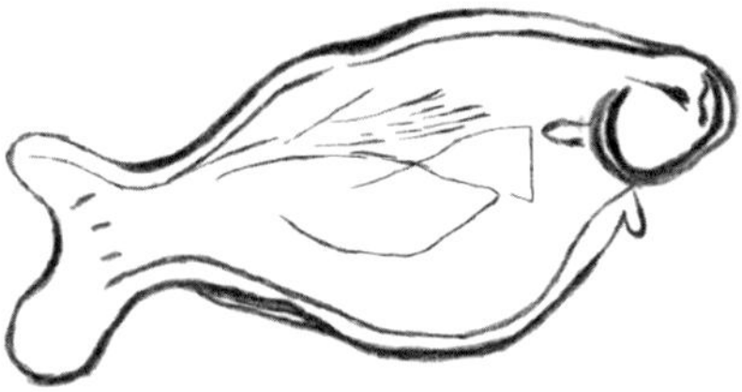

Toeks wonden waren ontstoken. Er kwam gele pus uit, en het stonk. Joeni keek even op naar de dromer terwijl ze de portie gedroogd vlees die hij iedere dag at zo fijn mogelijk hakte met haar mes. Alleen zo kon hij het in zijn mond stoppen en zonder al te veel kauwen doorslikken. Het moest zeer doen. Soms liet hij haar de etterende plekken deppen met heet water waarin ze veerblad had gekookt. Dat hielp tegen ontstekingen, al was een kompres beter. Maar Toek weigerde het papje van gekauwde bladeren iedere keer dat Joeni het voor hem maakte. Het was duidelijk dat de pijn onderdeel was van het Zwijgen.

De stam van Uma liep, dag na dag reisden ze onder een eindeloze, strakblauwe hemel, gestuurd door Das en Cram, die vooruitgingen en de beste weg zochten. Er was niemand om hen te helpen bij die taak. Maar ze hadden de honden nog. Zij zouden het snel ruiken als er beren, wolven of leeuwen op hun pad kwamen.

Rotswanden rezen op in de verte. Nog even konden ze de rivier volgen, nog even waren ze verzekerd van water en vis, en dan zou het niet lang duren voor ze de vallei verlieten. Iedere ochtend pakten ze hun spullen in, hesen die op hun rug of over hun schouders, of bonden ze aan de tentstokken die ze achter zich aan sleepten. Ze rustten drie keer per dag, op een plek die Uma aanwees. Dan lieten ze hun last dankbaar van hun schouders glijden, zaten, aten en praatten ze wat, maar het duurde nooit lang. Geen vuur, geen tent. Dat kostte te veel tijd. Pas als de schemer viel, maakten ze hun vuren, bij voorkeur in een inham die de warmte weerkaatste. Een moeder was een paar dagen geleden begonnen met een schaduwspel om haar kinderen te vermaken, en inmiddels was de groep mensen die meedeed zo groot, dat er hele roedels schaduwwolven over de rotswanden renden en vochten met mammoeten en leeuwen. Zowel de kinderen als de volwassenen lachten en klapten in hun handen. Joeni keek van een afstandje toe.

Om beurten hielden stamleden de wacht bij het nachtvuur, en iedere avond koos Uma andere gelukkigen om er dicht bij te slapen. Dat gold niet voor Toek en Joeni. Het Zwijgen plaatste hen buiten de stam. Zij hadden hun eigen vuur en sliepen samen op en onder de huiden die ze iedere dag oprolden en op hun rug bonden. De nachten onder de heldere hemel waren koud en de woongrot leek verder weg dan ooit. Hoe langer ze liepen, hoe meer Joeni hem miste: de onregelmatige wanden die laat op de avond warm werden van de gloed van het vuur, de schemer, de bescherming tegen de wind, de versieringen, het gevoel van steen om je heen, alsof de Moeder zelf de stam beschermde. Het was thuis geweest, en nu hadden ze niets meer.

Door mij. Door mijn droom. Wat Toek ook zegt.

Tijdens de eerste dagen van de reis waren er af en toe mensen naar Toek komen kijken. Uit bezorgdheid of nieuwsgierigheid, Joeni wist het niet. Meestal was een enkele blik op Toeks gezicht genoeg om hen snel te doen vluchten. Ze zag hen daarna niet meer terug. Maar als ze 's avonds eten ging halen, vroegen steeds meer mensen hoe het met hem ging. En ze kreeg steeds vaker presentjes voor hem in haar handen gedrukt: een bosje versgeplukte kruiden of een pluk rendierhaar, gevonden tussen het mos, voor nieuwe penselen. Toek nam deze giften altijd met een ernstige blik aan en borg ze dan zorgvuldig op.

Cram was de enige die nog weleens bij hun vuur kwam. Hij was bezorgd om Toek, zei hij, maar Joeni durfde te hopen dat hij misschien ook bezorgd was om haar. Hij vertelde haar hoe zeldzaam het Zwijgen was. Alleen dromers legden het zichzelf op. Niemand anders zou zoiets vrijwillig ondergaan. Vaker was het een straf, bestemd voor degenen die met leugens de stam in gevaar hadden gebracht.

Joeni huiverde bij de gedachte aan een naald die door haar lip geduwd werd, een grof koord dat langs haar vlees schuurde... Zou Toek zichzelf nu straffen? Maar waarvoor? Iets wat gebeurd was, of iets wat nog moest gebeuren? Of had hij een droom gehad die heel belangrijk was en wist hij geen andere manier om achter de betekenis ervan te komen?

Al haar vragen bleven onbeantwoord. Iedere dag opnieuw bracht Toek het zwart rond zijn ogen en mond aan met vermalen houtskool uit het vuur van de vorige avond, zodat niemand, ook Joeni niet, zijn gezicht kon lezen.

Toch was het allemaal niet zo erg. Toek was de enige om wie ze zich zorgen hoefde te maken. Soms zwierf hij weg van hun vuur, de nacht in, en was ze echt alleen met haar gedachten. Maar meestal zaten ze samen in stilte, en was het goed. Thuis was geen vaste plek, bedacht Joeni, thuis waren de mensen die vertrouwd waren, hun stemmen, hun gezichten. Thuis was als een oude jas die eigenlijk versleten was, maar die nog zo lekker rook naar jezelf, naar die ene avond met vrienden en vuur. Je deed hem niet weg, hoe vaak je jezelf ook vertelde dat je hem niet meer nodig had.

Ze verlieten de vallei op een dag dat het harder waaide dan gewoonlijk; zelfs Joeni's dubbele bontjas hield de wind niet tegen. Haar oren staken pijnlijk en haar ogen traanden onophoudelijk. De tranen bevroren op haar wangen.

Ze worstelden de helling op, vechtend tegen de windvlagen. Das hielp iedereen. Hij moedigde de kinderen aan, ondersteunde de ouderen en de moeders met hun kleintjes op de rug en hielp met het omhoogtrekken van de tentstokken. Het leek hem goed te doen om weer een doel te hebben, te weten dat de mensen op hem rekenden. Hij praatte, lachte soms zelfs en zijn blik had wat van zijn oude gloed teruggekregen. Hij zat weer vaker bij Tira, en ook zij leek gelukkiger. Maar Das meed Joeni en Toek, zodat ze hem soms dagen achter elkaar niet zagen. Ze miste zijn aandacht niet. Integendeel. Ze had nog nooit zo lang geen blauwe plekken gehad.

Langzaam maar zeker kwam het zuiden dichterbij. Joeni kon het zien, ze kon het ruiken. De lucht nam de geur van groen met zich mee. Hier en daar verschenen boompjes op de vlakte, gekromd door de wind maar groter dan de struikjes die ze kende. En ze zouden alleen maar groter worden, groter nog dan de eenzame jeneverbes bij de woongrot. Bomen betekenden: hout. Zo veel hout dat je het kon gebruiken om vuur te maken. Maar er waren geen kuddes. Geen rendieren, geen bizons, geen paarden. En dat terwijl de vlakte vol jonge kruiden stond, mals en sappig. De dieren uit haar dromen zouden hier moeten zijn. Das zou weten waarom ze er niet waren. Hij kende het land beter dan wie ook. Maar Joeni durfde niet naar hem toe te gaan. Cram haalde zijn schouders erover op.

'De dieren zijn waar ze willen zijn. En wat wilde je doen? Een bizon neerhalen? Op een mammoet jagen? Ga jij die op je rug meedragen?'

Hij had gelijk, maar ze wist dat er iets niet goed zat... Gelukkig waren de kleine dieren er wel, en vaak genoeg ving iemand een vos of haas met zijn of haar slinger. Het verse vlees was meer dan welkom, en de honden vochten om de restjes.

Joeni keek naar hun geruzie. Zouden zij de jagers ook missen? De mannen en jongens die met hen renden en stoeiden? Ze zouden gauw nieuwe vrienden maken. De zuidelijke stammen hadden ook honden. En er zouden nieuwe mannen en jongens komen om mee te spelen.

Ook voor mij.

Alleen al door de gedachte aan de aanstaande Verbinding wilde ze zich aan Toek vastklampen tot het voorbij was. Ze wilde dat hij haar zou beschermen tegen het kiezen, dat hij tegen iedereen zou zeggen dat ze van hem was, een dromer zou worden en niets anders. Maar dat zou hij niet doen, zeker niet nu. Ze keek opzij naar haar Zwijgende leraar met zijn dichtgenaaide lippen en zwarte gezicht. Zijn hemelsblauwe ogen waren gericht op de ruggen van de mensen die een eindje voor hen liepen, maar hij voelde haar blik en keek haar nu aan.

'Ik wil niet gekozen worden, Toek,' zei ze.

Ze wist dat hij niets terug kon zeggen, maar ze móést het hem zeggen. Ze móést het hem vragen.

'Ik denk dat ik gek zou worden. Ik denk niet dat mijn dromen zouden stoppen. Wat moet ik doen als er niemand meer is die ze me kan uitleggen? Als ze me bang maken of verdriet doen, en ik niet weet waarom?'

Ze haalde diep adem. 'We kunnen achterblijven,' zei ze, 'jij en ik. We vinden wel een knusse woongrot. Ik kan voor ons jagen. Jij leert mij dromen. En als mijn hand dan in een moedergrot staat, kunnen we op zoek gaan naar een nieuwe stam die ons zal waarderen als dromers. Ik wil niet gekozen worden, net als mama.'

De tranen sprongen in haar ogen. 'Niemand deed iets...'

Toek stopte met lopen en legde zijn hand op haar arm. Hij doorbrak de regels van het Zwijgen! Zou dat betekenen...? Zou hij het doen?

Maar Joeni zag het al aan zijn ogen. Al het zwart in de wereld kon die blik niet verbergen. Medelijden. Hij had medelijden met haar. Ze keek naar haar voeten, maar Toek tilde haar kin op, zodat ze hem aan moest kijken. Zachtjes schudde hij zijn hoofd terwijl hij met zijn duim een traan van haar wang veegde. Hij wees naar de stam, naar haar, toen naar zijn hoofd, zijn hart en gebaarde dat iets in tweeën scheurde.

Nog een keer schudde Toek zijn hoofd, en hij nam weer afstand, zoals het hoorde. Heel even dacht Joeni eraan om dan maar zelf weg te gaan, ze hoefde alleen maar de andere kant op te rennen. Ze zou zich wel redden! Maar die gedachte duurde niet lang. Alleen zijn was gevaarlijk, en zo... alleen. Alleen zijn was het weggooien van de oude jas. Ze rechtte haar rug, knikte naar Toek en begon weer te lopen. Ze waren niet erg achteropgeraakt.

'Kom, Toek. We halen ze wel weer in.'

Het was Ren die als eerste de kookvuren rook, en hij verkondigde dat zo luid dat zelfs Toek en Joeni het hoorden. Joeni stak haar neus in de lucht en snoof. Toen Das aan de horizon verscheen, zwaaiend en gebarend om hem te volgen, rook iedereen het. Ze hadden de zuiderlingen gevonden!

Zelfs Uma liep sneller nu beschutting, vers eten en gezelschap zo dichtbij waren, maar Joeni vertraagde haar pas totdat zelfs Toek achteromkeek. Iedere stap bracht haar dichter bij de Verbinding. Met iedere stap werd de kans groter dat ze Toek kwijt zou raken. Ik had hem moeten dwingen, dacht ze, ik had zijn arm moeten grijpen en hem mee moeten trekken. Hij had toch niet om hulp kunnen roepen...

Maar dat was nu te laat.

Sterk zijn.

De woongrot van de zuiderlingen lag in een smalle riviervallei, verscholen tussen de bomen. Zo veel bomen! Genoeg hout om iedere avond vuur te stoken, om fakkels van te maken en zo veel speren als de stam maar wilde, naast de woongrot, zonder er verre tochten voor te hoeven maken. Haar stamgenoten moesten hetzelfde denken. Een jonge vrouw was al bezig om soepele, rechte takken van een boom af te snijden. Een voor een stopte ze die tussen de draagbanden van haar leren tas. Joeni vroeg zich af wat Uma daarvan zou vinden. Dit hout was niet van hen.

Maar de stammoeder was te druk om het te zien. Een van de zuiderlingen was vooruitgestuurd om hen te ontmoeten en stond nu met Uma en Das te praten. Hij had een blonde baard en lange haren, bij elkaar gebonden en versierd met lange, bruine veren. Joeni zag Uma haar kant op wijzen. Ongetwijfeld legde ze uit dat ze een dromer bij zich hadden die zichzelf het Zwijgen had opgelegd. Maar de man keek niet naar Toek. Hij keek naar Joeni, en zijn tanden blonken in de zon toen hij naar haar lachte. Snel keek Joeni weg.

De zuiderlingen waren hartelijk. Voor hun woongrot wachtte een groot vuur met eromheen genoeg plek voor iedereen. Ze hadden net een goede paardenjacht achter de rug en er werd een hele achterpoot geroosterd om alle stamleden een stuk vlees te kunnen aanbieden.

Hier zijn de paarden dus, dacht Joeni; als we hier hadden gewoond, had niemand op mammoetjacht hoeven gaan.

Toek en zij werden meegenomen naar een beschutte plek die een eindje van de ingang van de woongrot lag. Ook hier kreeg een Zwijgende dromer zijn eigen slaapplaats. Er brandde al een vuur, bescheiden maar warm, en Joeni bedankte de vrouw die hen had gebracht voor haar goede zorgen.

'Het is ons een eer,' antwoordde ze. 'Als de dromer iets nodig heeft, hoef je het maar te vragen.'

De groep zuiderlingen was groot, maar toch werd diezelfde avond besloten een boodschapper naar andere stammen in de buurt te sturen om ze van de aanstaande Verbinding te laten weten.

Zo veel stammen, dacht Joeni, wat blijft er van de onze over als dit allemaal achter de rug is? Wie blijft er over van de stam van Uma?

Ze keek naar haar stamgenoten verderop, voor het grootste deel meisjes, en oude en jonge vrouwen. Ren was er nog, Das en Cram en een paar jongetjes. Toek was de enige volwassen man die niet mee was gegaan op mammoetjacht. Wie van de meisjes en vrouwen zou verdwijnen? Welke onbekende mannen en jongens zouden zich bij hen voegen? Plotseling wenste ze met alles wat ze in zich had dat ze haar droom nooit aan Toek had verteld. Ze had haar mond moeten houden, maar nee, ze wilde dat Toek onder de indruk zou zijn. En zelfs toen had ze de leeuwenman voor hem geheimgehouden. Wat zou er gebeurd zijn als ze haar geheim had gedeeld? Wat had Toek dan in haar droom gelezen?

Natuurlijk waren Verbindingen onvermijdelijk. Als een stam te lang op zichzelf bleef, werden de kinderen die geboren werden steeds zwakker, ziek en soms misvormd. De Verbindingen waren nodig. Maar meestal was het gelijker verdeeld. Een paar mannen, een paar vrouwen die van stam wisselden. Niet zoals nu. Er zou niets van haar oude, vertrouwde jas overblijven.

'Ik heb een gift voor de dromer,' klonk opeens een heldere mannenstem. 'Mag ik dichterbij komen?'

Verstoord keek Joeni omhoog. Het was de blonde man die Uma eerder had begroet. Zijn gezicht was vriendelijk en open, en hij lachte opnieuw zijn tanden bloot.

'Mag het, Toek?' vroeg Joeni, en de dromer knikte.

'Kom bij ons zitten,' zei ze tegen de man, al had ze het liefst gehad dat Toek haar hem weg had laten sturen.

'Jullie stammoeder vertelde me van het Zwijgen,' zei de man. 'Een zware taak, maar altijd voor een groter doel. Mijn naam is Jerrik. Ik breng de gele pigmenten van de zuidelijke bergen. Een waardige gift voor een Zwijgende dromer. Mogen zijn vragen snel beantwoord zijn.'

Hij gaf Joeni een bakje dat gemaakt leek te zijn van boombast, waarin gele, stoffige brokjes lagen. Maar Joeni zag meteen de vacht van een leeuw, de strepen van een hyena, de ruige haren van een paard. Jerrik glimlachte.

'Ik zie dat je de kleur waardeert. Ik weet zeker dat hij je de verf zal laten gebruiken.'

Joeni schrok op. Wat deed ze? De gift was voor Toek, niet voor haar.

'We danken je voor je vriendelijkheid,' zei ze, zoals het hoorde. Ze zette het bakje bij Toeks voeten, die er meteen een brokje uit pakte, het fijnwreef tussen zijn vingers, goedkeurend bromde en een streep van zijn kin tot in zijn hals trok. Ondanks het zwart rond zijn ogen zag Joeni hoe blij hij ermee was. Jerrik zag het ook.

'Ik ben blij dat mijn gift de dromer behaagt.'

Hij keek naar Joeni alsof hij iets van haar verwachtte, maar ze wist niet wat ze nog meer moest zeggen.

'Wij heten de stam van Uma welkom,' zei Jerrik toen. 'Wij zijn de stam van Jaya. Wat zijn jullie namen?'

'De dromer heet Toek,' antwoordde Joeni, 'en ik ben Joeni.'

'Joeni de dromersleerling,' zei Jerrik. 'De mooiste van een stam vol vrouwen. Een ongelukkige situatie.'

Hij keek haar aan met zijn donkerbruine ogen. 'We zullen elkaar weer ontmoeten.'

In één vloeiende beweging stond hij op, knikte Toek respectvol toe en verdween tussen de mensen. Joeni liet haar adem met een sis ontsnappen. Toen ze naar Toek keek, zag ze dat hij zijn ogen dicht had gedaan waardoor de helft van zijn gezicht verdwenen leek, een zwarte, ondoordringbare streep.

'Toek...' smeekte ze, maar hij deed zijn ogen niet meer open en bewoog niet. Ze gaf het op.

'Ik moet iets eten,' zei ze, en ze stond op. Toek kon wel even alleen zijn. Ze had iemand nodig met wie ze kon praten.

Ze vond Cram naast het grote vuur buiten de woongrot. Hij zette net zijn tanden in een stuk paardenvlees. Sap droop langs zijn kin en hij grijnsde.

'Hier,' zei hij terwijl hij een deel van zijn portie afsneed en aan haar gaf. 'Hoelang is het geleden dat wij paard hebben gegeten?'

'Lang,' zei Joeni. Alleen al de geur van het paardenvlees liet haar mond vollopen met speeksel. 'We hebben al minstens drie winters geen paarden gezien. Blijkbaar hebben ze zich allemaal hier verstopt!'

'Misschien moeten wij ook in het zuiden gaan wonen,' zei Cram. 'Heb je gezien hoeveel bomen hier groeien? Het noorden mag zijn rendieren houden.'

Hij keek haar vanuit zijn ooghoeken aan.

'Jij hebt al indruk gemaakt, heb ik gehoord.'

'Wat bedoel je?'

'Hoe heet hij... Die blonde? Jerrik?'

Joeni voelde een knoop in haar maag. Wat was er met hem? Wat had hij gedaan? Cram wachtte niet op een antwoord.

'Hij heeft al overal naar je gevraagd, en hoelang zijn we hier nu? Nog geen halve dag!'

Plotseling werd zijn blik serieus. 'Hij weet dat je kiesbaar bent, Joeni. Het leek me belangrijk om je dat te vertellen.'

Voordat ze iets kon zeggen, stond hij op en verdween tussen de mensen.

'Wacht, Cram!'

Maar hij kwam niet terug.

'Ik wil niet gekozen worden,' fluisterde ze.

Joeni zuchtte en stond op. Ze zwierf rond, kauwend op het vlees dat Cram haar gegeven had, maar ze vond niemand om haar zorgen mee te delen. Bij Das of Tira durfde ze niet in de buurt te komen, en Ren vluchtte weg zodra hij haar zag. De zuiderlingen waren te vreemd. Haar stamgenoten waren beleefd, maar het was ongemakkelijk. Iedereen beschouwde haar als deel van Toeks Zwijgen. En dat zou zo blijven tot hij besloot weer te praten. Dus bleef Joeni aan de rand van het vuur en luisterde. Ze kon niet alles verstaan, maar ze ving flarden op van gesprekken, van roddels en geheimen. Was het veel anders geweest toen ze nog in hun eigen woongrot leefden? Het voelde in elk geval vertrouwd.

Tali bleek zwanger te zijn, en ze kon dus niet meedoen met de Verbinding. Uma klaagde over haar voeten en Tira bleef maar vertellen hoe blij ze was dat ze gekozen kon worden en hoeveel zin ze had in de Verbinding.

'Alsof Tira ooit gekozen zal worden,' zei een vrouw op samenzweerderige toon. 'Gelukkig ziet ze zichzelf niet al te vaak!'

Het voelde alsof Das haar in het gezicht geslagen had. Joeni hoorde alleen nog haar bloed kolken.

Alsof Tira ooit gekozen zal worden…

Natuurlijk! Hoe had ze zo dom kunnen zijn? Daarom was Tira zo aardig, dáárom vond ze het niet erg dat Joeni alleen was met Toek! Ze wíst dat ze binnenkort van haar af zou zijn. Joeni zou gekozen worden, en Tira niet. Natuurlijk niet. Welke man zou iemand willen die zo misvormd was als zij, als hij kon kiezen uit zo veel gezonde jonge vrouwen? Tira zou niet gekozen worden en zou bij Toek blijven. Joeni zou wél gekozen worden, en Uma zou besluiten dat Joeni hier moest blijven.

Opgeruimd staat netjes.

Het was een plan. Dat moest wel. Wie had het bedacht? Wie wist ervan? Wist Toek het? Had hij zichzelf daarom het Zwijgen opgelegd?

Ze willen me kwijt, dacht Joeni. Uma en Das, en Toek ook. Als ik weg ben, is alles opgelost.

Woest beende ze weg van de groep. Onderweg ving ze een glimp op van Tira bij het grote vuur, pratend en lachend. Ze had het kunnen weten. Ze had Tira nog nooit zo vrolijk gezien. Het meisje wist al dat ze gewonnen had.

Toek zat nog precies waar ze hem achter had gelaten. Zijn ogen waren nog steeds gesloten. Hij zag er niet meer uit als een man, maar als een wezen uit een boze droom, zwijgend als haar leeuwenman.

Toen ze naast hem ging zitten, deed hij zijn ogen open.

'Misschien kan ik je beter aan je lot overlaten,' zei Joeni koud. 'Ik weet wat jij en Uma en Das hebben bedacht. Ik weet dat Tira het weet. Waarom zou ik je nog te eten geven? Waarom zou ik je nog te drinken geven, je wonden verzorgen, je giften in ontvangst nemen? Je wilt me niet. Niemand wil me, behalve Jerrik, en dat komt jullie prima uit! Ik begrijp het. Vraag Tira maar om je vlees te snijden. Waarschijnlijk kan ze dat beter dan ik.'

Zonder nog naar Toek om te kijken stond ze op en rende weg, zichzelf onderdompelend in het maanlicht. Ze knoopte de leren band uit haar haren en liet de frisse nacht erdoorheen waaien.

'Ga weg,' zei ze. Ze had hem allang horen aankomen. Maar toen ze zich omdraaide, was het niet Jerrik, die ze verwacht had, maar Cram. Hij keek haar aan met een ernstige blik en schudde zijn hoofd.

'Je mag Toek niet in de steek laten,' zei hij. 'Ik had beter van jou verwacht.'

'Hij heeft tegen me gelogen! Als hij Tira wil, kan hij haar krijgen! Iedereen heeft tegen me gelogen!'

'En sinds wanneer is dat nieuws? Sinds wanneer laat jij je daardoor afschrikken? Je vader vocht ooit tegen een leeuw, Joeni, en hij won. Hij was mijn vriend, en jij bent zijn dochter. Maar vandaag zie ik niets waar hij trots op zou zijn.'

'Waarom moet ik altijd de sterkste zijn, of de verstandigste? Om een man trots te maken die niet meer bestaat? Mijn vader is dood, Cram! Als jij zijn vriend was, waar was jij dan toen hij vermoord werd? Wat heb jij gedaan om hem te redden? Nou?'

Hij zei niets, draaide zich met een ruk om en beende terug naar het grote vuur. Joeni's kreet van frustratie volgde hem langs de rotswand. Het voelde goed om te schreeuwen. Ze sloeg met haar handpalmen tegen de ruwe steen, steeds opnieuw.

Ik haat hem, ik haat Cram, met zijn raad en verwijten en verstandige woorden! Ik haat hem!

Maar hij had gelijk. Dat was het ergste. Toen Joeni's keel rauw was van het schreeuwen en haar handen geschaafd en blauw, zakte ze met haar rug langs de rotswand omlaag. Plukken rendierbont bleven achter in scheurtjes en spleten. Wat maakte het uit? Binnenkort zou ze een nieuwe jas dragen, de jas van haar nieuwe stam, met haar nieuwe man.

Maar dat betekent niet dat je Toek in de steek mag laten. Hij heeft je zijn kus gegeven. Dat was wat je het liefste wilde. Hij heeft de woede van Uma getrotseerd om jou zijn leerling te maken. Misschien Zwijgt hij zelfs wel voor jou. Uma was niet voor niets kwaad op hem.

Ze was net een klein kind. Wat er ook mocht gebeuren, ze was Toek haar dankbaarheid verschuldigd. Ze moest voor hem zorgen. Tot de Verbinding was dat het enige waar ze zich druk om zou moeten maken. En het ontwijken van Jerrik.

Toen ze terugkeerde bij Toek was hij aan het eten. Hij keek naar haar op terwijl hij de stukjes vlees voorzichtig tussen zijn lippen door schoof. Zijn gezicht vertrok iedere keer dat het leer de gaten in zijn huid schuurde. Wie had zijn vlees gesneden?

Ze keek om zich heen, en haar blik vond een lange gestalte, donker tegen de gloed van het vuur achter hem. Cram hield zijn mes op en knikte naar haar. Ze bracht haar hand naar haar mond en daarna naar Cram, het gebaar van dankbaarheid, alsof ze haar adem aan hem gaf. Hij knikte nog een keer, en ging toen weer op in de groep.

'Het spijt me, Toek,' zei Joeni toen ze zich op haar knieën naast hem liet zakken. 'Ik meende niets van wat ik zei. Ik was boos, en verdrietig. Ik dacht niet goed na. Ik wil graag bij je blijven, zolang het nog kan, en je eten voor je snijden. Ik hoop dat je me nog hebben wilt.'

Toek stopte met eten en keek naar haar beschadigde handen. Hij schudde zijn hoofd en gaf haar toen een tikje op haar wang. Joeni haalde opgelucht adem. Het was goed, Toek was niet boos. Ze keek om zich heen, op zoek naar zalf voor op haar wonden. Het zou prikken. Maar dat had ze verdiend.

9

Joeni had nog nooit zo veel mensen bij elkaar gezien. De nieuwe stammen kwamen een voor een aan, soms vlak na elkaar, soms met dagen ertussen.

Zo veel meisjes hebben we nu ook weer niet, dacht ze, maar ze begreep dat meer stammen met jonge vrouwen op zoek waren naar mannen.

Ze was zich nooit zo bewust geweest van hoe ze eruitzag, maar nu er een Verbinding aankwam, leek het belangrijker dan ooit. De kiesbare meisjes waren zo mooi verzorgd en versierd dat Joeni zichzelf maar morsig en lelijk begon te voelen. Ook Uma en de oudere vrouwen waren druk bezig geweest. Veren werden gekleurd en in haren geknoopt, kralen op jassen genaaid, rotsschelpen om halzen gehangen en gezichten werden versierd met rode stippen en strepen. Iedere dag plukten ze verse bloemen die de meisjes in hun haren staken. Ze hadden Joeni gelukkig nog niet onder handen genomen. Tegelijkertijd voelde ze zich eenzaam, en vergeten. Zoals altijd leek het alsof ze niet echt bestond, alsof haar stam haar pas zag als er iets met haar aan de hand was.

Doe niet zo stom. Je wílt vergeten worden. Wees blij.

De meisjes werden omringd door mensen, waar ze ook gingen. Door moeders en vriendinnen, maar ook door jongens en mannen, sommigen serieus in hun toenaderingen, anderen vooral nieuwsgierig en om stoer te doen tegenover hun vrienden. De meisjes kletsten en giechelden, bloosden en wierpen veelbetekenende blikken, of wezen hen resoluut af en krenkten daarmee harten en trots.

Ook Jerrik speelde het spel, en hij leek ervan te genieten. Hij zwom als een vis tussen de meisjes in, vlug en glanzend. Soms streek hij tegen hen aan, soms zwom hij om hen heen, maar hij bekeek hen allemaal en gaf hier een glimlach, daar een aanraking, zodat hij algauw de droom werd van haast alle vrouwen die er waren. Joeni zag het in hun blik, ze kon hun hunkering bijna ruiken. En waarom niet? Hij was knap, sterk en jong. Hij strooide met aandacht en mooie woorden. Maar het was allemaal schijn. Want zijn blik zocht altijd haar. Alsof hij het voelde als ze naar hem keek vanaf de rand van het kamp. Zelfs als ze wegdook in het donker en ze zeker wist dat hij haar niet had gezien, zond hij toch die onuitstaanbare glimlach in haar richting. En iedere keer liet die het bloed naar haar wangen stijgen.

Jerrik kwam dagelijks een groet brengen aan Toek, uit respect voor zijn Zwijgen, zei hij. Hij bleef maar even, sprak eerbiedig tegen Toek en bracht giften voor hem mee, zoals het hoorde. Maar Joeni wist zeker dat sommige ervan voor haar waren. Gele pigmenten zoals hij die op de eerste dag aan Toek had gegeven. Een ketting van rotsschelpjes. Een kleine buidel van het soepelste leer dat Joeni ooit had gevoeld, versierd met gedroogde bloemen en patronen gemaakt met roofdiertanden, misschien die van een vos.

Eén keer had hij zelfs geprobeerd een bloem in haar haren te steken. Ze had zijn pols vastgegrepen voor het zover kwam en hem met ijzige stem gezegd dat nooit meer te doen. Hij had geglimlacht, de bloem voor haar voeten gelegd en was vertrokken. En Toek had zijn ogen dichtgedaan, zoals altijd als ze hem nodig had en zijn advies kon gebruiken. Hoelang moest hij nog Zwijgen? Waar was het goed voor? Ze begreep het niet. Niet wat het betekende, en niet wat het zou oplossen. Maar ze zorgde voor hem, gaf hem eten en drinken en ontving zijn bezoek met woorden die hij zelf niet kon uitspreken, zoals ze Cram had beloofd. Ze was het Toek verschuldigd.

'Dromersleerling.'

Joeni keek achterom. Ze zat op haar hurken aan de rivieroever om water te halen. Toen ze opstond, zoog de modder aan haar schoenen.

'Wat wil je?' vroeg ze. Jerrik stond achter haar, op respectabele afstand.

Zodat ik niet in de aanval ga, als een wolvenjong dat getemd moet worden.

Op een of andere manier amuseerde dat haar wel. Het was niet erg om een wolvenjong te zijn. Maar hij vergiste zich. Ze was een leeuwin. Leeuwen kon je niet temmen.

'Alles,' zei hij met een glimlach. Die glimlach was gevaarlijk. 'Maar niet vandaag. Vandaag wil ik je iets laten zien. Iets wat je dromershart sneller zal laten slaan. Ik beloof het.'

'Toek heeft water nodig.'

'Breng het hem dan,' zei Jerrik, 'en kom daarna terug. Ik blijf op je wachten.'

'Dat zullen we nog weleens zien,' mompelde Joeni zachtjes terwijl ze zich uit de voeten maakte met haar volle waterzak.

Ze nam de tijd. Ze hing de zak op met een bak eronder om het lekkende water op te vangen. Toek sliep, maar ze vulde zijn drinkhoorn zodat hij straks, als hij wakker werd, meteen kon drinken. Dromen maakte hem dorstig.

Joeni ruimde hun kamp op, veegde de resten van het eten van gisteren in de haard, hing de huiden waarop ze had geslapen te luchten. De geschenken die Toek de laatste dagen als speelgoed om zich heen had verzameld, borg ze zorgvuldig op in de doosjes en manden die daarvoor waren gemaakt. Toen keek ze om zich heen en kon niets anders meer verzinnen. En voor ze het wist, was ze op weg naar de rivier.

Waarom doe ik dit? dacht ze. Ik was hem toch aan het ontwijken?

Maar ze was nieuwsgierig. Door al die bezoekjes had ze Jerrik beter leren kennen dan ze wilde. En dat was natuurlijk precies zijn bedoeling geweest. Maar ze had hem lang laten wachten. Misschien was hij al weg.

'Je bent er,' zei Jerrik toen hij haar zag. Hij zat op zijn hurken zijn mes bij te werken. De grond bij zijn voeten was bezaaid met flinterdunne steensplinters. Hij stond op, stak het mes in zijn riem en liep voorzichtig naar Joeni toe. Hij had geen schoenen aan.

'Wat wil je me laten zien?' vroeg ze.

Hij glimlachte. 'Kom maar mee.'

Zodra ze begonnen te lopen, had Joeni al spijt. Ze gingen terug naar het kamp, tussen de mensen door, die van haar eigen stam maar ook anderen, en hun blikken brandden. Jerrik keek achterom.

'Trek je niets van ze aan.'

Hoe kon hij dat zeggen? Ze staarden naar hen, vol verbazing, jaloezie, en ze fluisterden. Over haar. Over hen twee. Jerrik was slim. Door haar samen met hem door het kamp te laten paraderen, liet hij zien dat er iets was tussen hen. Iets bijzonders. Terwijl dat niet zo was. Joeni wilde zich omdraaien en wegrennen, maar het kwaad was al geschied. En de mensen zouden nog meer fluisteren. Ze beet op haar lip en bleef lopen.

Voor de ingang van de woongrot bleven ze staan.

'Je woongrot?' vroeg Joeni. 'Maar niemand van ons mag hier binnengaan, tot... tot...'

'Je hoeft mij de regels van mijn eigen stam niet te vertellen,' zei Jerrik. 'Jij bent anders. Ik neem je mee als dromer, niet als vrouw.'

Hij keek haar ondeugend aan. 'Of denk je...'

'Nee!' zei Joeni vlug. 'Nee.'

'Goed dan. Volg me.'

Toen Jerrik de schemer in stapte, keek Joeni nog één keer achterom. Haar blik vond die van Uma, die bemoedigend glimlachte. Maar het was niet de glimlach van een bezorgde stammoeder. Het was de glimlach van een hyena, vlak voor die je luchtpijp eruit ging scheuren. Snel keek Joeni weg en ze volgde Jerrik de grot in.

Er brandden maar een paar lichtjes, want bijna iedereen was buiten. Alleen twee oude vrouwen zagen hen samen binnenkomen, en Jerrik fluisterde iets tegen hen wat Joeni niet kon verstaan.

'Kom,' zei Jerrik, en hij wilde Joeni's hand pakken. Ze trok hem snel terug.

'Ik ben geen klein kind,' gromde ze.

Hij haalde zijn schouders op. 'Wat je wilt.'

De woongrot was ruim en laag met een egale vloer van zand. Gladde wanden verdwenen in het duister waar het daglicht en de lampjes niet konden komen. Jerrik leidde haar naar achteren. Wat was hij van plan?

'Jerrik...'

'Wacht, dromersleerling. Je zult het zien.'

Hij knielde neer en al snel had hij een brandende fakkel in zijn handen. De duistere wand veranderde in een droom.

'Wat...?'

Joeni's mond zakte open. Overal op de rots stonden handen. Rood en zwart, klein en groot. Van vrouwen, mannen, kinderen. Allemaal dromers? Hoe was dat mogelijk? En in een woongrot? Joeni legde haar hand voorzichtig naast de dichtstbijzijnde tekening. Haar duim raakte bijna de verf die ooit rond iemands warme hand was gespuugd. Zo veel kleiner dan de hare. Een kindje, niet ouder dan zes winters. Toen Joeni beter keek, zag ze dat de meeste handen iets misten. Een wijsvinger, of een pink. De bovenste twee kootjes ontbraken. Ze keek opzij naar Jerrik. Hij leek net zo gefascineerd door de handen als zij. Zijn gezicht lichtte op in de dansende vlammen van de fakkel. Zijn blonde baard had een oranje gloed, de veren in zijn lange haar leken wel vlammen. Hij was ouder dan zij, maar lang niet zo oud als Das. Hij voelde haar naar hem kijken. Daar was die gevaarlijke glimlach weer.

'En, wat denk je ervan, dromersleerling?'

'Ik heet Joeni,' zei ze, en meteen realiseerde ze zich dat ze een fout had gemaakt. Jerrik wist heel goed hoe ze heette, maar had afstand bewaard door haar dromersleerling te noemen. Nu nodigde zij hem zelf uit om dichterbij te komen.

Net doen alsof er niets gebeurd is, dacht Joeni.

'Zijn deze allemaal van dromers?' vroeg ze. 'Waarom hebben ze hun hand in de woongrot gezet?'

Tot op het hoogste deel van de wand waren handen te zien. Deze dromer had een steiger moeten bouwen om erbij te kunnen. Of misschien had hij op iemands schouders gestaan.

'Dit zijn geen dromers, althans de meesten niet,' zei Jerrik terwijl hij zijn blik over de handafdrukken liet gaan. 'Het zijn alle vrouwen, mannen en kinderen die zich ooit bij onze stam hebben aangesloten.'

'Maar alleen een dromer mag zijn adem aan de Moeder geven.'

'Natuurlijk,' zei Jerrik. 'Onze dromer heeft de verf geblazen. De handen zijn van de nieuwe stamleden. Kijk.'

Jerrik liep een stukje terug en hield zijn fakkel omhoog. 'Daar, zie je het?'

Joeni tuurde naar boven en zag wat hij bedoelde. Een handje, zo klein dat het haast wel van een peuter moest zijn, was door iemand tegen de muur gehouden, maar het kind had zijn hand tot een vuist gebald en zijn vingers waren bijna niet te zien.

'Zo jong!' zei Joeni.

'Dat ben ik,' zei Jerrik.

'Jij?'

Hij glimlachte. 'Ik weet het niet meer zo goed. Ik kwam hier net als jij met mijn stam voor een Verbinding. En opeens had ik een andere moeder. Ze drukten me in haar armen, gaven me een aai en gingen weg. Tenminste, dat is hoe ik het me herinner. Mijn nieuwe moeder was lief en hield van me. Ze tilde me hoog op en liet de dromer mijn handafdruk aan de Moeder geven. Ik snap nog steeds niet hoe hij met zijn verf bij me kon komen. Waarschijnlijk had hij gewoon een ladder.'

Hij was even stil.

'Onze stammoeder Jaya zorgt goed voor ons. En de Moeder geeft ons de paarden. Ik denk omdat Ze ons hier zo goed leert kennen. Want daar begint de moedergrot.'

Hij wees naar de overkant, waar een ondoordringbaar duister toegang bood tot de diepere grot. Joeni voelde een zwakke wind, niet meer dan een korte koele vlaag. De fijne haartjes op haar wangen kriebelden.

'Wil je erheen?' vroeg Jerrik zachtjes.

'Dat kan toch niet. De moedergrot is voor dromers.'

Hij glimlachte.

'En ben jij dan geen dromer? Ook leerlingen zijn er welkom. Ze gaan vaak genoeg mee naar binnen. Voor mij is het verboden. Maar als je wilt, geef ik je mijn fakkel en dan wacht ik hier tot je terug bent.'

'Waarom doe je dit?'

Dit keer was er geen glimlach.

'Iedere keer als ik naar je kijk, voel ik je pijn. En ik wil vaker naar je kijken. Misschien kan de Moeder je pijn wegnemen.'

Hij hield haar de fakkel voor, en Joeni nam hem zwijgend aan. Het was een kans die ze niet gauw nog een keer zou krijgen, en Jerrik wist dat ze de verleiding niet zou kunnen weerstaan. Het maakte haar woest, maar hij had gelijk. Ze kón hem niet weerstaan.

'Ik wacht op je,' zei Jerrik nog een keer. 'Je vindt een nieuwe fakkel bij de stenen gordijnen. Ik blijf hier.'

Joeni draaide zich om en liet de vlam van haar toorts het duister voor haar uit jagen.

Zo smal als de ingang van de moedergrot bij haar oude woonplaats was, zo breed was deze, als een enorme gapende mond. Ze dacht aan de mond van Uma, en huiverde. Het plafond was laag, zo laag dat ze het gevoel had te moeten bukken, al was dat niet nodig. Ze reikte met haar hand naar boven en haar vingers raakten een laagje glibberige modder. Het voelde vreemd. Ze liet haar vingers over het plafond glijden terwijl ze liep, een golvend spoor achterlatend boven haar hoofd. Ze wierp een blik over haar schouder, denkend aan Jerrik, maar het duister had zich achter haar gesloten.

Waarom doet hij dit? Zelfs al is het waar wat hij zegt, wat maakt het hem uit? Hij moet inmiddels wel begrijpen dat ik bij Toek blijf. Hij moet snappen dat ik hem niet wil.

Ze zou vechten als een leeuw voor haar plek bij Toek, dat stond vast. Al wist ze nog niet hoe. Maar ze zou iets verzinnen om Uma's plan te omzeilen.

Moeder, help me.

De rook van haar fakkel kringelde plotseling een andere kant op. Was dat een antwoord? Joeni voelde de lucht langs haar wangen strijken. Haar huid tintelde. De adem van de Moeder! Ze sloot haar ogen, maar bijna meteen was de luchtstroom weer verdwenen.

Joeni zocht op de wand en het plafond naar levende dromen, naar dieren die ze kende van Toek en de moedergrot thuis, maar ze vond ze niet.

Waar zijn hun dromen?

Misschien waren ze verborgen omdat de moedergrot zo dicht bij de woongrot lag. Dat leek logisch. Joeni speurde in donkere nissen, achter pilaren en in scheuren, maar vond niets.

Wat als Jerrik tegen me heeft gelogen? dacht ze opeens verschrikt. Wat als hij me volgt, nu, en dan...

Maar ze had geen idee wat hij zou doen. Haar hart kalmeerde weer en ze liep verder, tot ze voor zich donkere vormen zag verschijnen.

De stenen gordijnen.

Haar fakkel brandde nog, maar toen ze aan de voet van de gordijnen een stapel nieuwe toortsen vond, stak ze er alvast een bij zich. Als ze zonder licht kwam te zitten, was ze reddeloos verloren. Het donker zou haar verzwelgen; ze zou de terugweg nooit meer kunnen vinden. Tenzij ze zou schreeuwen, natuurlijk. De echo's zouden de woongrot zeker bereiken. En dan kon Jerrik haar komen redden. Was dat wat hij wilde? Maar dan zou hij haar niet over de fakkels verteld hebben.

Ze was zo in gedachten verzonken dat ze de rode verf bijna miste, vlak voor haar neus. Hier, in de plooien van de stenen gordijnen, waren dan de handen van de dromers, rood als bloed. En niet alleen rood, maar ook zwart, met weer die missende vingerkootjes. Ze was vergeten aan Jerrik te vragen wat het betekende. Ze hield haar hand naast een van de dromershanden en kromde haar twee middelste vingers. Waren dit ook dromen? Waren er daarom zo weinig dieren te zien? Maar in de woongrot waren de handen ook niet heel. Dat kon het dus niet zijn. Ze zag nog meer handen op de stenen gordijnen voordat ze verderging. Er moesten toch ergens dieren zijn!

Joeni zwierf van wand naar wand, struikelde over richels en viel bijna met haar neus op de grond toen ze de zwarte hand zag. Alle vingers waren weg, er was alleen nog een duim. De hand stond in een kleine nis, helemaal apart, en zonk weg in de rots alsof de Moeder hem langzaam maar zeker naar zich toe trok. Ernaast was een smalle opening.

Joeni wurmde zich erdoorheen, fakkel voorop, en ze moest een paar keer met haar ogen knipperen voor ze begreep wat ze zag.

Beren?

De wanden waren bezaaid met krassen die dansten in het licht van haar fakkel; de diepe krassen hadden zwarte schaduwen, de ondiepe waren vaag en grijs. Het leek wel of tien beren tegelijk hier hun klauwen hadden gescherpt op de rotswand. Maar terwijl haar blik verder gleed en haar toorts flakkerde, verscheen er opeens een bizon in haar ooghoek. Zodra ze naar hem keek, was hij alweer weg, verzwolgen door andere talloze lijnen, alsof hij nooit had bestaan. Maar toen ze zich omdraaide, was hij terug. Ook andere dieren kwamen tevoorschijn, maar alleen als ze niet direct naar ze keek. Langzaam draaide ze rond met haar fakkel. Paarden galoppeerden bij haar vandaan, herten staken hun neuzen in de lucht en verdwenen, een mammoet dreigde met zijn slagtanden, heel even maar, als het licht op een bepaalde manier op de krassen scheen.

Joeni draaide rond en rond en probeerde de dieren te vangen, de dromen te vangen, maar steeds glipten ze van haar weg. Ze wilde ze naroepen, vragen wat ze te vertellen hadden, maar ze bleven nooit lang genoeg. Pas toen haar fakkel begon te sputteren, merkte ze dat ze geen van de dieren nog kon zien. De vlam was bijna gedoofd.

Snel! Stommerd!

Ze greep een nieuwe fakkel en liet daarbij de oude bijna vallen.

Rustig, rustig!

Al snel pakte de nieuwe fakkel de vlam van de oude over. Gelukkig. Joeni ging op de grond zitten en keek nogmaals om zich heen. Dit waren ook dromen. Misschien niet zo sierlijk als Toeks tekeningen, maar het waren dromen, de dromen van Jerriks stam. De warmte van de fakkel liet haar wangen gloeien.

Wil hij me laten zien dat zijn stam niet anders is dan de mijne? Wil hij dat ik me thuis voel hier? Maar een dromer kan ik hier nooit zijn, als hij me kiest. Dat begrijpt hij toch wel?

Ze sloot haar ogen en ademde diep in.

Leeuwenman, help me.

Maar hij kwam niet.

De grot ging nog dieper de aarde in, maar Joeni had genoeg van het donker en liep terug naar de woongrot. Jerrik was er niet meer, ondanks zijn belofte. Ze bekeek de handen met het laatste licht van haar toorts. Iedere hand was van een mens. Van lang geleden of nog heel dichtbij. Ieder mens wilde ergens bij horen. Deze mensen hadden hun thuis bij deze stam gevonden. En zij? Waar was haar thuis?

'Joeni.'

Van schrik liet ze haar fakkel vallen. Jerrik stond achter haar en glimlachte in de schemer.

'Ik wil je iets geven. Iets wat mijn moeder voor mij maakte.'

Hij stond heel dicht bij haar. Zijn adem streek langs haar gezicht en ze rook zijn jas, zijn haar, zijn leven. Ze wilde wegrennen, maar haar lijf verroerde zich niet. Ze ademde zijn geur in en probeerde de kriebel in haar buik te negeren.

Hij pakte haar hand en legde er een gepolijste steen in. Joeni keek omlaag. Het was niet zomaar een steen. Het was een vrouwenbeeldje, bescheiden maar goed gevormd, met ronde borsten en brede heupen. Haar haren waren gevangen in een net dat tot op haar schouders hing. Ze hield haar hoofd gebogen en haar armen langs haar lichaam. Joeni maakte een kommetje met haar handen. Ze paste er precies in.

'Jerrik, ik...'

Hij vouwde zijn vingers om de hare.

'Er zijn hier tientallen vrouwen aan wie ik haar kan geven. En ik kies degene die haar niet wil. Maar alsjeblieft, houd haar nog even bij je. Houd haar bij je tot de dag voor de Verbinding. Als je haar niet wilt bewaren, geef haar dan terug. Dat zal betekenen dat er deze Verbinding geen vrouw voor mij is. Ik wil jou, of niemand, Joeni.'

Zijn handen voelden ruw, maar licht op haar huid. Als ze nog langer bleef staan, zou ze dichterbij komen. Als ze dichterbij zou komen, zouden hun neuzen elkaar raken. En dan...

'Ik moet gaan,' zei Joeni. Ze trok haar handen uit die van Jerrik en vluchtte de woongrot uit, langs de twee oude vrouwen, langs de mensen buiten, het beeldje stevig tegen zich aan geklemd zodat niemand het zou zien.

Toek was wakker en bezig zijn vuur op te stoken. Hij porde met een oud bot in de as, hoestte toen de rook in zijn gezicht waaide. En het was moeilijk hoesten met een dichtgenaaide mond. Joeni haastte zich naar hem toe en klopte hem op de rug, greep zijn drinkhoorn en vulde die met water. Ze gaf hem kleine slokjes tot hij weer op adem was. Hij duwde haar hand weg, maar Joeni wist dat dat door zijn Zwijgen kwam, niet omdat hij haar niet om zich heen wilde.

'Gaat het?' vroeg Joeni.

Toek knikte en vertrok zijn mond op een manier die Joeni inmiddels als een glimlach herkende. Ze glimlachte terug en nam de zorg voor het vuur van hem over. Ze voelde Jerriks gift tegen haar borst drukken, daar waar ze het beeldje in de vouwen van haar jas had gestopt. Toen de avond viel, had ze het nog niet tegen Toek verteld. En wat moest ze zeggen? Hij kon haar niet helpen.

Toen het vuur was gedoofd en Joeni warm onder haar huiden lag, haalde ze het beeldje onder haar kleren vandaan. Ze kon het niet zien in het donker, maar volgde de ronde vormen met haar vingers. Wie van de meisjes van haar stam lag vannacht ook met een beeldje in haar handen, dromend over haar toekomstige man en een leven bij een andere stam? Als Joeni beter op hen gelet had, had ze het misschien geweten. Of was zij de eerste? Had zij als eerste van haar stam de gift van de Moeder gekregen, het beeldje dat alleen moeders konden maken, en dat alleen aan vrouwen de bescherming van de Moeder bood?

De man die mijn moeder roofde, heeft haar nooit een beeldje gegeven, dacht Joeni bitter. Hij dacht alleen maar aan zichzelf. Jerrik is anders.

Zou haar moeder nog leven? Zou ze gelukkig zijn? Zou ze weleens aan Joeni denken? Haar missen?

Joeni kneep haar ogen dicht en wachtte tot de slaap haar gedachten zou verdrinken.

10

Het was donker. Even was Joeni in paniek, maar ze ademde nog, en de stilte stelde haar gerust. Ze was in een grot. Het was maar een grot, er was niets om bang voor te zijn. Er waren geen beren in deze tijd van het jaar. In de verte klonk het druppelen van water op rots, langzaam maar regelmatig, drup, drup, drup, helder en versterkt door een grote ruimte. Was ze hier eerder geweest? En hoe kwam ze hier weg? Het donker was ondoordringbaar. Haar hartslag begon weer te versnellen terwijl ze ronddraaide. Wat was dat, daar, in de verte? Het leek een lichtje, vaag, maar aanwezig. En het kwam dichterbij! Ze kon niets anders dan wachten.

Ineens was het bij haar. Het felle licht deed pijn aan haar ogen.

'Leeuwenman?'

Hij zweeg, zoals altijd. In zijn ene hand had hij een fakkel, en met de andere pakte hij Joeni's hand. Hij nam haar mee het donker in, naar een brede rotswand, wit en oneindig hoog. Overal stonden handen, rood en zwart, en ze vulden iedere gleuf, iedere nis. Maar er was nog één lege plek. De leeuwenman stak zijn fakkel in de grond en pakte Joeni's pols. Hij duwde haar hand tegen de rots en begon te spugen. Rode, warme spetters verschenen op en rond haar hand, tussen haar vingers, op haar huid en op de rots. Verbeeldde ze het zich maar, of stegen er pluimpjes rook op uit de rode spetters op de rots? Haar hand begon te jeuken, toen ook te branden. Snel trok ze hem weg en wreef over de rode spetters, maar dat maakte het alleen maar erger. Haar hand stond op de rots, omringd door stoom, en de verf brandde zich steeds dieper in de rots. De ogen van de leeuwenman waren onleesbaar. Toen Joeni naar haar hand keek, was de verf bezig haar huid op te eten, weg te branden. Ze zag haar eigen vlees, haar pezen, haar botten. En ze gilde.

Mijn hand, mijn hand!

Joeni smeet de huiden waaronder ze lag opzij en sprong overeind, ze greep haar hand, voelde en keek, maar er was niets te zien. De huid was onbeschadigd, niet eens rood, en ze drukte hem tegen haar voorhoofd in een gebaar van opluchting.

Het was nog donker. Tegenover haar woelde Toek onder zijn huiden. Hij sliep altijd onrustig en maakte beangstigende keelgeluiden, alsof hij stikte. Joeni wist inmiddels dat het kwam door zijn dichtgenaaide mond. Ze legde de huiden terug over zijn bloot geschopte benen en verliet hun slaapplaats. Ze had lucht nodig, oneindige hemel, eindeloze vlakte. Hoog moest ze zijn, zo dicht mogelijk bij de sterren.

Ze liep naar de rivier en zwierf tussen de bomen tot ze vond wat ze zocht: een pad naar boven, dat haar boven alles uit zou tillen, en haar zou blootstellen aan kou en bijtende wind.

Deze vallei was steiler dan die waar ze zo lang had gewoond. De rivier sneed haar scherpe bochten erdoorheen en de rotsen glommen bleekblauw in de nacht. Beneden haar sliep een kudde paarden. Ze waren niet meer dan donkere vlekken in de nacht, maar Joeni herkende de vorm van hun hoofden en hun ruggen. Ze had al zo vaak van ze gedroomd. Bij het nachtvuur voor de woongrot zong iemand een lied. Het dreef naar boven, de woorden onverstaanbaar, maar de melodie was troostend en de stem vol hoop. Joeni luisterde tot het lied wegstierf en er niets anders overbleef dan de fluitende wind, ruisende takken en de stromende rivier.

'Kom je om haar terug te geven?'

Een slanke schaduw maakte zich los van een boom. Jerriks haren waaiden om zijn hoofd, zodat hij eruitzag als een wolf in een winterstorm.

'Ik... Ik wist niet dat je hier was,' stamelde Joeni.

'Gelukkig.'

De wind ging liggen en het leek of de hele wereld sliep. De stilte deed pijn aan Joeni's oren. Wat moest ze doen?

'Zal ik weggaan?' vroeg Joeni.

'Nee! Blijf. Je kwam hier met een reden. Ik ook. Geen van ons hoeft te gaan.'

'Wat brengt jou hier?'

'Gedachten,' antwoordde Jerrik. 'Gedachten over meisjes die dromer willen worden, maar door hun stam als kiesbare vrouw naar voren worden geschoven. Gedachten over blonde mannen die juist die meisjes bij hun vuur willen. Mannen van het domste soort dus. Ik probeer te bedenken waarom zulke mannen het fijn vinden om zo veel ongeluk over zich af te roepen. Ik wil ze begrijpen.'

Waarom was hij zo vreselijk kalm, zo vreselijk... níét boos op haar, of op Uma of op de situatie?

'Het spijt me,' zei Joeni, omdat ze niet wist wat ze anders moest zeggen.

'Ik kan het me voorstellen,' zei hij. 'Ik kan me voorstellen dat het je spijt om zo'n wanhopig persoon achter je aan te hebben. Om hem tegen te komen waar je ook gaat. Het spijt mij ook. Dat ik diegene ben.'

'Jerrik...'

'Is het niet waar dan? Ik zie het aan je ogen, iedere keer als je me ziet. "O nee," zegt je blik, "daar is hij weer." Ik begrijp het wel.'

Ineens stond hij te dichtbij. Joeni draaide zich om en gaf hem een duw tegen zijn borst. Hij struikelde naar achteren en viel op de grond.

'Je begrijpt het níét!' riep ze. 'Hoe kún je het begrijpen? Je kent me niet, je weet helemaal niets van mij! Ik hoor bij Toek, wat Uma of Das of jij ook denkt. Ik ben gevaarlijk. Te gevaarlijk zonder Toeks hulp. Ik zou jou en je stam alleen maar ongeluk brengen, zoals ik mijn stam alleen maar ongeluk heb gebracht. Snap je dat niet? Ze willen me kwijt. Hoe kan ik een andere stam aandoen wat ik mijn eigen stam heb aangedaan?'

Jerrik zat nog steeds op de grond, zijn ogen wijd opengesperd. Ze voelde haar wangen gloeien en wilde dat ze ter plekke met haar blik zijn hart kon doorboren, zodat hij nooit aan iemand kon vertellen wat ze hem net gezegd had, zodat er niemand zou zijn die wist wat ze écht was. Het lukte niet. Zijn hart bleef kloppen.

'Wat heb je gedaan dat zo erg is, Joeni? Vertel het me.'

Waarom rende hij niet weg? Waarom klonk er geen afschuw in zijn stem, of angst? Joeni voelde de kracht uit haar lijf stromen. Ze sloeg haar armen om zich heen en liep naar Jerrik toe.

'Ik heb het koud,' zei ze.

'Kom eens hier.'

Hij strekte zijn armen naar haar uit en ze ging naast hem zitten. Hij sloeg zijn armen om haar heen. De wolkjes van hun adem vermengden zich in de ijzige lucht voor ze verdwenen in het niets.

'Ik droom zo veel, Jerrik,' zei Joeni. Haar stem verdween in het bont van zijn jas. 'Zo veel goede dingen, zo veel vreselijke dingen. En ik begrijp ze niet. Ik droomde over mammoeten, en ze waren zo echt dat ik het Toek vertelde. Hij liet me tekenen. Hij zag dat mijn droom waar was, maar hij wist ook dat Uma me verboden had te dromen. Hij is met mijn droom naar Uma gegaan alsof het de zijne was, zodat zij alle jagers op pad stuurde. Er kwamen er maar twee terug. De rest… Leeuwen. Er waren geen mammoeten. Al die jagers stierven voor niets. Door mij. Mijn dromen zijn gevaarlijk. Daarom ben ik zijn leerling. Ik weet niet waarom hij nu Zwijgt, maar ik wil niemand meer pijn doen, Jerrik. Begrijp je dat? Snap je het nu?'

Ze hief haar hoofd op en probeerde zijn blik te lezen in het donker. Maar de glans van de maan was het enige wat ze in zijn ogen zag.

'Arme Joeni,' fluisterde hij.

Ze legde haar hoofd op zijn schouder. Het was vreemd, maar ook weer niet. Ze was eraan gewend om mensen te wantrouwen, om altijd op haar hoede te zijn. Maar Jerriks aanwezigheid was rustgevend. In zijn armen voelde ze zich niet gevangen, maar vrij. Hij hield haar vast omdat ze naar hem toe was gekomen. Hij zou haar loslaten zodra ze erom vroeg. Ze zou hem duizend dingen kunnen vertellen, duizend dingen kunnen vragen, maar ze deed het niet. Jerrik staarde naar de hemel en Joeni volgde zijn voorbeeld. De maan was bijna achter de horizon verdwenen toen ze uit elkaar gingen. Toen Joeni weer bij haar vuur aankwam, waar Toek zachtjes snurkte onder zijn huiden, wist ze zeker dat de nacht minder koud was geworden.

De Verbinding kwam dichterbij, en inmiddels kon ook Joeni niet meer ontsnappen aan de opwinding en voorbereidingen die erbij hoorden. De dag dat Uma haar eindelijk bij zich riep, stond Joeni te trillen op haar benen en was haar ontbijt bijna weer omhooggekomen.

Uma had haar aangekeken alsof Joeni haar favoriete dochter was. Ze had haar aan haar boezem gedrukt en gefluisterd: 'Mijn Joeni. Je bent altijd zo speciaal voor me geweest, al sinds de tijd dat je een klein meisje was. En kijk nu eens! Je bent een vrouw, een mooie vrouw. En je zult gelukkig worden. Let maar op. De Moeder heeft een zwak voor je, net als ik.'

Het ging over Jerrik. Dat moest wel.

Wat zal ze blij zijn, en Das ook, dacht Joeni terwijl Uma haar haren vlocht en schilderde, haar jas kamde en haar de dingen in handen drukte waar ze het meest bang voor was: de versierde, geweven banden met de schelpjes, die ze zou dragen op de dag van de Verbinding. Alleen die banden, en verder niets.

Uma had haar en Jerrik de woongrot in zien gaan, en ze had vast nog meer gehoord van anderen. Wist ze van het beeldje? Wist ze dat Joeni het nog niet terug had gegeven? Wist ze dat Joeni twijfelde, dat ze Jerrik steeds dichterbij liet komen, over hem droomde en niet meer van zijn aanraking wegschrok? Dat ze nu glimlachte wanneer ze hem zag, met hem praatte en lachte en zich door hem liet meenemen naar de plekken waar hij van hield? Dat ze hem over haar dromen vertelde, en hij haar over de zijne?

Maar Uma had niets gevraagd en had alleen gepraat over alle mooie jonge vrouwen van de stam en alle mooie jonge mannen die hen gelukkig zouden maken en de stam zouden versterken met hun kracht en kennis en blozende kindjes. En over de vrouwen die ze tot haar verdriet moest laten gaan, maar voor wie de stam gezonde jongetjes terug zou krijgen, die zouden uitgroeien tot geweldige jagers.

Wie van die jongetjes ruilen ze voor mij? vroeg Joeni zich af toen ze achteromkeek naar een groepje spelende kinderen. Nu waren ze nog blij met hun nieuwe speelkameraadjes, maar hoe zouden ze zich straks voelen als ze beseften dat ze niet met hun eigen stam zouden terugkeren naar hun woongrot of kamp, maar met vreemde mensen met vreemde gewoontes mee moesten naar een vreemde vallei? Misschien was dat wel de bedoeling van al dat spelen. Vaders en moeders hoopten het zo gemakkelijk mogelijk te maken door de kinderen alvast bij elkaar te zetten wanneer dat maar kon, zodat ze vriendjes zouden worden.

Eigenlijk niet veel anders dan met ons, bedacht Joeni. Zet de jonge mannen en vrouwen bij elkaar, en dan komt er wel iets uit.

De meisjes giechelden en roddelden alsof dat het enige was wat nog belangrijk was op de wereld. Met nog maar twee dagen tot de Verbinding had Uma erop gestaan dat Joeni tijd met hen door zou brengen. Ze zaten sinds een paar dagen in een groep bij elkaar, hun hoge, opgewonden stemmen waren al van veraf te horen. Sommigen lieten elkaar de beeldjes zien die ze van hun mannen hadden gekregen, ze vergeleken de rondingen, het haar en de kunde van de maakster. Joeni hield het hare dicht bij zich en haalde het nooit tevoorschijn wanneer iemand het kon zien. Het beeldje was aan haar gegeven, haar alleen, en niemand anders had er recht op.

Niet iedereen had een beeldje. Die meisjes lachten met de anderen mee, maar hun ogen zeiden iets anders. Ondanks haar bedenkingen had Joeni medelijden met hen. Ze moesten dit hele ritueel ondergaan, maar zonder beeldje was er maar weinig kans dat ze tijdens de Verbinding alsnog gekozen werden door een late beslisser. En dan? Hoe konden ze diegene accepteren of afwijzen, terwijl ze hem helemaal niet kenden?

Tira bleef een raadsel. Nog steeds bemoeide ze zich niet met Toek, niet één keer, wat Joeni deed vermoeden dat ze toch iemand had gevonden. Soms, als hun blikken elkaar kruisten, dacht Joeni verdriet in haar ogen te zien, maar praten deden ze niet. Tira deed haar best nooit naast Joeni terecht te komen en als ze iets nodig had, vroeg ze het aan iemand anders.

Het zou goed zijn geweest als we vriendinnen waren. Het zou goed zijn geweest als Tira een andere vader had gehad. Voor Das ben ik een vijand. En voor Tira dus ook.

Niet dat ze nog veel last van Das had. Na zijn korte opleving tijdens de reis naar het zuiden was hij weer teruggevallen, gekrompen tot niet meer dan een schaduw van zijn vroegere zelf. Hij was de dood van zijn jagers nog niet te boven.

Door mij, dacht Joeni, door mij, Das. Het was niet jouw schuld.

Maar in al die tijd had ze het niet durven zeggen. Das was te boos, te gevaarlijk.

Toek had het hem moeten vertellen. Misschien kan hij dat doen als hij zijn Zwijgen verbroken heeft.

Ze had nu lang genoeg bij de meisjes gezeten. Toek was al te lang alleen. Wat Uma ook van haar wilde, Joeni kon hem niet aan zijn lot overlaten. Hij had inmiddels genoeg bezoek om niet meer afhankelijk van haar te zijn, maar ze wilde niet opgeven. Ze zou bij Toek blijven tot het niet meer kon. Of tot ze besloot dat ze het niet meer wilde…

Vanuit haar ooghoek zag ze twee oudere vrouwen in de weer met lange, buigbare twijgen en huiden. Ze bouwden een zweethut, wist Joeni, waar alle meisjes op de nacht van de Verbinding hun oude zelf zouden uitzweten om zich vervolgens in de ijskoude rivier te wassen, zodat ze als vrouwen hun mannen tegemoet konden treden. Nieuw en naakt, niets verborgen, niets geheim. Wat zou Jerrik van haar vinden?

Ze schudde de gedachte van zich af en haastte zich naar haar vuur. Ze keek uit naar Toeks gezelschap, naar zijn stilte en zijn rust. Beter dan al dat geklets over mannen.

Toek was niet alleen bij het vuur. Zodra ze de kring van licht in stapte, stond Jerrik op en verdween, alsof hij vluchtte. Hij keek niet één keer achterom.

'Wat kwam hij doen?'

De dromer had zijn ogen gesloten, zoals altijd wanneer hij nadacht, zodat ze een zwarte streep waren en niemand kon zien wat hij voelde. Maar hij kon niet verbergen dat er tranen over zijn wangen gleden en zwarte houtskoolstrepen achterlieten op zijn wangen en hals.

'Toek? Wat is er gebeurd? Wat heeft hij gezegd?'

Maar Toek bewoog niet, hij keek haar niet aan.

Moest ze Jerrik zoeken? Hij zou ongetwijfeld naar zijn stamgenoten gaan, waar ze hem niet kon bereiken, niet tot de Verbinding geweest was. Ze wilde hem niet in verlegenheid brengen. Die ene keer dat hij haar had meegenomen naar de woongrot was al genoeg om schande van te spreken. Het hoorde niet, dat wist iedereen. Soms werden Verbindingen zelfs verboden door de stammoeders, als twee jonge mensen vóór de nacht van de Verbinding al te lang bij elkaar waren geweest. En dat wilde Joeni niet laten gebeuren. Ze schrok van haar eigen gedachte: *Hoezo niet? Het is dé manier om van Jerrik af te komen!*

Joeni controleerde het vuur en de kookstenen die erin lagen, pookte de kooltjes wat op en ruimde Toeks slaapplaats op. Ze pakte een van de warmste huiden en sloeg die om Toeks schouders. Zijn enige reactie was dat hij zijn schouders een beetje liet zakken. Hopelijk ontspande hij wat.

Had er iemand nog iets te eten achtergelaten? Joeni had geen zin om terug te gaan naar het grote vuur. Ze wilde niet per ongeluk Jerrik tegenkomen, in zijn ogen moeten kijken en daar iets zien wat ze niet wilde zien. Waarom moest Toek huilen? Wat had Jerrik toch gezegd?

Ze vond een bosje kruiden en een leren lap gevuld met brokken gedroogd vlees. Ze rook eraan.

Mammoet.

Bijna sprongen de tranen in haar ogen, maar ze beheerste zich en zuchtte diep. Ze zou er soep van trekken. Ze weekte het vlees in een kom met water, scheurde de kruiden in stukjes en deed ze erbij, samen met de hete stenen uit het vuur. Het water borrelde bijna meteen.

'Wat wil ik toch?' fluisterde ze tegen de stomende soep aan haar voeten.

Jerrik.

Ze schudde haar hoofd om de gedachte te laten verdwijnen, maar het lukte niet. Ze dacht aan haar droom in de grot met de handen en de bijtende verf. De leeuwenman had haar laten zien wat ze moest doen. Ze had haar hand op de wand van de grot gezet, maar de verf had haar hand verschroeid, verminkt. De leeuwenman had haar verteld welke weg ze moest gaan. Hij had haar duidelijk gemaakt dat het gevaarlijk was om haar hand neer te zetten. Maar in welke grot? De moedergrot? Of de woongrot van Jerriks stam? Door al die handen had het sterk op het laatste geleken. Maar ze wist het niet zeker. Misschien waren de handen wel van alle dromers die haar voor waren gegaan, in een moedergrot die ze niet kende.

Ze dacht aan Toeks woorden: ze droomde gevaarlijke dromen. Zou een leven met Jerrik die laten verdwijnen? Zouden de dromen haar met rust laten, als ze geen aandacht meer aan ze schonk? Uma's dwingende bevelen hadden niet geholpen, maar wat zou er gebeuren als ze er zelf voor koos, als ze het dromen vrijwillig zou opgeven voor een ander leven? Wat als ze zich geen zorgen meer zou maken over hun betekenis, en haar schouders erover op zou halen omdat andere dingen belangrijker waren?

Ze at haar soep rechtstreeks uit de kom. De warmte straalde naar haar handen en voeten en liet haar wangen gloeien. Mammoet smaakte goed.

Maar niet goed genoeg om al die jagers voor te laten sterven.

Ze maakte het vlees dat in de soep was overgebleven zo fijn mogelijk en keek naar Toek. Hij huilde niet meer, maar had zijn ogen nog steeds dicht.

‘Toek? Ik heb soep voor je.’

Hij reageerde niet, maar hij moest toch eten. Ze drukte de kom in zijn handen, krulde zijn vingers eromheen en legde Toeks lepel erin. Gelukkig liet hij de kom niet vallen. Hij zou wel eten wanneer hij er klaar voor was.

‘Nu is hij nog warm,’ zei Joeni, en ze keerde terug naar haar kant van het vuur.

Ze nestelde zich in haar slaapplaats en haalde Jerriks beeldje tevoorschijn. De stenen vrouw leek niet op haar. Ze was ronder, langer, en ook wat ouder, dacht ze, al was dat moeilijk te zien. Haar gezicht was verborgen zoals dat hoorde, haar benen bij elkaar, zodat ze in het kuiltje van je handen paste. Jerriks moeder had een ander soort meisje voor hem gewenst. Maar welke moeder had dat niet? Welke moeder wilde voor haar zoon niet het gezondste, breedheupigste, rondborstigste meisje, bij wie het baren gemakkelijk zou verlopen en dat genoeg vlees op haar botten had om de geboorte en de maanden erna zonder zorgen te doorstaan? Welke moeder wilde geen toekomstige stammoeder voor haar zoon? Joeni glimlachte. Een stammoeder zou zij nooit worden.

Ze vroeg zich af of Jerriks moeder nog leefde. Zou ze Joeni goedkeuren? Hoe zou het voelen om zelf moeder te zijn? Het deed pijn, dat wist ze. Ze had het vaak genoeg gezien. Maar daarna was er blijdschap, en een band die sterker was dan die met de stam, sterker dan wat ook. Al ging het niet altijd goed. Een navelstreng rond een nekje, een kindje dat te vroeg kwam, te ziek of te zwak was. Wat zou zij doen als haar kindje stierf? Wat zou Jerrik doen?

Moet je jezelf eens horen! Hoe kun je over kinderen nadenken als je nog niet eens weet of je het beeldje houdt?

Ze kende zichzelf bijna niet terug. Ze wilde niet gekozen worden. Toch? Ze was een dromer. Maar ze moest toegeven dat ze Jerrik zou missen. Dat ze hem beter wilde leren kennen en kriebels in haar buik voelde als ze aan hem dacht, aan zijn aanrakingen, zijn warme adem op haar huid…

Joeni drukte het beeldje tegen haar lippen en stopte het onder haar kleren. Ze had besloten. De droom over de grot betekende dat ze haar gevaarlijke dromen op moest geven. Geen hand in de moedergrot voor haar. Dit keer zou ze naar de waarschuwing van de leeuwenman luisteren.

Ze wachtte tot de schemer de lucht donkerrood en oranje kleurde en sloop toen weg van haar vuur. Heel even hoefde ze Jerrik maar te zien, om hem over haar beslissing te vertellen, om hem gerust te stellen. Ze sloop langs haardvuren, groepen mensen, in de hoop dat niemand haar zou zien. Ze hield haar hoofd laag, zodat haar blik die van niemand anders kon kruisen. Het was niet moeilijk om de stam van Jaya te vinden, binnenkort háár groep, háár stam. Ze herkende Jerrik, ingesloten tussen twee mannen, die lachten en praatten. Hij zat gebogen, zijn kin in de hand, starend in het vuur. Hoe kon ze zijn aandacht trekken zonder zich te laten zien?

Ze sloop naar hem toe, zodat ze, als ze haar arm helemaal uitstrekte, net bij zijn jas kon. Ze ademde diep in en gaf één stevige ruk. Meteen dook ze in elkaar en kroop zo snel mogelijk achteruit. Jerrik slaakte een kreet van schrik en sprong op. Zijn stamgenoten lachten.

'Wat is er, Jerrik? Heeft een hond je gebeten?'

Jerrik gromde wat en zei: 'Ik zal hem wel krijgen.'

Joeni wachtte tot hij in het donker was.

'Jerrik,' zei ze toen zacht.

'Joeni?'

'Ik ben hier. Kom naar me toe.'

Ze zag bijna niets, maar ze strekte haar hand uit, en al snel vonden zijn handen de hare. Ze kneep erin. Ze waren droog en warm.

'Je komt om haar terug te geven,' zei hij met gebroken stem. 'Ik begrijp het.'

'Ik... wat? Nee! Jerrik, ik kom... ik kom je zeggen dat ik haar houd. En dat ik kies voor jou.'

'Ik... wat? Maar ik dacht... Heeft Toek zijn Zwijgen niet verbroken?'

Dit was niet het gesprek dat Joeni verwacht had.

'Nee, hij Zwijgt nog steeds. Hij huilde, maar meer niet.'

‘Ik had gedacht… Ik wist zeker dat… Ik begrijp het niet.’

‘Maar ben je dan niet blij?’

‘Blij? Ik ben de gelukkigste man die er bestaat! Als je het meent. Weet je het zeker, Joeni? Echt, helemaal zeker?’

Ze knikte, maar realiseerde zich toen dat hij dat niet kon zien.

‘Ja. Ja, ik ben zeker. Ik wil bij jou zijn. En blijven.’

Ze tastte naar zijn gezicht, vond de gladde haren van zijn baard. Hij legde zijn hand over de hare en kuste haar handpalm.

‘Ik zou hier de hele nacht willen blijven met jou.’

‘Ze zouden ons ontdekken. Voor één keer wil ik het goed doen, Jerrik. Ik kwam alleen om het je te zeggen. De anderen zullen zich afvragen waar je blijft. Kom, ga terug. De Verbinding is morgen al. Zo lang kun je toch wel wachten?’

‘Ja,’ zei hij. Zijn stem was schor maar warm. ‘Dat lukt me wel.’

‘Hup, ga dan!’

Toen ze zich om wilde draaien om zelf terug te gaan, bedacht ze het opeens.

‘Wacht,’ siste ze, ‘wat heb je eigenlijk tegen Toek gezegd?’

‘Niets. Het is niet meer belangrijk nu. Slaap goed, Joeni.’

En hij was weg, naar de plek waar de warmte en zijn stam hem verwelkomden. En haar binnenkort hopelijk ook.

Stilletjes zocht ze haar weg terug naar haar slaapplaats. Toek zat niet meer op de plek waar ze hem achter had gelaten, maar aan de stapel huiden in zijn slaapplaats te zien, lag hij daar. Ze besloot hem niet te storen en rolde zich op in haar eigen huiden. Ze sliep in met een glimlach rond haar lippen.

11

Ik droom, dacht Joeni, in de schemer van een tent die er gisteren nog niet stond. Ze waren er allemaal, de kiesbare jonge vrouwen van Uma's stam en die uit de vijf stammen die later gekomen waren. Dicht opeengepakt stonden ze nu in die lage tent, zenuwachtig en naakt. Een van de meisjes smeerde Joeni in met rode oker. Het voelde vreemd, die vlugge, glibberige handen op haar lijf.

Aan de vele gebalde vuisten kon Joeni zien dat haast alle meisjes inmiddels door iemand gekozen waren. Sommigen zouden hun bewonderaar afwijzen en hem het beeldje teruggeven, anderen zouden hem accepteren en een nieuw leven beginnen.

Tira stond een eindje weg. Ze keek ongelukkig. Niemand durfde haar aan te raken. Ze was als enige nog zonder rood, terwijl de anderen in bloed gedoopt leken en frunnikten aan de versierde banden die rond hun heupen en borsten liepen. Tira's handen hingen slap langs haar lijf. Geen beeldje. Niemand had haar gekozen.

Joeni rechtte haar rug, haalde diep adem en ging naar Tira toe.

'Laat mij je schilderen,' zei ze. 'Ooit was ik je helper. Laat me dat nu weer zijn, voor de laatste keer. Morgen zul je me kwijt zijn, zoals je altijd hebt gewild.'

Tira's blik was even kil als altijd, en heel even dacht Joeni dat het meisje haar zou aanvallen, haar bij de keel zou grijpen en haar zou verstikken voordat de anderen iets konden doen. Maar langzaam veranderden haar ogen, en de spieren en pezen die zich altijd zo hard en scherp aftekenden onder haar huid, ontspanden.

'Goed,' zei Tira.

Meer niet. Een van de meisjes begon te zingen, een vrolijk liedje over mannen en vrouwen en wat ze met elkaar deden. Het begon onschuldig, maar met ieder vers werd het ondeugender. De anderen zongen al snel mee, iedereen kende de tekst. Joeni ook, maar ze zou Tira niet kwetsen door mee te doen.

Ze zocht de steen met okerpasta, legde Jerriks beeldje even tussen haar voeten en haalde haar handen door het rood.

Zullen we gaan spelen?
Ik vlecht voor jou je haar
En als je het dan mooi vindt
Vlecht jij het mijne maar

Hej! Hej!
De jongens zeggen nee!
Ha! Ha!
De meisjes zeggen ja!

'Ik ga beginnen,' zei ze tegen Tira. Die knikte en sloot haar ogen.

Het was vreemd om Tira aan te raken. Haar botten en spieren volgden niet de lijnen die Joeni kende, maar bogen alle kanten op en staken uit op vreemde plekken. Joeni volgde ze met haar handen, kleurde de bleke huid met het bloed van de aarde. Tira's lijf was krom, maar sterk; Joeni voelde het aan de spieren en pezen onder haar handen.

'Ga je hem echt accepteren?' vroeg Tira terwijl Joeni de banden om haar geverfde lijf knoopte. Ze klonk angstig. Heel even dacht Joeni eraan om te liegen, om Tira eindelijk te straffen voor alles wat ze haar had aangedaan, al was het maar voor even. Het was verleidelijk.

'Ik ken niemand zoals Jerrik,' zei ze toen. 'Ik wil hem niet laten gaan.'

Tira's blik was zoeter dan welke wraak ook. Verbazing, dankbaarheid, jaloezie en verdriet wisselden elkaar sneller af dan de zwaluwen hun nesten in en uit vlogen.

'Toek is straks helemaal van jou,' zei Joeni. 'Je wordt vast een goede dromer. Uma en Das zullen trots zijn.'

'Dank je, Joeni.' Tira's ogen glommen van ingehouden tranen. 'Toen ik hoorde dat Toek verdwenen was, dacht ik dat hij met jou gevlucht was om aan de Verbinding te ontsnappen.'

'Is Toek weg?'

'Wist je dat niet? Hij is sinds gisteravond niet meer gezien.'

'Ik zag hem vanochtend nog liggen, onder zijn huiden! Ik wilde hem niet wakker maken…'

Onrustige gedachten borrelden naar boven. Waarom had ze niet beter gekeken? Waar was Toek?

Maar ze kon nu niets doen.

Denk er niet meer aan. In elk geval niet nu.

Joeni pakte Jerriks beeldje van de grond en wreef het in met de verf die nog op haar handen zat. Nu was het beeldje net zo rood als zij. Het lied was nog niet afgelopen.

Zullen we gaan spelen?
Ik jaag en jij bent buit.
En als ik je te pakken krijg
Dan speel je op mijn fluit.

Hej! Hej!
De meisjes zeggen nee!
Ha! Ha!
De jongens zeggen ja!

De meisjes waren buiten adem, ze konden bijna niet meer zingen van het lachen. Tira was de eerste die de trommels hoorde. Ze greep Joeni's schouder zo stevig vast dat het pijn deed.

'Ze komen ons halen,' zei ze.

'Ik hoor het,' antwoordde Joeni, en ze pakte Tira's hand.

Ook de andere meisjes kregen door dat er iets te gebeuren stond, en een voor een hielden ze op met zingen. De trommels kwamen dichterbij, totdat het klonk alsof ze in de tent waren. De tentflap werd opgetild en daglicht stroomde naar binnen. De meisjes knipperden met hun ogen, hun veilige omgeving doorbroken, het rood op hun huid fel en onontkoombaar. Ze waren getekend, allemaal, als meisjes die bijna vrouw zouden zijn.

'Kom,' klonk een vrouwenstem van buiten.

Aarzelend verlieten de eersten de tent. Joeni volgde met Tira, nog steeds hand in hand. Tira steunde op haar zoals vroeger, zoals toen ze samen Toeks leerling waren. Het was Jaya die hen had geroepen, de moeder van de stam waar ze te gast waren. Ze leidde de meisjes naar de oever van de rivier, begeleid door het getrommel van de volwassen vrouwen.

Joeni was bang voor de trommels. Ze wist dat die niet zouden ophouden tot de avond viel. Al die tijd zouden zij in de zweethut zitten. Ze merkte niet eens dat ze naakt in de kou liep. Dat had ze vaker gedaan, op de dagen van de meeste pijn, het grootste verdriet. De kou had haar altijd geholpen om die minder te voelen.

Maar de tocht naar de rivier was anders voor de andere meisjes. Ze liepen zo dicht mogelijk tegen elkaar aan, hadden hun armen om elkaar heen geslagen, bibberden. Alleen Tira hield zich net zo goed als Joeni, al voelde Joeni dat ze strammer liep.

Daar was de zweethut, rond en laag. De wanden waren bedekt met huiden, gekleurd met rode oker. De stammoeders wachtten bij een groot vuur voor de ingang. Die was nu nog open, maar zou straks dichtgaan, wist Joeni, hen overleverend aan gloeiende stenen, stoom, de trommels...

Ik heb mijn beslissing genomen. Ik heb mijn beslissing genomen. Jerrik. Jerrik. Jerrik.

Ze klemde het beeldje nog steviger in haar vuist.

De stammoeders zagen er angstaanjagend uit, met hun haren in vlechten die tot over hun schouders hingen als de kwade slangen uit de oudste verhalen. Hun gezichten waren roodbeschilderd, niet zo haastig en onbeholpen als de meisjes elkaar hadden geverfd, maar met ingewikkelde, sierlijke patronen op wangen, voorhoofd, hals en neus. Ze zongen, klapten in hun handen en stampten met hun voeten. Rond hun enkels zaten touwtjes met kiezels, die tegen elkaar ketsten als ze bewogen. Ze droegen lange jassen die versierd waren met dezelfde patronen als hun gezichten, aangevuld met kralen, stenen en amuletten. De figuurtjes bewogen mee op het ritme van hun gezang en de bewegingen van hun volle lijven.

De stammoeders stonden ieder aan een kant van de ingang om de meisjes naar binnen te leiden, allemaal raakten ze elk meisje dat langskwam even aan: een aai, een bemoedigend kneepje, een vriendelijk woord. Joeni probeerde de blik van Jaya te vangen, een lange, stevige vrouw met een vriendelijk gezicht, haar nieuwe stammoeder, maar de vrouw leek niet te weten dat Jerrik Joeni zou kiezen, of ze deed net alsof.

De flap van de ingang was open, zodat er nog frisse lucht en licht binnenkwam. De trommels waren gestopt, voor even. Ze zouden weer beginnen zodra de flap dichtging. In het midden van de lage hut lag een stapel hete stenen. Zodra die afkoelde, zouden de stammoeders nieuwe stenen uit het vuur buiten komen brengen en die met water overgieten, zodat de meisjes de hele tijd zouden baden in stoom.

Zes stammoeders, dacht Joeni, zes wissels. Het zal nacht zijn als we hieruit gelaten worden.

Toen alle meisjes op de grond rond de stenen zaten, kroop Jaya naar binnen met een waterzak in haar hand.

'Vandaag worden jullie vrouw,' zei ze, 'gedoopt in het bloed van de Moeder, gereinigd door Haar warmte en water, gevoed door het geluid van Haar trommels. Mogen jullie als vrouw weer buitenkomen, wijs, waardig en klaar voor jullie nieuwe pad, het pad van de vrouw, van de Moeder. Vrees niets van wat je hier ziet en hoort. Jullie zijn veilig. Onthoud dat de stammoeders over jullie waken, nu en in de toekomst. Moge de Moeder jullie zien en zich aan jullie openbaren.'

Jaya kroop dichter naar de stenen toe, leunde voorover en kneep in de waterzak. De stralen water verdampten, borrelend en sissend. Ze ging door tot de zak leeg was.

Joeni kneep haar ogen stijf dicht, maar toen ze haar adem niet langer kon inhouden, deed ze ze open en ademde diep in. Geen geur, geen smaak. Alleen maar water. Ze liet haar schouders zakken en haar hoofd hangen. Niets anders dan hitte en het dreunen van de trommels.

Jaya keek de meisjes allemaal even kort aan, knikte toen en kroop de hut uit. Ze sloot de flap achter zich, en het duister en de warmte omhulden hen als een deken.

De eerste zweetdruppeltjes verschenen op Joeni's bovenlip en onder haar borsten. Ze kon de andere meisjes nauwelijks zien, maar ze hoorde hun ademhaling en soms voelde ze een knie of een elleboog tegen zich aan strijken.

Buiten begonnen de trommels weer. De vrouwen zaten in een kring rond de zweethut, zodat alle meisjes het geluid ervan even dichtbij hoorden en er niet aan konden ontsnappen.

Het zweet begon nu echt te stromen. Ze hoorde anderen zuchten en puffen, maar het zou nog erger worden, veel erger. Ze was blij dat Toek haar en Tira had verteld over de zweethut, wat er zou gebeuren en wat er zou kunnen gebeuren. Ze zou Toek missen, zelfs al zou hij zijn Zwijgen nooit verbreken.

Niet aan Toek denken. Denk aan Jerrik. Alleen aan Jerrik.

Naast haar leek Tira weg te zinken in zichzelf. Ze had haar ogen gesloten en ademde rustig. Zij zou de dromen van de zweethut verwelkomen. Ze zouden haar dingen leren, of laten begrijpen en haar laten zien wat de toekomst zou brengen. De hitte zou haar openmaken. Kwetsbaar, maar open voor alles wat de Moeder te zeggen had.

Maar ik blijf dicht.

Toen de zweetdruppels over haar wenkbrauwen liepen, ging de tentflap open. Het licht was fel, maar de koude lucht was heerlijk, en de meisjes zuchtten van verlichting. Heel even konden ze elkaar beter zien. Grote ogen, plakkende haren, glimmende huid. Er werden glimlachjes uitgewisseld, knikjes.

Joeni hield haar blik op het beeldje in de kom van haar handen. Ze zag niet welke stammoeder de nieuwe stenen bracht en de volgende waterzak leegkneep.

Plotseling was het donker terug, en dit keer was het moeilijker om haar adem in te houden. Het zweet liep ongehinderd over haar lijf, de okerpasta smolt. Joeni proefde hem op haar lippen.

Dit is wat een dromer altijd proeft.

Rode mond, rode tanden, zoals Toek. Het teken van de dromer die met haar adem haar dromen tot leven bracht. Joeni ademde in door haar neus. Dit keer zat er iets in het water, zoet, maar fris en kruidig. Ze rook het, ze proefde het. De stoom prikte op haar huid. Ze wreef over haar arm. Haar huid was kleverig van de oker, donker als bloed. Ze probeerde het zweet uit haar gezicht te vegen, maar slaagde er alleen maar in om de oker uit te smeren. Bijna meteen waren de druppels terug. Ze lieten haar wimpers samenplakken en Joeni moest haar ogen dichtdoen.

Haar hart bonsde, alsof ze de hele nacht met de paarden over de vlakte had gehold. Ze zag ze voor zich, hoorde hun hoeven roffelen op de bevroren grond onder de sterrenhemel...

Nee, nee! Het zijn geen hoeven, het zijn trommels, gewoon vrouwen met trommels, ik zit in een tent, er zijn geen paarden.

Ze liet haar hoofd hangen. Zweet viel van het puntje van haar neus op Jerriks beeldje. Pets, pets, pets. Als in een grot. Het geluid van water op steen, altijd hoorbaar. De mensen hoorden het, maar ook de beren, hyena's en mammoeten, rood en zwart geschilderd op de wanden. De druppels waren hun gezelschap terwijl ze wachtten op de dromers om hun verhalen te vertellen, aan haar, aan Joeni…

Licht en lucht stroomden binnen.

Dank de Moeder!

Joeni dronk de buitenlucht in, vulde haar longen met kou, verlangde naar de vlakte en de ijzige wind, maar voor ze het wist, was er nieuwe stoom die dit keer tegen haar aan sloeg als het rendier dat haar ooit omver had gelopen tijdens de jacht. Het sneed haar adem af en haar hart leek tussen haar sleutelbeenderen te kloppen. Dit keer was het geen zoete geur, maar iets wat scherp was als de oude jeneverbes naast Joeni's vroegere woongrot.

Het geluid van de trommels leek steeds dichterbij te komen. Het was zo hard dat Joeni haar handen voor haar oren sloeg om het gedreun buiten te sluiten. Maar het zat vanbinnen, in haar hoofd.

Ga weg!

Het geluid ging niet weg. Luider en luider werd het, totdat Joeni het uitschreeuwde.

'Joeni!'

Tira's glibberige hand kneep hard.

'Je laat de anderen schrikken.'

Joeni legde haar hand op die van Tira, maar het was geen meisjeshand die ze voelde. Het was een mannenhand, breed en stevig. Joeni keek verschrikt op. Een leeuwenbek grijnsde haar tegemoet. Gele leeuwenogen die net geen leeuwenogen waren, keken op haar neer.

'Leeuwenman.'

Hij stak zijn hand uit, maar hij kon Joeni net niet aanraken. Er drupte iets uit zijn oog, donker en kleverig. De haren van zijn vacht plakten aan elkaar. Algauw stroomde het langs zijn oren, zijn bek, zijn borst. Hij reikte nogmaals naar Joeni en ze strekte haar arm naar hem uit, maar hij ging steeds verder weg, steeds verder, terwijl hij brulde.

'Nee!' riep Joeni.

Toen was er licht, daarna hitte, en ze lag weer op de grond. Ze kon zich niet herinneren dat ze was gaan liggen. Maar het was beter zo. Veel beter. Ze voelde het zweet in stroompjes langs haar lichaam gaan, langs heupen, dijen, borsten, hals en voorhoofd. De dieren van de vlakte dronken uit het kuiltje tussen haar sleutelbeenderen, uit de gleuf tussen haar dijen, uit haar knieholtes; overal waren ze, en ze dronken haar op. Ze was klein en groot tegelijk, maar haar hoofd bleef hetzelfde en werd verzwolgen door haar eigen lijf. De dieren bleven maar drinken.

Stop! Straks ben ik leeg!

Licht, lucht, hitte, duister.

Ze was alleen in de zweethut. Hoe kon dat? Joeni krabbelde overeind en keek omhoog. De hut was hoger en groter geworden. Er klonk iets in de verte en ze draaide zich met een ruk om. Ze kon niet anders dan staren. Het was een mammoet, die zijn slurf omhoog gooide en oorverdovend tetterde. Joeni sloeg haar handen voor haar oren. De mammoet kwam in beweging en begon te rennen, recht op haar af. Ze rende voor hem weg, maar zodra ze dat deed, stond de mammoet stil. Als ze bleef staan, zou hij weer naar haar toe komen.

Joeni kneep haar ogen dicht en wachtte. Maar er gebeurde niets. Ze opende haar ogen. De mammoet stond zo dichtbij dat haar neus hem bijna raakte. Ze boog haar hoofd voorover en liet haar voorhoofd tegen zijn slurf rusten. Hij brieste zacht.

'Waar was je?' vroeg ze. 'Waar was je toen mijn stam je nodig had? Waarom wás je er niet?'

Licht, lucht, hitte, duister.

Joeni klemde Jerriks beeldje tegen zich aan, zo stevig dat het in haar weg begon te zinken. Ze liet meteen los, maar het beeldje drong steeds verder naar binnen, tot het helemaal verdwenen was. Joeni gilde en klauwde aan haar borst, maar het had geen zin. Ze voelde het beeldje in zich, en het groeide. Het groeide ín haar, duwde alles weg, tot de koele steen tegen de binnenkant van haar huid drukte. Ze was steen vanbinnen; en het beeldje groeide door.

'Stop,' huilde Joeni, 'stop, alsjeblieft.'

Licht, lucht.

'Het is tijd,' klonk een vrouwenstem. 'Kom naar buiten.'

Joeni knipperde met haar ogen en hief haar hoofd op. Het was Uma, haar donkere silhouet breed tegen het licht van het vuur achter haar. Joeni legde haar hoofd weer neer. Waren het tranen of zweetdruppels die over haar gezicht stroomden? Ze wist het niet. Haar lijf schokte. De meisjes kwamen in beweging, zij die vrouw waren geworden, maar Joeni kon niet bewegen. Ze krulde zich op, haar armen gekruist over haar borst. De kou vanbuiten tintelde op haar huid.

'Joeni.'

Ze reageerde niet.

'Joeni, kom.'

Een pezige hand op haar schouder schudde haar heen en weer.

'Ik kan het niet.'

'Als ik het kan, kun jij het ook,' zei Tira. 'Kom.'

Joeni voelde een sterke arm onder haar oksel, die haar omhoogtrok zodat ze op handen en voeten terechtkwam.

'En nu kruipen,' zei Tira. 'Je bent er bijna uit.'

'Mijn beeldje!' riep Joeni plotseling, en ze betastte haar borstbeen. Maar er was niets.

'Hier is het,' zei Tira. Ze hield het voorzichtig in haar hand, als een pasgeboren hondje, en Joeni pakte het dankbaar aan.

'Dank je.'

Tira glimlachte naar haar, een zeldzaamheid.

'Zoals je zei: ik ben bijna van je af. Jij hebt mij geholpen, en ik wil je niets verschuldigd zijn als we afscheid nemen. Ik doe dit dus puur voor mezelf. Geen zorgen.'

Maar dat was niet wat Tira's ogen zeiden. Ze was wél bezorgd. Maar waarover?

Ze waren de laatsten die uit de hut kropen. De anderen stonden al op een rij, met grote ogen, glimmend en donkerrood alsof ze gedoopt waren in bloed.

Het bloed van de aarde. Het bloed van de Moeder.

Tira werd door Uma geholpen met opstaan, maar niemand hielp Joeni. Ze kwam overeind en zag sterretjes, wankelde en gaf toen over. Tranen sprongen in haar ogen en het zuur beet in haar keel en neus. Ze keek op en zag Uma en Jaya een ongeruste blik uitwisselen. De trommels waren stil.

'Maak je geen zorgen,' zei Jaya tegen Joeni. 'De rivier zal alles wegspoelen.'

Joeni knikte terwijl ze haar buik vasthield. Ze stond nog krommer dan Tira.

Het publiek was gegroeid tot meer dan stammoeders en trommelaars. Alle vrouwen van de gezamenlijke stammen waren naar de rivier gekomen om de meisjes in hun midden te verwelkomen, als vrouwen, niet meer als meisjes. Iedereen glimlachte, sommigen trots, anderen weemoedig. Joeni keek omlaag, naar zichzelf, en zag dat de damp van haar afkwam. Geen van de meisjes voelde nog de kou die ze op hun weg van de tent naar de zweethut hadden gevoeld. Ze waren door en door warm, en stonden ontspannen in de frisse nachtlucht.

'Het bloed van de Moeder heeft jullie doordrongen,' sprak Jaya. 'Jullie hebben Haar mogen ontmoeten, spreken, bevragen. Ze heeft jullie antwoord gegeven en Haar bloed vermengd met dat van jullie. Nu is het tijd om al het oude af te wassen, en bij ons terug te komen als vrouwen. De rivier wacht.'

Toen niemand bewoog, gaf Jaya het eerste meisje een vriendelijke tik op de billen.

'Hup! Daar gaan jullie!'

De aanwezige vrouwen grinnikten en de meisjes keken elkaar onzeker aan. De toeschouwers begonnen te joelen en te klappen. Toen begonnen de eersten te rennen, over de oever recht het water in. Het water spatte omhoog, ze gingen kopje-onder, gilden en lachten.

Schoon, dacht Joeni, en ze dook de rivier in. Het water bevroor haar huid. Ze kwam boven, hapte naar adem met ijzige longen. Maar na de eerste schok voelde het goed. Ze waste het rood van zich af bij het licht van de vuren op de rivieroever. Het water rond de meisjes kleurde al snel okerrood. Op de oever waren de trommelaars weer begonnen, in een vrolijker ritme dit keer, en de vrouwen dansten en zongen het liedje dat de meisjes in de tent hadden gezongen.

Zullen we gaan spelen?
Ik trek mijn kleren uit.
En als je me dan mooi vindt
Kom vlug onder mijn huid!

Hej! Hej!
Niemand zegt meer nee!
Ha! Ha!
Beiden zeggen ja!

De meisjes in het water proestten het uit, hun beproeving in de zweethut zo goed als vergeten. Joeni haalde diep adem en dook nogmaals onder.

Het water drukte tegen haar oren, dempte de geluiden van de wereld boven haar en maakte haar lijf bijna gewichtloos. Ze zweefde in de schemerwereld van de rivier en voelde zich kalm worden. Het was voorbij. Dit waren haar laatste dromen geweest. De Moeder had haar op de proef gesteld, en ze had het doorstaan. Nog één keer schrobde ze haar gezicht, haar haren, haar ogen, haar oren. Ze opende haar mond en liet het water binnenstromen, zodat het de smaak van oker, de smaak van het dromen, zou wegspoelen.

Toen zette ze zich af op de bodem en hapte aan het wateroppervlak naar adem. Nieuw licht, nieuwe lucht, nieuw leven. Met de anderen klom ze het water uit, waar de stammoeders klaarstonden met warme huiden om hen af te drogen en op te warmen.

'Naar de mannen! Op naar de mannen!' werd er geroepen.

De vrouwen verdrongen zich rond de meisjes en joegen hen voor zich uit. Voor Tira waren ze milder, ze lieten haar zo veel mogelijk met rust.

Zelfs Joeni liet zich nu opzwepen door de brutale uitroepen en de schunnige liedjes. Ze lachte mee met de anderen, plaagde samen met de rest. Ze voelde zich licht in het hoofd, op een goede manier. De oude jas was bijna weg. De nieuwe had ze al met één mouw aan.

De groep vrouwen joeg de meisjes terug naar het kamp, waar de overgebleven stamleden wachtten: de kinderen, de alleroudsten. En de mannen. Ze joelden zodra ze de vrouwen hoorden aankomen. Zij stopten net buiten het kamp en riepen uitdagende opmerkingen naar de mannen, die floten en terugriepen. Dit ging zo door tot de vrouwen nauwelijks konden staan van het lachen, buiten adem en met rode wangen, en toen riep Jaya: 'Genoeg! Jullie putten je vrouwen nog uit voor het feest begonnen is! Het is tijd. We brengen jullie de vrouwen die vanochtend nog meisjes waren. Aanbid ze, eerbiedig ze, en de Moeder zal tevreden zijn!'

Jaya knikte naar de meisjes, die een voor een de warme huid om hun schouders lieten vallen.

Nieuw en naakt. Niets geheim, niets verborgen.

De stammoeders gingen voorop en de meisjes volgden op een rij. In één klap was de sfeer omgeslagen van luidruchtig naar plechtig. Geen schuine grappen meer, geen ondeugende uitroepen. Langzaam traden de stammoeders in het licht, kalm glimlachend alsof ze de Moeder zelf waren. Er was een open plek gemaakt, omringd door vuren, zodat het daar bijna net zo licht was als overdag.

De stammoeders leidden de meisjes naar het midden van de cirkel.

Zo veel ogen, dacht Joeni, iedereen kijkt naar ons. Nog nooit hebben zo veel mensen naar me gekeken. Ze voelde zich ongemakkelijk.

Joeni legde haar handen op haar rug; ze vouwde ze samen met het beeldje erin en boog haar hoofd, zoals haar verteld was. Een rilling liep door haar lijf, een goede rilling. Straks zou ze opkijken en Jerriks gezicht tegenover haar zien. Ze glimlachte.

'Deze jonge vrouwen zijn vandaag bezocht door de Moeder. Ze kent en erkent hen nu. Ze zullen vreugde, liefde en wijsheid brengen aan diegenen die goed voor hen zorgen. En ik denk dat er jonge mannen zijn die hun geluk willen beproeven. Dus, bewonderaars! Stap naar voren!'

Joeni hoorde iedereen fluisteren en giechelen. Ze hoorde de mannen aankomen, hun voetstappen schuifelend op de aangestampte aarde, waarop mensen al lange tijd woonden, werkten, elkaar ontmoetten en aten. Twee in leer gestoken voeten bleven tegenover haar staan.

'Wees niet te streng voor hen,' zei Jaya met een glimlach in haar stem. 'Ze zijn nu net zo naakt als jullie, geven zich bloot onder het toeziend oog van onze zes stammen. Wees eerlijk en oprecht. Laat de Moeder je leiden. Kijk omhoog.'

Langzaam, zo langzaam als ze durfde, hief Joeni haar hoofd op. Daar stond hij, zijn ogen glinsterden en zijn witte tanden ontblootte hij in een brede lach. Hij had zijn haren en baard gevlochten en gekleurd met rode strepen. Ze voelde zijn blik over haar naakte lijf glijden.

'En?' vroeg ze uitdagend.

Hij lachte. 'Je bent mooi.'

Joeni haalde het beeldje van achter haar rug tevoorschijn.

'Ze is rood. Ze is echt rood,' zei Jerrik verwonderd.

'Ja.'

Hij hield zijn handpalmen naar haar op. Die waren net zo rood als het beeldje, ingesmeerd met oker. Als hij haar bovenarmen pakte, zou ze van hem zijn. Zijn handen op haar huid, met het bloed van de aarde, zouden hun band bezegelen.

'Ik kies jou, Jerrik.'

Joeni's hart bonkte toen ze het had gezegd, ze voelde haar hartslag in haar keel, in haar buik, in haar hoofd. Ze hield Jerriks blik vast terwijl hij zijn handen naar haar toe bewoog, voorzichtig, bijna alsof hij bang was om haar aan te raken.

'Nee! Stop!'

De o zo bekende stem was rauw doordat hij lang niet was gebruikt, maar luid genoeg om Jerrik te doen terugschrikken, en iedereen te bevriezen.

Nee, Toek, niet nu, alsjeblieft!

Hij waadde door de groep de open plek op, hier en daar mensen opzijduwend. Hij snelde naar Joeni toe en greep haar arm.

'Joeni is van mij!'

Joeni slaakte een kreet en trok haar arm uit zijn greep, maar het was te laat. Zijn rode handafdruk stond op haar huid, onmiskenbaar. Toeks kus was vervaagd, ongeldig verklaard voor deze Verbinding. Maar hij had haar opnieuw gekozen.

'Nee!' riep ze. Vol afschuw keek ze naar haar arm, naar Toek. Zijn ogen schoten vuur, alsof hij iedereen ter plekke vlam wilde laten vatten. De zwarte strepen van zijn tranen waren nog zichtbaar, en rond zijn mond zaten de vier gaten. Zijn Zwijgen was verbroken.

'Nee, nee! Toek, waarom?'

Maar hij hoorde haar niet.

'Jerrik!' riep Joeni toen uit.

Maar hij was al verdwenen, alsof hij nooit voor haar had gestaan, nooit op het punt had gestaan hun levens met elkaar te verbinden.

'Nee!'

Om hen heen leek iedereen bevroren.

Dit is mijn droom, dacht Joeni, mijn droom over de mensen van steen.

Een snik ontsnapte aan haar keel. Ze keek rond, op zoek naar hulp, op zoek naar iemand die begreep dat zij dit niet wilde. Tira... Maar de blik die Tira haar zond, zei duidelijk dat Joeni van haar geen hulp hoefde te verwachten. Een pijnlijke steek trok door haar borst. Tranen sprongen in haar ogen.

‘Genoeg!’

Uma’s blik was net zo vurig als die van Toek, angstaanjagender nog, haar mond een strakke streep van ingehouden woede.

‘Uma,’ sprak Toek rustig. ‘Het heeft nu lang genoeg geduurd. Ik weet het, jij weet het. Ik heb lang genoeg Gezwegen. Joeni is de dromer van de stam, niet Tira. Joeni hoort bij mij.’

‘En jullie mogen elkaar hebben,’ gromde Uma met opeengeklemde kaken. ‘Jullie hebben de stam niets dan problemen gebracht sinds de mammoetjacht. En nu brengen jullie onze toekomst in gevaar door de Verbinding te verstoren? De Moeder zelf te beledigen? Niet zolang ik stammoeder ben. Niet zolang ik leef! We vinden wel een nieuwe dromer. Ik, stammoeder Uma, verban Toek en Joeni voor de rest van hun leven uit mijn stam en de valleien en paden die wij aandoen. Met steun van de stammoeders verban ik hen uit iedere andere stam die bij deze Verbinding aanwezig is!’

Een geluid golfde door de menigte, als een zwerm vogels. Joeni’s hoofd bonkte.

‘Nee, alsjeblieft, Uma, ik wil dit niet, ik heb iemand gekozen; kijk, het beeldje is rood, ik heb het rood gemaakt.’

Uma keek naar haar alsof ze net een luis in haar jas had gevonden.

‘Ongelukskind,’ was alles wat ze zei. Joeni zakte door haar knieën en verborg haar gezicht in haar handen. Ze drukte hard met haar vingers op haar ogen, tot ze flitsen en cirkels zag en het pijn deed. *Goed. Pijn is goed.*

‘De Verbinding gaat door,’ hoorde ze Uma in de verte zeggen. ‘Jullie gaan kiezen en het leven vieren en zingen en dansen. Niemand zal jullie de vreugde van deze avond ontnemen. Niemand is belangrijker dan dat. Ik ken geen Toek en Joeni. Niemand van jullie kent hen. Misschien waren hun geesten hier nog rond. Maar geesten kunnen niet praten en zijn niet meer dan vluchtige herinneringen. Ze zijn niets.’

Toen Joeni weer opkeek, zag ze dat Jaya naast Uma was gaan staan, haar hand op Uma’s schouder, haar gezicht ernstig. Een voor een volgden de stammoeders, en ieder legde een hand op de schouder van de ander. Joeni boog haar hoofd weer. Alle stammoeders waren het met Uma eens. Ze was verbannen. Geen oude jas meer, maar ook geen nieuwe.

Naakt in de kou.

'Kom, Joeni. We moeten onze spullen pakken.'

Toek stak haar hand naar haar uit, maar ze deinsde terug en antwoordde niet. Ze kon niets zeggen. Er waren geen woorden.

Langzamerhand kwamen de mensen weer in beweging. De eerste, aarzelende jongens en mannen gingen terug naar het meisje van hun keuze en spraken zachte woorden. De meisjes glimlachten verlegen. De stenen mensen ontdooiden, hun ogen kwamen tot leven. De stammoeders verbraken hun ketting en liepen naar de mannen en de meisjes die naar de rand van de open plek waren gevlucht en niet leken te begrijpen dat alles weer goed was. Joeni zag Uma naar Tira snellen en haar in haar armen nemen. Tira's kromme schouders schokten.

Joeni volgde Toek naar de slaapplaatsen. Ze lieten hen door, maar niemand keek hen aan, en achter hen vloeiden ze weer samen tot één groep, toeschouwers bij de Verbinding. Ieders blik was naar voren gericht. Niemand keek nog achterom.

De slaapplaatsen waren donker en koud, de vuren afgedekt om de kooltjes heet te houden zodat ze straks gemakkelijk weer tot vlammen konden worden gewekt als het feest voorbij was. Hier en daar scheen een oranje gloed langs de randen van de afdekstenen door.

Het spijt me. Ik wilde dit niet. Echt niet. Ik was er klaar voor.

Hun vuur was uit, en het licht van de vuren buiten bereikte hun kampje maar net. In het schemerduister zocht Joeni haar kleren bijeen. Ze scheurde de geweven banden van haar lijf en liet ze vallen waar ze stond, terwijl ze zich aankleedde.

'Joeni...'

'Nee, Toek. Laat me.'

Ze wilde zijn stem niet horen. Voortdurend had ze tijdens zijn Zwijgen zijn raad willen vragen, meer dan wat dan ook had ze zijn stem willen horen. Waarom was hij niet met haar gevlucht toen ze het voorstelde? Waarom nu, net nu ze probeerde alles goed te maken voor zichzelf, voor Tira, voor de stam? Net nu ze dacht dat ze een goed leven had kunnen leiden, met een nieuw thuis, een nieuw begin...

De tranen kwamen, en ze bleven komen. Ze zonk neer op de stapel huiden aan haar voeten en huilde. Haar tranen waren alles wat er bestond, en ze sloeg haar armen om zichzelf heen. Niemand anders zou dat doen. Nooit meer.

Ze voelde dat Toek naast haar kwam zitten. Hij raakte haar niet aan en zei niets. Maar hij was er. Ze was niet alleen. Ze leunde opzij, haar hoofd tegen zijn schouder, en hij liet haar huilen zonder iets te zeggen, zonder haar aan te raken. Ze was hem er dankbaar voor.

'Hoe voelt je mond?' vroeg Joeni toen het ergste voorbij leek te zijn.

'Mijn tanden doen zeer als de wind door de gaten waait,' zei Toek. 'En mijn kaken zijn slap. Maar verder gaat het wel.'

'Dat is fijn.'

Joeni speelde met Jerriks beeldje.

'Moeten we vannacht al gaan?'

'We kunnen beter eerst gaan slapen. We hebben rust nodig voor onze reis. We kunnen vertrekken zodra de zon opkomt.'

'Goed.'

'Joeni, het spijt me dat het zo gegaan is.'

Vlug stond ze op. 'Ik ga het beeldje teruggeven.'

'Niet doen, Joeni. We zijn geesten, weet je nog? Het zal je alleen maar pijn doen.'

'Dat kan me niet schelen.'

Ze liet Toek achter en zocht haar weg terug naar het licht. Er was muziek, en de flakkerende schaduwen vertelden haar dat er gedanst werd. Er klonk gelach, flarden van gezang, alsof er niets gebeurd was.

Zo snel zijn ze ons vergeten. Zo snel is het alsof wij er nooit geweest zijn.

Het voelde alsof er een gat in haar borst zat, dat steeds groter werd en volstroomde met verdriet.

Dit is niet anders dan het altijd voor je is geweest, dacht ze bij zichzelf. Alleen toen was Jerrik er nog niet.

Waar zou hij zijn? Er zat niets anders op dan zich in het feestgedruis te mengen wilde ze daarachter komen. Ze zou zo onopvallend mogelijk zijn, voorzichtig bewegen, als de geest die Uma haar had genoemd.

De open plek waar de meisjes hadden gestaan, was nu gevuld met dansende mensen. Ze zag hun glimmende ogen terwijl de meisjes ronddraaiden in de armen van hun bewonderaars. Ook de anderen hadden zich tussen de vuren begeven, en de eerder nog zo dik ingepakte vrouwen waren inmiddels een stuk luchtiger gekleed. Zweet glom op hun blozende gezichten terwijl ze dansten met de jongens die waren afgewezen, met de oudere mannen of met elkaar. Langs de rand van de vuren zag Joeni Uma ontspannen achteroverleunen terwijl een lange, jonge man haar schouders masseerde.

Het maakte haar bozer dan ze had kunnen denken.

Vertel me, Uma, wat gebeurt er als een geest haar handen om je nek klemt? Zou je mijn grijpende vingers voelen? Zouden ze je de adem afsnijden? Wat zou je doen, Uma, als ik toch niet meer dan een geest ben?

Ze begroef haar nagels in haar handpalm en kneep zo hard ze kon. Langzaam zakte de boosheid terug naar waar die altijd verborgen was. Dat was beter. Uma was niet belangrijk. Alles wat hier was, iedereen die hier was, lag nu achter haar. Alleen Jerrik nog niet. Ze voelde het beeldje tegen haar borst, zoals in de dagen voor de Verbinding, toen ze nog geen besluit had genomen en probeerde hem te ontwijken. Hij was zo bang geweest dat ze het terug zou geven. En hij had gelijk gehad. Uiteindelijk.

Ze liep tussen de mensen door, deed haar best hen zo min mogelijk aan te raken. Maar als ze toch met een mouw langs een arm streek of iemand aanstootte, gleed hun blik langs haar alsof ze er niet echt was. Dat zou ze zelf ook hebben gedaan, als het iemand anders was geweest die verbannen was. Ze nam het ze niet kwalijk.

Waar was Jerrik? Ze zag een man met het hoofd in zijn handen naast een van de vuren zitten, en haar hart sloeg een slag over. Maar toen ze dichterbij kwam, zag ze dat zijn haren bruin waren in plaats van blond. En hij was een stuk ouder. Ze draaide zich om en begon opnieuw te zoeken. Hij moest ergens zijn.

Het lopen en zoeken tussen al die mensen maakte haar draaierig. Ze moest haar hoofd helder krijgen. Ze glipte weg van de vrolijkheid en snoof de nachtlucht op. Ze zwierf rond het feest, net buiten het bereik van het licht. Maar ook hier was Jerrik niet.

Ik ga hem nooit vinden, dacht Joeni. De Moeder straft me, maar ik verdien dat niet. Ik heb al haar dromen doorstaan, al die vreselijke visioenen. Ik verdien geen straf.

Ze volgde een pad van uitgebrande vuren naar de plek waar ze als vrouw uit de zweethut was gekomen. Als ze Jerrik niet kon vinden, zou ze het beeldje daar begraven, om de Moeder tevreden te stellen.

De rivier stroomde zachtjes in de nacht, een geruststellend geluid. De zweethut stond er verlaten bij in het schijnsel van de sterren. Ze tilde de flap op om naar binnen te gaan maar ze was niet alleen. Een donker silhouet stond op de oever steentjes in het water te gooien. Joeni liet de flap neer en sloop naar de figuur toe. Toen ze zag wie het was, ging ze naast hem staan.

'Ik weet dat ik een geest ben,' zei ze. 'Ik weet dat je me niet mag horen, maar dat wel kunt.'

Ze keek naar Jerriks gezicht, maar hij keek haar niet aan. Hij bewoog niet.

'Weet dat ik dit niet wilde. Weet... dat ik jóú wilde, alleen jou. Nog steeds. Maar het kan nu niet meer en... ik wil je haar teruggeven. Zodat je haar aan iemand anders kunt geven, als je dat wilt. Ik leg haar bij je voeten. Vaarwel, Jerrik. Ik ben blij dat ik je heb leren kennen. Ik ben blij dat je mij uitkoos en niet opgaf.'

Ze knielde en legde het rode beeldje op de grond. Jerrik bewoog nog steeds niet. Het deed pijn, maar het was goed zo. Joeni draaide zich om en liep weg, terug naar Toek en haar slaapplaats, klaar voor de slaap, klaar voor de vergetelheid. Ze schreeuwde van schrik toen ze een hand om haar pols voelde.

'Neem haar met je mee, Joeni,' zei Jerrik. Hij drukte haar vingers rond het beeldje. 'Hoe kan ik haar aan iemand anders geven, als het rood op haar huid van jou is?'

Hij trok haar naar zich toe.

'Het is mijn schuld, weet je.' Zijn stem was hees. 'Na die keer dat je me vertelde over je droom en de jagers van je stam... Je was er zo van overtuigd dat het jouw schuld was, terwijl iedereen zou zien dat dat niet zo was. Zelfs ik. Ik ging naar Toek en vertelde hem wat je mij had verteld. Ik wist zeker dat als hij zou horen wat jij voelde, hij zijn Zwijgen zou verbreken om je mee te nemen. Je bent niet gevaarlijk, Joeni! Je hebt alleen Toek nodig om je dat te laten inzien. Maar hij bleef Zwijgen, en ik was zo opgelucht! Ik begon te denken dat ik misschien genoeg zou zijn om je gelukkig te maken. Maar nu heeft Toek je toch. En het is mijn eigen schuld.'

Joeni wist niet wat ze moest zeggen. Ze begroef haar gezicht in zijn jas.

'Kun je de tijd terugdraaien?'

Jerrik sloeg zijn armen om haar heen en drukte de lucht haast uit haar longen. Toen tilde hij haar kin op. Zijn kus was hard, zijn lippen droog maar warm.

'Jerrik, waar ben je?' klonk plotseling een vrouwenstem uit de verte. 'Kom met me dansen! Je hebt het beloofd.'

Joeni maakte zich van hem los en boog haar hoofd.

'Joeni, ik...'

'Het geeft niet,' zei ze. Toch kon ze de tranen niet tegenhouden. Hij veegde ze van haar wang. 'Ik ben een geest. Niet meer dan een vervlogen herinnering.'

'Niet vervlogen,' zei hij. 'Nooit.'

Hij kneep nog een laatste keer in haar hand, en liep toen weg.

'Met wie praatte je?' hoorde Joeni de vrouw in de verte vragen.

'Met een droom,' antwoordde hij haar.

De vrouw lachte terwijl ze terug naar het feest liepen. Hun stemmen gingen op in het geroezemoes.

Ze zou hem nooit meer zien. Nooit meer voelen. Met haar vingers streek ze over haar lippen. Ze had gedaan wat ze wilde doen. Nu was het echt voorbij.

Met een ruime boog liep ze om het feest heen. Ze hoefde Jerrik niet te zien dansen en lachen met een ander.

Toek was wakker gebleven en keek haar met vragende ogen aan toen ze terugkeerde bij hun haard. Hij had het vuur opgestookt. Maar Joeni zei niets en rolde zich op in haar huiden. Ze hoorde hem zuchten en de vlammen doven.

Joeni wilde slapen, niets liever dan dat, maar de geluiden die de Verbinding onvermijdelijk met zich meebracht, maakten dat onmogelijk. Ze bleef ze horen, zelfs als ze haar handen voor haar oren sloeg en haar hoofd onder de huiden verstopte. Het liedje dat de meisjes in de tent hadden gezongen, herhaalde zich eindeloos in haar hoofd.

Hej! Hej!
Spelen met z'n twee!
Ha! Ha!
Er komt een kindje na!

12

Reizen met Toek ging traag. Niet omdat hij langzaam liep, maar omdat hij erop stond om haar iedere richel, iedere rotswand, ieder poeltje aan te wijzen.

'Een dromer kent het land,' zei hij. 'Hoe vindt hij anders de luchtgrotten om in te tekenen, en de moedergrotten om zijn belangrijkste dromen aan te geven? De Moeder heeft het land zo gemaakt dat ze te vinden zijn voor de mensen die ze nodig hebben. Voor jou en mij, Joeni.'

Sinds de dag van hun verbanning, nu alweer bijna een volle maan geleden, had Toek ervoor gekozen net te doen alsof ze vrijwillig op reis waren. In het begin was Joeni er blij mee geweest. Het leek makkelijker zo, een nieuw avontuur. Maar 's nachts bij het vuur, als Toek sliep en zij de wacht hield en ervoor zorgde dat het vuur bleef branden, haalde ze Jerriks beeldje uit haar jas en dacht ze aan hem, aan de nieuwe stam die ze nooit had leren kennen, aan het leven dat ze nooit zou hebben. Ze speelde de gebeurtenissen af in haar hoofd en liet ze anders verlopen, waarbij ze in Jerriks armen eindigde, lachend en blozend.

Zoals het meisje dat hem kwam ophalen bij de rivier.

Ze wist wel dat alles nu was zoals ze had gewild, al zo lang droomde ze hiervan, al sinds ze haar ouders kwijt was geraakt. Maar het leek erop dat dat niet veel meer betekende, alsof ze toen een dom, koppig meisje was geweest dat niet wist wat echt belangrijk was in het leven. En net nu ze wel wist waar het leven om draaide, was het haar ontnomen. En dat was nog niet eens het ergste: ze was gestopt met dromen.

Ze had het nog niet aan Toek verteld, maar ze wist dat ze het niet veel langer kon uitstellen. Als ze een droom zou verzinnen als hij erom vroeg, zou hij dat meteen doorhebben. Haar nachten en dagen waren leeg, hooguit gevuld met beelden van de Verbinding, vluchtig en verwrongen als de boompjes op de vlakte, zonder gezichten, zonder geluid, zonder kleur. Misschien was het wel beter zo. Natuurlijk miste ze haar kuddes, vooral de paarden. En de leeuwenman. Haar leeuwenman. Maar ze was nooit meer bang, of in de war of overstuur om vreselijke dromen die ze niet begreep.

Maar waarom ben ik dan nu met Toek? Vertel me ten minste dat, Moeder. Als U mijn dromen hebt weggehaald, waarom ben ik dan nu niet bij Jerrik?

Joeni keek op naar de sterren en snoof de geur op van het houtvuur dat knapte en siste van de hars die uit de afgebroken takken droop. Ze mochten blij zijn dat ze nog leefden. Een paar dagen geleden waren ze oog in oog komen te staan met twee neushoorns.

'Toek,' had Joeni gefluisterd. 'Wat nu?'

'Er is geen jong,' antwoordde hij. 'Misschien laten ze ons met rust. Als we héél voorzichtig...'

Maar het was al te laat. Een van de dieren snoof en brieste, en voor ze het wisten, kwam hij op hen af, één bonk haar en spieren, met een lange scherpe hoorn.

'Opzij!' riep Toek, en hij schoof Joeni hardhandig uit het pad van de donderende poten. Joeni voelde de grond onder haar voeten trillen terwijl ze rende. Ze keek achterom en zag dat Toek gestruikeld was en op de grond lag.

'Toek!'

De neushoorn was sneller dan ze ooit had kunnen denken. Deze dikhuidige, kwade massa rende vloeiend en heel even zag Joeni dubbel, rende er een leeuw naast de dikke, korte poten. Voor ze het wist, waren ze bij Toek. Hij zou vertrapt worden. Verpletterd!

'Tóék!'

Ze rende terug zonder nog naar de neushoorns te kijken. Het kon haar niet schelen wat ze deden, ze moest naar hem toe, hem daar weg krijgen, haar enige vriend, haar laatste houvast.

Hij lag nog steeds op de grond. Zijn lichaam schokte en hij maakte verstikte geluiden.

Hij leeft nog.

'Toek?'

Eerst gebeurde er niets. Ze knielde naast hem neer, voelde aan zijn lijf.

Geen gebroken botten. Hoe kan dat?

Toen draaide hij zich op zijn rug. Lachend.

'Toek!'

Maar hij bleef lachen. De tranen liepen uit zijn ogen en zelfs de gaten rond zijn mond leken mee te lachen.

'O Joeni,' hikte hij, 'ik leef nog! Hij rende om me heen. Hij was prachtig. Prachtig! Ah.'

Hij ging zitten en strekte zich uit. Toen keek hij om zich heen.

'Zie ze daar eens rustig naar ons staan kijken. Alsof er niets gebeurd is. Hebben we alles nog? Niets verloren?'

'Ik dacht dat je dood was,' zei Joeni.

'Nee,' zei Toek terwijl hij over zijn ogen veegde. 'Het was een gift van de Moeder. Nog nooit heb ik een neushoorn van zo dichtbij gezien. Nog nooit heb ik hun kracht zo goed gevoeld. Ze zullen sterke boodschappers zijn.'

'Ik zag een leeuw,' zei Joeni. 'Rennend naast de neushoorn.'

Toek knikte. 'Hun bewegingen lijken op elkaar. Dit zul je bij meer dieren zien. Paarden, rendieren, wolven. Hun rug golft als water, maar alleen als ze echt rennen, als ze al hun kracht gebruiken. Wat zegt dat over onze dromen?'

Joeni had geen idee, en ze had ook geen zin om erover na te denken. Ze was vooral blij dat Toek niets was overkomen.

Dan was ik helemaal alleen geweest. Welk mens is helemaal alleen? Welk mens kan overleven zonder stam, zelfs al bestaat die maar uit twee personen?

De ochtendschemer wekte Toek uit zijn slaap.

'Wat heb je gezien?' vroeg hij, zoals elke ochtend.

'Sterren,' antwoordde Joeni. 'Drie uilen vlogen over. Lemmingen. Een marter. Ik hoorde wolven huilen, maar ze waren ver weg.'

Slechts de helft van wat Joeni zei, was waar. De sterren en de wolven. Maar verder had ze vooral haar beeldje gezien, en het gezicht van Jerrik, terwijl ze klaarwakker naar de donkere nachthemel staarde.

Toek keek haar onderzoekend aan. Wist hij dat ze loog?

'Dat was het?'

'Ja.'

'Hm.'

'Wat wil je dan dat ik zie?' vroeg Joeni, plotseling geërgerd. Ze stond op en begon haar spullen bij elkaar te zoeken. Wat ze kon vinden, smeet ze op de leren lap die als tas diende.

'Iedere ochtend weer. Wat maakt het uit? De maan, de sterren, een paar stomme dieren! Zoals iedere nacht! Hetzelfde als gisteren, en de nacht daarvoor, en de nacht dáárvoor. Hetzelfde als iedere nacht die ooit heeft bestaan! Wat wil je van me? En waar gaan we naartoe? Heb je een plan, of dacht je gewoon rond te blijven zwerven tot je doodgaat, zodat ik je botten ergens kan begraven en je mij aan mijn lot over kunt laten?'

'Moet je niet even naar de val gaan kijken voordat je je spullen inpakt?'

Joeni staarde hem aan met koele ogen.

'Wacht hier.'

En ze stampte weg van het kamp. Ze kwam terug met een lemming in haar hand. Dus toch. Lemming als ontbijt. Het was niet genoeg om er iets van te bewaren, maar het kon slechter.

Al snel was het diertje gevild en schoongemaakt en lag het tussen de kooltjes van het smeulende vuur te garen. Het vet sputterde, en het rook heerlijk.

'Joeni, je weet toch dat Jerrik zelf naar me toe kwam? Dat hij me op het hart drukte mijn Zwijgen te verbreken zodat ik je kon helpen?'

Joeni zweeg en porde met een tak in de kooltjes.

Toek zuchtte. 'Als ik had geweten dat het je zo veel pijn zou doen, had ik het anders gedaan. Geloof me.'

Joeni keek op van het vuur. 'Ik wilde er met je over praten. Maar je kon niets terugzeggen, je kon me geen advies geven. Ik wist vaak niet eens of je luisterde. Dus zei ik maar niets.'

'Ik weet het. Ik weet het nu. Maar ik Zweeg voor jou, Joeni. Daar had Jerrik gelijk in.'

'Waarom zou je jezelf zoiets vreselijks aandoen voor mij?'

'Omdat de stam jóú vreselijke dingen aandeed. Al sinds je moeder werd gestolen en je vader werd gedood, doen we het fout. Ik ook. Ik hield je vast die nacht, ik haalde je uit het zicht.'

Precies zoals ik droomde.

'Iedereen schaamde zich. En jij herinnerde hen voortdurend aan die nacht. Daarom deden ze alsof je onzichtbaar was, in de hoop dat het gevoel weg zou gaan. Niemand had een vinger uitgestoken, niemand had zelfs maar gerechtigheid geëist van de stammoeder van de moordenaar. Uma wilde dat doen, maar Das hield haar tegen.'

'Das?'

'Ik weet niet waarom, maar dat is wat er is gebeurd. Uma is een trotse vrouw, Joeni. Ze wordt niet graag gestuurd, en zeker niet door een man. Die nacht was het Das gelukt, en dat zat haar dwars.'

'Waarom was ze dan niet boos op Das in plaats van op mij?'

En waarom had niemand haar dit eerder verteld? Maar die vraag stelde ze niet hardop. Ze wilde Toeks verhaal niet onderbreken.

Ze haalde de lemming uit de kolen en verdeelde hem. Ze plukte het mooiste vlees als eerste van het bot. Het was sappig. Toek begon aan de achterpoot.

'Het is gemakkelijker om boos te zijn op een meisje dan op een sterke jager. En daarbij, die nacht wist Das haar te overtuigen. Het was ook haar eigen verantwoordelijkheid.'

'Cram was mijn vaders vriend. Waarom deed híj niets?'

Dat had ze zich altijd afgevraagd. Cram was naast Toek de enige die zich nog om haar had bekommerd.

'Omdat... omdat hij het niet heeft zien gebeuren, lieve Joeni. Cram was... ergens anders mee bezig. Hij Verbindt zich nooit, maar hij vermaakt zichzelf en de vrouwen die dat willen altijd uitstekend.'

Toek zuchtte. 'Hij heeft het zichzelf nooit vergeven, en hij nam zich voor jou te helpen waar hij kon. Maar hij kon niet te veel doen, want hij wilde Das en Uma niet kwaad maken. Dat zou ook jou weer raken.'

'Ik ben blij dat hij er was.'

'En hij was blij met jou. Hij is altijd trots op je geweest.'

'Zullen we ze nooit meer zien, Toek? Echt nooit meer?'

Toch weer de oude jas. Er waren ook goede dingen geweest. Die zou ze missen.

'Het spijt me, Joeni. Als Cram en de anderen niet zelf uit zwerven gaan en van Uma's paden afwijken, zullen we hen niet meer ontmoeten.'

Joeni keek naar Toek terwijl hij at. De wonden rond zijn mond waren genezen, maar de koorden hadden grote gaten achtergelaten. Ze kon zijn tanden erdoorheen zien. En de randen bleven zwart van de houtskool die hij er al die tijd in had gewreven.

Maar zijn tanden zijn wit, besefte Joeni. Hij heeft al lang geen dromen getekend.

'Doet het nog pijn?' vroeg ze, in de hoop dat hij meer zou vertellen.

'Nee,' zei hij. 'Het is vooral onhandig. Maar het was het waard. Ik heb veel geleerd. Je weet het vast al, Joeni, maar ook ik stemde in met Uma's plan om jou en Tira kiesbaar te maken. Ik dacht dat het de stam rust zou geven, dat het jou een kans zou geven om gelukkig te worden, en Tira om haar dromen tot hun recht te laten komen. Vlak voor we met de stam naar het zuiden vertrokken ging ik naar jouw luchtgrot, en ik zag dat ik een fout had gemaakt. Weer. Al die krachtige tekeningen... Toen besloot ik mezelf het Zwijgen op te leggen. Het lijden zou me helpen helder te denken, me helpen het goede te doen. Ik dacht dat ik dat deed op de nacht van de Verbinding.'

'Ik was er klaar voor,' zei Joeni. 'Ik begreep Uma's plan, ik wist wat jullie bedacht hadden. Ik was eerst zo boos! Ik wilde bij jou blijven. Maar toen kwam Jerrik. En hij zág me, Toek. Voor het eerst was er iemand die me zag, die me wilde leren kennen. Hij meende het. En dus besloot ik Uma haar zin te geven. Het dromen op te geven, Tira gelukkig te maken. En mezelf. Was dat verkeerd?'

'Nee, dat was het niet. Het was dapper.'

'Ik droom niet meer, Toek. Niets meer.'

Ze verwachtte geschokte stilte, een teleurgestelde blik. Maar zijn woorden waren mild.

'Dat komt doordat je hoofd vol zit met een leven dat niet meer voor jou is weggelegd. Denk je dat ik het niet in de gaten heb als je bij het vuur zit met Jerriks beeldje? Dat ik je zuchten niet hoor, je tranen niet zie? Natuurlijk droom je niet meer. Niet zolang je vasthoudt aan dat leven. Je denkt dat ik me heb vergist, dat je niet de dromer bent die ik denk dat je bent. Maar vertel me. Wat zag je in de zweethut?'

De visioenen kwamen terug met een schok. Ze rilde en kroop in elkaar.

'Ik wil het er niet over hebben.'

'Dat zegt me genoeg. Vond je het niet vreemd dat de anderen nergens last van leken te hebben?'

Zo had Joeni er nog niet over nagedacht. In haar hoofd had iedereen hetzelfde moeten doorstaan als zij. Maar Toek had gelijk. De hitte was zwaar geweest, maar de andere meisjes waren al heel snel weer buiten. En Tira... zij had Joeni geholpen. Had zelfs Tira niets gezien?

'Eerst ging het wel,' begon ze. 'Ik hield het tegen. Maar dat lukte me niet lang. Het begon rustig, en ik zag de paardenkudde, de moedergrot. Toen kwamen de trommels. Ze waren zo hard dat mijn hoofd uit elkaar leek te spatten. Ik gilde, en Tira haalde me eruit. Maar toen... toen werd ze de leeuwenman. Hij bloedde en viel weg, steeds verder, en ik kon hem niet meer aanraken.'

'De leeuwenman?'

'Ik heb je nooit over hem verteld. Hij was altijd in mijn dromen, maar ik raakte hem kwijt.'

'Ga door.'

'Toen werd ik het land, en de kuddes dronken me leeg. En vervolgens was er de mammoet. Hij achtervolgde me als ik rende, maar als ik stilstond, kwam hij bij me staan en kon ik hem aanraken. Ik huilde. En toen... het beeldje.'

Op een of andere manier had ze het beeldje opgepakt, het lag in haar hand. Ze keek ernaar en wreef erover met haar duim.

'Ik hield het beeldje tegen me aan, maar het zakte in me weg, en daar groeide het, tot het groter was dan ik! Het vulde me, ik was van steen vanbinnen, Toek, van steen...'

Een huivering trok langs haar ruggengraat. Het was vreselijk geweest. Zo vreselijk dat ze ervan had moeten overgeven. Ze herinnerde het zich nu weer. Waarom was ze dit alles zo gemakkelijk vergeten? Hoe had ze kunnen geloven dat ze het dromen zo gemakkelijk achter zich had kunnen laten?

'Jerrik had gelijk,' zei ze. 'En hij deed het voor mij.'

'Hij vertelde me dat je jezelf gevaarlijk vond. Dat je een gevaar was voor de mensen om je heen. Ik heb dat tegen je gezegd. Het is mijn schuld. Alles is mijn schuld. Ik verdien deze gaten. Ik had nooit naar Uma moeten gaan met jouw mammoetdroom.'

'Ik heb je niet alles verteld,' gaf Joeni toe. 'De leeuwenman was ook in die droom. Ik volgde het hert, maar het was de leeuwenman die me de mammoeten aanwees. Wat betekent dat? Ik heb geprobeerd het hem te vragen, maar hij antwoordt niet. En nu is hij weg...'

'De leeuwenman is belangrijk,' zei Toek bedachtzaam. 'Al weet ik nog niet op welke manier. Het wordt tijd dat we een woongrot vinden. Luchtgrotten, een moedergrot. Ik had geen plan, ik zal het je eerlijk zeggen. Ik wist niet wat ik met je aan moest. Maar nu begrijp ik het. Het is tijd dat je een echte dromer wordt.'

'Maar ik zeg toch dat ik niet meer droom! Niets!'

'Je weet wat je moet doen, je wilt het alleen niet toegeven. Dat is niet erg, we hebben tijd. Totdat we een goede plek hebben gevonden om te wonen. Dan moet je er klaar voor zijn.'

'Kunnen we... Gaan we terug naar onze oude woongrot?'

Toek beet op zijn onderlip. 'We zijn verbannen, we mogen daar niet meer komen. En bovendien is die grot te groot voor ons twee. Het is er niet veilig. Misschien kunnen we een andere kant op. Dichter bij de plek waar ik ben opgegroeid, in een vallei die zo breed is dat je de overkant niet kunt zien. Het is er goed jagen, en er zijn veel woongrotten. Ik ben benieuwd of ik de moedergrot nog kan terugvinden...'

Nadat de laatste botjes van de lemming door het vuur waren verzwolgen, pakten ze hun spullen en hesen ze hun draagtassen en waterzakken op hun rug. Alles voelde lichter. Het sjouwen, het lopen, het land, de lucht. Behalve het beeldje. Dat woog zwaarder dan ooit, trok Joeni's jas naar beneden, liet haar krom lopen. Ze haalde het uit haar jas en borg het op bij haar gereedschappen. Toen rechtte ze haar rug en snoof de lentelucht op. Fris, maar met de belofte van zon en groen. De zomer lag voor hen. Dit was de beste tijd om te reizen, een nieuwe plek te zoeken. Toek had gelijk. Ze wist wat ze moest doen.

Jerriks beeldje lag voor Joeni's voeten op een platte steen, dicht bij de restanten van het vuur van gisteravond. De rode oker die buik, hoofd en borsten van het figuurtje kleurde, glom in het ochtendlicht. De ronde steen naast het beeldje had Joeni die ochtend nog rood gekleurd, met oker uit Toeks voorraad. Toek zat aan de andere kant van het vuur zachtjes te zingen terwijl hij het ritme op zijn bovenbeen sloeg. De kralen op zijn mouw tikten mee.

Als Joeni haar ogen dichtdeed, zag ze zichzelf, naakt bij de rivier, het beeldje in haar hand. Alle anderen waren weg, en Jerrik stond tegenover haar. Hij glimlachte zijn onweerstaanbare glimlach en keek haar aan met een blik vol verwachting, vol liefde.

'Het spijt me,' zei Joeni, en Jerrik verdween, loste op als een ademwolk in de nachtlucht. Ze opende haar ogen, keek naar Toek en toen naar het beeldje. Het was tijd.

Ze pakte de ronde steen in haar rechterhand, voelde het gewicht, zocht de beste grip. Met haar andere hand hield ze het beeldje vast bij het hoofd. Haar hand zweette en de steen begon glad aan te voelen. De oker veranderde langzaam in klei door de warmte van haar hand. Het moest nu.

Niet bang zijn. Eén klap is genoeg. Eén rake klap.

Ze hield haar adem in, zette zich schrap. Toen liet ze de steen met al haar kracht op het beeldje neerkomen. De schok schoot samen met een pijnscheut door haar arm en de klap liet haar oren suizen. Ze keek naar beneden. Het beeldje was onbeschadigd, op één plekje na, een putje net onder de borsten. Tranen sprongen in Joeni's ogen. Wat als dit een verkeerde beslissing was? Wat als dit een boodschap van de Moeder was?

'Toek...'

'Nog eens.'

De tranen vertroebelden haar zicht en Joeni veegde over haar ogen. Ze kón dit. Dit was wat er moest gebeuren. De enige manier om haar dromen terug te krijgen. De enige manier om haar leven opnieuw te beginnen, was het leven dat ze nooit zou leiden los te laten.

Ze veegde haar hand af aan haar broek. Rode vegen bleven achter op het leer.

Concentreer je.

Ze liet alle lucht uit haar longen ontsnappen, spande haar spieren aan en liet de steen nogmaals neerkomen. Het was alsof haar hoofd uit elkaar spatte in plaats van de steen. Maar toen ze haar ogen weer opende, lag het beeldje in twee stukken. Het bovenlijf was van het onderlijf gescheiden. Een kille, scherpe breuk, onomkeerbaar.

'Het is gedaan,' sprak Toek. Hij reikte haar houtskool aan.

Zwart. De kleur van as, van verlaten vuren. De kleur van de dood.

Toek begon weer te zingen, en Joeni haalde de houtskool over de stukken van het beeldje. Alles wat rood was, alles wat het levend maakte, bedekte ze met zwart.

In gedachten zag ze Jerrik, op jacht met zijn groep. Hij liep steeds langzamer, tot hij achterbleef. Hij keek achterom, maar er was niets te zien. Had hij het gevoeld? Had hij gemerkt dat Joeni zich van hem los had gemaakt?

'Aan de Moeder geef ik nu dit nooit geleefde leven terug. En ik dank Haar dat de mogelijkheid me gegeven is.'

Joeni bedekte de stukken van het beeldje met de stenen die het hadden gebroken en legde alles midden in de afgekoelde haard. Ze schepte wat as in haar handen en liet die over de stenen vallen. Ook Toek pakte een hand as, die hij langzaam tussen zijn vingers liet ontsnappen. Een deel ervan werd opgepikt door de wind en meegevoerd, op weg naar onbekende plaatsen.

Net als wij, dacht Joeni, we gaan waar de wind ons voert. We zijn vrij.

Vrij.

'Je voelt het,' zei Toek.

Joeni knikte. 'Ik weet niet of ik moet lachen of huilen.'

Toek glimlachte. 'Doe het allebei. Wat Uma ook zegt, tranen zijn niet alleen voor de dood. En ook niet alleen voor verdriet. De Moeder is blij met tranen. Ze laten Haar zien dat we dingen voelen.'

Hij stond op en strekte zijn rug. Toen sloot hij zijn ogen en snoof.

'We zijn niet ver meer van waar we moeten zijn, Joeni. Ik kan het ruiken.'

De grijsgroene vlakte was leeg. Het was windstil, en als ze omhoogkeek, zag ze een eindeloze blauwe lucht. Om haar heen strekte het land zich aan alle kanten uit tot aan de horizon.

'Hallo?' riep Joeni. Haar stem ging nergens heen, viel neer aan haar voeten. Ze zette haar handen aan haar mond en riep nog een keer: 'HALLO?'

Het woord bleef hangen in haar keel. De stilte drukte tegen haar oren alsof die langzaamaan de plek van de lucht innam. Ze stikte. Ze ging dood. Ze zakte door haar knieën, hapte wanhopig naar adem, met een bonzend hoofd en haar oren vol scherpe steken.

'Leeuwenman,' zei ze schor. 'Leeuwenman, help me.'

'Hier ben ik.'

Meteen was de druk verdwenen. Ze zoog haar longen vol, zo snel dat ze begon te hoesten. Wankelend stond ze op en ze viel bijna om, maar een sterke hand greep haar bovenarm en hield haar overeind. Zijn leeuwenkop was zoals ze die kende: glanzende, goudbruine vacht, gele ogen, de lippen zwart en de tanden blinkend wit. Maar er was iets anders, iets schokkend anders.

'Je praat,' zei Joeni.

'Jij ook.' Zijn stem was niet zoals ze had gedacht. Maar wat had ze dan verwacht? Grommen? Brullen?

'Ik dacht dat je weg was,' zei ze, 'sinds die ene nacht. Je bloedde.'

'Ik weet het,' antwoordde de leeuwenman. 'Maar nu ben ik terug. Je hebt me weer binnengelaten.'

'Deed… deed het pijn?'

Ze hoorde zijn adem ontsnappen uit zijn neusgaten. Zijn blik leek even ver weg.

'Ja.'

'Het spijt me.'

'Dat hoeft niet. Ik weet wat pijn is. Ik schud zijn hand als een oude vriend.'

'Ik heb je gemist.'

'Dat is goed.'

'Waar ben ik?'

De leeuwenman keek om zich heen, alsof hij de omgeving ook voor het eerst zag.

'Herken je het niet?'

Een zweem van een glimlach speelde rond zijn roofdierlippen, maar het was moeilijk te zien.

'Kijk maar.'

Joeni maakte haar blik los van de leeuwenman en keek. De vlakte die zojuist nog leeg en kaal was geweest, wemelde nu van het leven. De paarden, haar paarden, galoppeerden in de verte. Een windvlaag liet haar haren opwaaien. De wind was terug! De rendierkudde graasde achter haar, silhouetten van mammoeten bewogen aan de horizon. Een buizerd gleed langs hun hoofd, een vos besprong zijn prooi. Zelfs de kleinste dieren waren teruggekeerd, patrijzen en marters, spitsmuizen en lemmingen. Haar vlakte was weer tot leven gekomen. En de leeuwenman was verdwenen. Maar dat was niet erg. Joeni had haar dromen terug.

'Ik had niet anders verwacht,' zei Toek toen ze hem die ochtend over haar droom vertelde. Het was de tweede nacht in hun nieuwe woongrot. De tiende nacht sinds ze Jerriks beeldje had gebroken.

De eerste dagen was Joeni ongerust geweest. Alles voelde beter, maar de dromen kwamen niet terug.

'Geduld,' had Toek steeds gezegd, maar dat was gemakkelijk voor hem. Hij voelde zich niet zo leeg als zij.

'Wat kan ik nog meer doen?' had ze wanhopig gevraagd. 'Was de klap op het beeldje soms niet hard genoeg?'

Toek had haar aangekeken met de blik die zei dat hij niet onder de indruk was.

'Hoe vaak denk je nog aan Jerrik?'

Ze had gebloosd en had niet geantwoord. Hij had haar door. Maar het werd minder. Heus.

Ze waren doorgelopen over de vlakte tot ze op de rand van een klif stonden. Toek had gelijk gehad. De vallei was zo breed dat ze de overkant niet konden zien. Een lome rivier liep beneden hen in talloze zijstroompjes, die zich afsplitsten van de hoofdstroom om zich later weer samen te voegen. Toek zuchtte tevreden.

'We zijn er. Hier liggen veel herinneringen. Kom, Joeni. Als ik het goed heb onthouden, is de woongrot net voorbij die bocht.'

Net voorbij de bocht bleek een hele dag reizen te zijn, maar het was het waard. Nog nooit had Joeni in een fijnere woongrot geleefd, droog en knus, beschut maar met een weids uitzicht. Ze moesten een stukje klimmen, en soms, met een volle waterzak op haar rug, vervloekte ze de steile helling. Maar als ze dan op de vlakke richel stapte die zich voor de woongrot uitstrekte, verwonderde ze zich erover dat niemand anders hier was gaan wonen. De vloer zou bezaaid moeten zijn met stoffige botten, afgedankte manden en oude vuurresten. Maar het enige wat ze naar buiten hadden moeten vegen, waren wat oude vogelnesten geweest. Ook Toek begreep het niet, zei hij. En als hij het wel begreep, wilde hij het niet vertellen.

Joeni kroop uit haar slaapplaats en liep naar buiten. Ze trok haar jas wat dichter om zich heen, zodat de kraag haar oren bedekte. De zon was nog niet boven de rotswand achter haar uit gekomen. De lucht en de rotsen waren nog koud en probeerden die kou met Joeni te delen. Ze liep naar de richel en ging zitten, haar benen bungelend over de rand. Het rook hier anders. Anders dan in de woongrot bij de rivier, anders dan in de woongrot van Jerrik en Jaya. Misschien omdat ze hoger zaten.

Van boven af leek de vlakte leeg als de vlakte uit haar droom voordat de leeuwenman weer verschenen was. Maar het was niet echt zo. In de verte klonken vechtende bizons. Het was bijna tijd om een vrouwtje te kiezen, en bizons gingen niet netjes op een rijtje staan. Ze vochten, bonkten hun hoofden tegen elkaar, hijgden en gromden. Maar ze waren te ver weg om het te kunnen zien. Boven Joeni's hoofd ging de laatste uil ervandoor, op zoek naar een plek om zich voor de zon te verstoppen. Er waren geen paarden, rendieren of mammoeten. Toek had gezegd dat ze zouden komen, later in de lente, als het bijna zomer was. Zo herinnerde hij het zich. Maar de rivier glom, marmotten riepen naar elkaar met hun schelle gefluit; de eekhoorns kropen uit hun schuilplaatsen om eten te verzamelen en de vossen hoopten er een te kunnen vangen. Net zoals Joeni dat hoopte. Ze zouden afhankelijk zijn van de kleine jacht en de vis uit de rivier. Maar dat was niet erg.

'Wat zie je?' vroeg Toek, die ongemerkt naast haar was komen zitten.

'Leven,' antwoordde Joeni. 'Hoelang woonde je hier, Toek? Wat zijn die herinneringen waar je het over had?'

'Het is lang geleden,' gaf de oude man toe. 'Ik was nog een kind, een jong kind, toen ik hier voor het eerst kwam.'

'Hier? Maar er heeft hier nooit iemand gewoond!'

Hij keek haar geamuseerd aan.

'Ik weet nog dat jij altijd op onderzoek uit ging in de verlaten woongrotten bij de rivier,' zei hij. 'Je hebt gelijk, dat was anders. Daar lag het vol met afgedankte en vergeten spullen. Maar waarom denk je dat ik je altijd zeg goed om je heen te kijken? Waarom vraag ik je altijd te vertellen wat je hebt gezien? Ze zijn bijna vervaagd, ik geef het toe, maar toen ik een kind was, was de weg hiernaartoe bezaaid met tekens. Kom eens mee.'

Joeni volgde hem naar de ingang van de woongrot.

'Kijk.'

Toek wees op de rotswand, en Joeni moest dichterbij komen voor ze het zag. Ze legde haar vingers naast de zwarte hand, die alleen nog uit doffe schilfers bestond. Toen ze de rest van de rotswand bekeek, zag ze er nog meer. Handen, maar ook lijnen, stippen en kruizen. Ze keek omlaag. Ze waren overal: vervaagde zwarte tekens, onder en boven haar, soms zo hoog dat ze zich afvroeg hoe de tekenaar daar ooit bij had gekund.

'Boze dromen,' mompelde Joeni.

'Precies,' zei Toek. 'Mijn stam volgde de rendierkuddes, en natuurlijk hadden onze verkenners oog voor deze plek toen ze er langskwamen. Maar in die tijd waren de tekens nog vers. Er woonde hier een dromer alleen, Joeni, en niet zomaar een. Een dromer met boze dromen. De stammoeder wist niet hoe snel ze hier voorbij moest gaan. Maar ik, zes of zeven winters jong, kon de tekens niet vergeten. We sloegen ons kamp op in de vallei en de jacht was goed. Na de rendieren kwamen de paarden, en dat jaar kregen we zelfs een mammoet te pakken. Ach, wat een jacht was dat! De wolven in de buurt huilden, maar ze durfden niet dichterbij te komen. Het was ónze buit. De stam was hier gelukkig en vergat de eenzame dromer al snel. Maar ik niet. Ze was niet ver weg. Dus op een nacht sloop ik het kamp uit en ging terug naar de tekens. Ik volgde ze omhoog en kwam hier uit, waar wij nu staan. Er brandde een vuur bij de ingang.'

'De dromer.'

Toek knikte.

'Ze zat bij het vuur en zei niets, terwijl ze me allang had horen aankomen. Zelfs toen ik in het licht gestapt was, met bonkend hart, zei ze niets. Ik durfde bij haar te gaan zitten. De hele nacht zaten we in stilte, totdat ze opstond, zich omdraaide en in de grot verdween. Ik was voor zonsopkomst terug bij mijn stam, niemand had gemerkt dat ik weg was. Ik denk dat dat het moment was waarop mijn dromen begonnen.'

'Daarvoor niet?'

'Ik kan het me niet herinneren,' antwoordde Toek, 'maar wat daarna kwam weet ik nog wel. Mijn eerste droom ging over een berggeit, ik weet het nog goed. Een trots, zwart silhouet tegen het licht van de opkomende zon, zijn lange hoorns scherp en geribbeld. De volgende nacht ging ik weer naar de dromer en vertelde haar wat ik had gezien. Nog steeds zei ze niets. Maar ik bleef komen. Op een nacht knikte ze naar me, en toen begon ze te praten. Zij heeft me alles geleerd. Toen het tijd was voor mijn stam om te gaan, bleef ik achter. Ze waren er niet blij mee, maar de keuze was aan mij.'

'Hoelang was je hier?' vroeg Joeni zacht.

'Tot ze stierf. Ik zorgde voor haar lichaam. Ze ligt niet ver van hier, onder een overhangende richel. Als de dieren haar met rust hebben gelaten.

Ik heb mijn best gedaan. Daarna heb ik de grot uitgemest. Ik wilde al haar sporen uitwissen voor ik vertrok, want ik wilde geen dromer alleen worden zoals zij. Ik wilde een stam. En ik vond de stam van Uma.'

'Hoe heette ze?'

Joeni keek wat ongemakkelijk in de richting van de plek waar Toek de dromer had achtergelaten. Wat als de boze dromen er nog steeds waren? Ze zou zich beter voelen als ze de dromer bij haar naam kon noemen.

'Dat heeft ze me nooit verteld,' zei Toek. 'Maar ik noemde haar Mam. Geen zorgen, Joeni. Haar tekens zijn zo goed als weg. Ze droomt niet meer. Anders had ik haar al wel ontmoet.'

'Wat gaat er nu gebeuren?' vroeg Joeni. 'Wat gaan we doen?'

'Nu,' zei Toek, 'ga ik je leren dromen.'

13

'Zie je deze lijn? Denk aan een vis die dicht onder het wateroppervlak zwemt. Zijn rugvin laat tekens achter in het water. Zoals deze.'

Toek schilderde kortere streepjes aan de middelste lijn vast, tegenover elkaar. Ze staken wat naar achteren, als bij een vogel in glijvlucht.

'Zo laat je zien dat de droom snel was, dat het dier wegsprong of zomaar verdween. Dat kan iets betekenen. Het is goed om dat te laten zien, en het zorgt er ook voor dat je het je beter herinnert. Voor als je later twijfelt aan je droom, of wilt weten of twee dromen met elkaar te maken hebben.'

Ze zaten buiten terwijl de ondergaande zon zijn oranjeroze licht op de rotsen wierp en lange schaduwen maakte van de gleuven en richels die de wand tekenden. Toeks vloeiende lijn leek in zo'n schaduw op te lossen, langzaam maar onvermijdelijk opgeslokt door het duister. In de ochtend zou hij er weer zijn.

'De tekens zijn belangrijk,' ging Toek verder. 'Sommige zeggen iets over de snelheid van een droom, of de kleur of het tijdstip van de dag. Andere geven aan of er verdriet in de droom was, macht, liefde of boosheid. Ze zijn krachtig. Iedereen zal ze min of meer herkennen. Jij herkende de tekens van Mam, voor boosheid, leegte, verdriet, zonder dat ik je over hun betekenis vertelde.'

'Mijn dromen zijn altijd vol angst,' zei Joeni. 'Behalve als de leeuwenman er is. Maar soms ook dan.'

Ze herinnerde zich de droom waarin ze de klif had beklommen en de leeuwenman haar niet had geholpen terwijl hij zo dichtbij was. Hij had haar laten vallen, de eindeloze diepte in. Ze sloot haar ogen en liet haar adem langzaam ontsnappen.

'Je lijkt op haar,' zei Toek. 'Misschien dat ik ons daarom hierheen heb geleid.'

'Maar... wat betekent dat?'

Zou zij ook hier eindigen als dromer alleen, wanneer Toek weg was? Zou zij ook mensen afschrikken met haar zwarte tekens? Altijd bang zijn, boos en verdrietig?

'Wees niet ongerust, Joeni. Mam was een wijze, geduldige lerares. Ze was niet zoals haar dromen, die haar ongerust maakten, zoals ze jou ongerust maken. Dat hoeft niet slecht te zijn. Zij koos haar pad, jij kiest het jouwe.'

'Zijn jouw dromen nooit angstig, Toek?'

Ze keek naar hem op. Zijn tanden en lippen waren weer rood, zoals het hoorde, en de randen rond de gaten bij zijn mond dus ook. Op een of andere manier zag het er vriendelijker uit. Hij glimlachte.

'Bijna nooit,' zei hij. 'Het kan ook zijn dat ik de angst in mijn dromen gewoon niet herken. Misschien heb ik nooit echte angst ervaren. Jij bent altijd een jager geweest, Joeni. Je zult bang zijn geweest. En natuurlijk die ene nacht... Vergeet niet wat je als meisje zag. Jij weet heel goed wat angst is. Het is een krachtige boodschapper. De Moeder zal altijd proberen je te bereiken met gevoelens die indruk op je maakten, die je onthouden hebt.'

'Ik wilde dat dat vrolijkheid was.'

Toek lachte. 'Stel je voor! Je zou gek worden. Neem dat maar van mij aan.'

Hij legde een hand op haar knie en ving haar blik met zijn ogen, die nog feller blauw leken nu hij ze met zwart had omrand.

'Vecht niet tegen wie je bent. Dan ben je te druk met jezelf om de boodschappen van de Moeder te horen. Misschien is het tijd.'

'Tijd waarvoor?'

'Om je hand in de moedergrot te zetten. Ik heb het uitgesteld, want de moedergrot hier maakt me bang. Mam had angstaanjagende dromen en als die tot leven komen... Maar het is tijd. Morgen. We hebben fakkels nodig, hout, je vuurstok. We zullen een behoorlijk eind moeten lopen en daarna wacht ons een lastige klim. Ga naar beneden nu het nog licht is, en verzamel het hout. Ik zal de verf voorbereiden en al het andere dat nodig is. Je bent een dromer. Het is tijd dat mensen dat kunnen zien.'

Joeni reikte naar achteren, zo ver ze kon.

'Toek! Pak mijn hand!' riep ze, maar hij gleed weg. Het losse puin onder zijn voeten rolde naar beneden en hij verdween met een kreet in een stofwolk.

'Niets aan de hand.'

Ze slaakte een zucht van opluchting en liet zich voorzichtig omlaag glijden langs de helling tot ze bij hem was.

'Ogen dicht! Ik kom eraan!' waarschuwde ze hem. Het stof trok meestal snel op, maar het deed toch pijn aan je ogen.

'Hier, pak mijn hand.'

'Nee, het gaat al.'

Toeks gerimpelde gezicht was wit van het stof, een masker van vergruisd steen. Het paste wel bij hem.

'We gaan er komen,' zei hij terwijl hij opkrabbelde en zijn evenwicht zocht. 'Het moet ook niet te gemakkelijk zijn.'

'Pff, Toek.'

Joeni verdeelde haar bepakking wat beter op haar rug en begon weer te klimmen. De helling was verraderlijk. Ze waren om de beurt al twee keer naar beneden gegleden. Ze klommen en kropen op handen en voeten.

Als ons gestuntel nu maar geen leeuwen lokt.

Eén keer dacht ze dat ze gebrul hoorde in de verte, maar ze had geen leeuwen kunnen ontdekken en had daarna ook niets meer gehoord. Misschien was het niets geweest. Maar de gedachte aan de leeuwen bleef bij haar, en ze bleef achteromkijken, wat haar meer dan eens haar evenwicht deed verliezen.

Ze waren bestoft en bezweet toen ze eindelijk boven kwamen. Joeni's keel was droog en ze nieste.

'We zijn er,' hijgde ze.

Toek deed zijn tas af en leunde met zijn rug tegen een rotswand. Joeni legde haar hand erop. Hij was stevig en stabiel.

'En nu,' zei Toek, 'gaan we naar binnen.'

Joeni keek om zich heen. 'Waar?'

Er was geen ingang te bekennen.

'Hier.' En hij stak zijn hand in een brede spleet. Hij verdween in het duister.

'Moeten we dáárdoorheen? Dat kan toch niet!'

De spleet was net breed genoeg voor een kind.

'Je bent geen zeven meer, Toek!'

'Het kan. Ik heb het Mam zien doen. Het kostte haar wat moeite, maar het lukte. En dun was ze zeker niet. Kom op, Joeni! Uit die jas.'

Met een grom liet ze haar bagage van zich af glijden en schudde zich uit haar warme jas. De wind nam meteen wraak en koelde haar bezwete huid sneller af dan een duik in de rivier zou doen. Het hemd dat ze aanhad, was niet genoeg.

'Binnen is het beter,' zei Toek, die onder zijn jas helemaal niets aan bleek te hebben. Hij legde wat stenen op de stapel bont, zodat hun kleren niet wegwaaiden.

'Ik ga wel eerst,' zei hij. 'Dan de spullen. En dan jij.'

Joeni keek toe hoe Toek voor de spleet ging liggen en zijn hoofd erin stak. Hij draaide zijn schouders en tot Joeni's verbazing verdwenen die moeiteloos. Zijn achterste was wat lastiger, maar ook dat lukte uiteindelijk. En toen was hij verdwenen.

'De spullen, Joeni!' klonk Toeks stem gedempt uit de opening. 'Eerst de mijne.'

Joeni kroop naar voren, zocht Toeks buidels en duwde ze voorzichtig door de opening. Ze voelde dat Toek ze aan de andere kant aannam.

'Nu het eten. De fakkels als laatste. En dan jij.'

Een voor een verdwenen de pakken het donker in. Joeni keek naar de gapende wond in de huid van de rots.

Daar gaan we dan.

Ze probeerde Toek te imiteren, met haar hoofd eerst. Ze schuurde met haar voorhoofd langs de steen en verrekte een spier in haar nek door de vreemde hoek waarin ze die moest draaien.

'Toek, help!'

'Nee.' Zijn stem klonk van dichtbij. 'Je moet het alleen doen. Als ik aan je ga trekken, kom je vast te zitten. Niet te snel gaan. Ik heb dit eerder gedaan, ik wist nog hoe het moest. Draai je schouders schuin opzij, dat werkt het beste.'

Hij had makkelijk praten. Ze schoof, wrong en wrikte. Het zweet brak haar uit, haar ademhaling werd snel en oppervlakkig.

'Rustig, Joeni, rustig!'

'Het gaat niet!'

'Kalm.' Toeks hand lag op haar hoofd. 'Adem uit. Maak jezelf klein. Nu, je linkerschouder omhoog, je rechterschouder omlaag. Laat ze hangen. Zo ja.'

En opeens stond ze binnen.

'Dank je,' zei ze opgelucht.

Toek had al een brandende fakkel in zijn hand, maar nu Joeni niet langer de ingang blokkeerde, was het daglicht dat binnen viel genoeg om de ruimte te kunnen zien. Die was smal maar hoog, met rijen druipstenen aan het plafond, die groen waren uitgeslagen. Het rook muf en vochtig. Er was een smalle opening naar achteren, gelukkig niet zo smal als die waar ze net doorheen waren gekropen. Ernaast waren rode stippen geverfd.

Toek glimlachte. 'Kom. Ik zal je laten zien waarom deze moedergrot zo bijzonder is. Gaat het?'

'Ja,' zei Joeni, en ze hees haar bepakking op haar rug.

Toek lachte. 'Dat zul je niet lang volhouden,' zei hij.

Na tien stappen moesten ze kruipen.

Toek ging eerst. Liggend op zijn buik schoof hij de fakkel voor zich uit, hij kon de vlam net boven de grond houden. Hij liet Joeni in het donker achter. Het daglicht was niet meer dan een grijze gloed. Maar het was beter dan niets. Ze herinnerde zich de moedergrot bij de rivier. De moedergrot met de beer... Beren zouden hier in ieder geval niet zijn! Heel even stelde ze zich voor hoe een beer zijn jas uit zou trekken en zich naakt door de spleet zou worstelen. Ze grinnikte.

'Kom, Joeni!'

Het schijnsel van Toeks fakkel wierp oranje licht en bewegende schaduwen in de gang waar ze doorheen moest. Scherpe randen leken nog scherper, en Joeni vroeg zich af of Toek bloedend tevoorschijn was gekomen. Ze haalde diep adem en liet zich op de grond zakken.

Het was krap. Heel krap. Ze duwde de tas met fakkels voor zich uit, samen met de buidels met eten en gedroogde mest, terwijl ze zichzelf met haar ellebogen vooruitschoof. Haar knieën schraapten langs de wanden, haar vlechten bleven hangen in de scheuren boven haar hoofd, haar kin schuurde over de grond. En boven haar, naast haar, onder haar was alleen maar steen. Koele, zwarte, onwrikbare rots. Waar had Toek haar naartoe gebracht? Ze kon zich nauwelijks bewegen! Ze kwam niet vooruit! Ze kneep haar ogen stijf dicht en zag sterretjes.

Er is niets om bang voor te zijn, helemaal niets.

Toek kon het, dus zij ook. Het schijnsel van de fakkel werd sterker. Ze moest vooruitgaan, gewoon vooruit. Langzaam kwam Joeni weer in beweging. Het ging moeizaam. Het leer van de tassen bleef haken, alsof het niet wilde, alsof het haar tegenwerkte.

'Toe nou!' gromde ze. Ze voelde het zweet prikken op haar huid en in haar ogen. Wanneer was dit voorbij?

Even leek het alsof ze voor altijd in deze tunnel gevangen zou blijven, maar toen voelde ze dat Toek de fakkels en de tassen pakte. Ze gleden bij haar vandaan als water en van opluchting liet ze haar voorhoofd op de grond zakken.

'Je bent er bijna,' zei Toek.

'Eindelijk.'

Met een laatste krachtsinspanning duwde ze zich uit de tunnel. Wankelend kwam ze overeind.

'Misschien ben ik toch niet gemaakt voor–'

De klank van haar stem deed haar zwijgen. Toek had zijn fakkel zo ver mogelijk omhooggestoken. Zijn hoofd lag in zijn nek en hij had een glimlach op zijn gezicht. Joeni volgde zijn blik en kon alleen maar staren. Haar stem echode nog steeds, weerkaatst door de rotswanden die zich boven haar uitstrekten, verder en verder, tot zelfs het licht van de fakkel ze niet meer bereikte en ze verdwenen in het niets. De rots flonkerde. Ontelbare schitteringen bewogen op het ritme van de vlam in Toeks hand. Joeni had nooit zoiets gezien, zelfs niet in haar dromen.

'Kom,' zei Toek, en de grot liet het woord talloze keren weerklinken, alsof de wanden hen zachtjes lokten.

'Kijk, mijn nieuwe vrienden,' fluisterde Toek, en hij hield zijn fakkel op ooghoogte en dicht bij de wand. Een zwarte neushoorn gooide zijn hoofd achterover, hoorn in de lucht. Rode lijnen en stippen waren aan één kant naast de neushoorn geschilderd. Joeni volgde ze met een vinger.

Kracht. Een langzame droom. Zomer, wind.

Plotseling brieste het dier zo oorverdovend hard dat Joeni een kreet slaakte. Haar stem mengde zich met de stem van de neushoorn.

'Hoe...?'

Toek lachte. Hij bracht zijn gezicht naar de neushoorn, zette zijn hand aan zijn mond en begon te piepen, te snuiven en te grommen, steeds harder, tot het leek alsof de neushoorn hier in de grot rondrende, tot in het duister waar ze niets meer konden zien. Joeni keek omhoog en draaide rond en rond. Ze probeerde het geluid te volgen, maar het was overal.

'Dit wil ik leren,' zei ze toen de stilte terugkeerde en de neushoorn weer tot rust kwam.

'Ik ben nooit ergens geweest waar dit beter werkt dan hier,' zei hij. 'Jij kunt het ook. Doe een poging.'

'Ik droom niet over neushoorns,' zei Joeni terwijl ze rondkeek. 'Welke dieren zijn er nog meer?'

'Je favoriet,' zei Toek. Hij liep naar de andere kant.

'Ik dacht dat ze hier was... Ja! Hier.'

Joeni keek over zijn schouder. Het was een paard, een rode merrie, en ze herkende Toeks hand erin.

'Hoe oud was je toen je haar schilderde?'

'Ik denk dat ik veertien winters had gezien. Ik was al behoorlijk lang bij Mam, maar had nog nooit van paarden gedroomd. Dit was de eerste keer. Het is lang geleden dat ik deze merrie zag.'

Hij streek langs de lijnen van het hoofd en over de flanken die een schaduw van de rotswand waren.

'Zou je ze nooit echt willen aanraken, de dieren?' vroeg Joeni. 'Ik wel.'

Toek glimlachte. 'Natuurlijk. Maar ik denk niet dat wij mensen ooit zo dicht bij ze kunnen komen, behalve als ze ziek of dood zijn. Laat haar tot leven komen, Joeni.'

Joeni boog naar het paard toe terwijl Toek haar aanwijzingen gaf.

'Je stem moet hier terechtkomen,' wees hij. 'Geef richting met je hand, zoals ik net deed bij de neushoorn.'

Een paard, dacht Joeni, hoe klinkt een paard?

Voorzichtig begon ze, zachtjes snuivend. Zelfs dat geluid zong al door de grot, als van een paard dat rustig in de rondte draafde. Het was niet moeilijk om zich de geluiden van de kudde te herinneren, maar wel om ze na te doen. Maar na een paar keer proberen hinnikte de merrie alsof ze nooit anders had gedaan. Toek was op de grond gaan zitten, de fakkel in beide handen, zijn ogen gesloten. Ze maakte een kudde, die rond haar galoppeerde zoals in haar dromen; ze gooiden hun hoofd in de nek en briesten met wijde neusgaten. Zelfs toen ze was gestopt en naast Toek was gaan zitten, rende de kudde nog door, rond en rond tot die langzaam in de verte verdween.

Toek opende zijn ogen. 'Kom. We gaan verder. We zijn nog niet waar we moeten zijn.'

'Zijn er nog meer van die nauwe gangen?' vroeg Joeni.

'Wees gerust. We hebben het ergste gehad.'

Zo krap als eerder waren de doorgangen niet meer, maar ruim waren ze ook niet. Ze schoven en duwden zich erdoorheen, tot Joeni zeker wist dat ze overal schaafwonden had.

Smalle en brede wisselden elkaar af, en toen was daar ineens weer een grote ruimte: leeg en donker, gevuld met zand dat omhoogliep tot hun hoofd het plafond raakte.

'Hier,' zei Toek. 'Dit is de plek.'

Hij stak de fakkel, de tweede alweer, in het zand, en zocht langs de hobbelige rotswand, die hier lang niet zo glinsterde als in de kamer met de echo's.

'Ah,' riep hij na een tijdje. 'Hier! Kijk hoe jong ik nog was.'

Hij legde zijn hand naast de handafdruk op de wand. De afdruk was een stuk kleiner.

'Rood,' zei Joeni.

'Ja. Ik ben niet goed met zwarte dromen. Dus ik verdien die hand niet.'

'Rood is beter.'

Een onrustig gevoel borrelde op in Joeni. Rood of zwart? Ze kon het wel raden. Wat zei dat over haar?

'Nee. Een handafdruk is geen droom die je tekent, het is een belofte aan de Moeder,' antwoordde Toek. 'Rood en zwart houden elkaar in balans. De beste dromers zetten een rode én een zwarte hand in de moedergrot. Na mijn verhalen over haar zal het je misschien verbazen dat Mam nu juist dat gedaan heeft. Ze kende de vrolijke kant van het leven, het lachen en de lichtheid. Maar de andere kant paste haar beter. Ze was in beide even goed, maar ze maakte een keuze. Iedereen moet ergens beginnen. Jij ook. Dus sluit je ogen. Maak je hoofd leeg.'

Joeni deed wat Toek haar vroeg, al was haar hoofd nooit leeg. Er waren altijd gedachten, dieren, kleuren, geluiden. Maar ze dacht dat ze wist wat Toek bedoelde.

Rustig ademen, denk nergens aan.

Ze hoorde Toek rommelen in zijn buidel voordat hij bij haar ging staan.

'Ogen dicht. En kies.'

Hij schoof zijn handen onder de hare. Ze waren tot vuisten gebald. In iedere hand een kleur.

'Kies,' drong Toek aan.

Ze haalde diep adem, hield hem vast, en koos links. Toek opende zijn hand en gaf haar een brokje. Ze keek naar beneden. Zwart.

Toek glimlachte. 'Ik wist het.'

Goed. Zwart. Zwart is mijn kleur.

Joeni besloot zich er niet door van de wijs te laten brengen. Het ging eindelijk gebeuren! Ze ging haar hand in de moedergrot zetten! Zodra ze uit de grot zou stappen, zou ze een dromer zijn, herkenbaar voor iedereen die haar zou zien. Geen Verbindingen, nooit meer vechten voor haar plek, geen misverstanden meer. Als ze ooit nog een stam zou vinden.

Ze wist wat ze moest doen. Toek had zijn spullen voor haar klaargezet. Ze liet het klompje zwart in het holle bot vallen en begon het met een dunner bot fijn te stampen. Toek kwam terug met een kommetje water.

'De tranen van de Moeder,' zei hij.

Joeni had het druppen al gehoord. Toek zette het kommetje op de grond, en voorzichtig strooide hij al roerend het zwarte poeder erbij.

Het leek erop dat er geen tijd meer bestond. Toek zou net zo goed een hele dag aan het roeren kunnen zijn geweest als drie tellen. Hij stopte, proefde de verf op zijn lippen, schudde zijn hoofd. Meer poeder, weer roeren. Toen het goed was, leek Joeni wakker te worden uit een droom, alsof ze weg was gezonken in de duisternis, in vlammen, het geluid van Toeks ademhaling en het schuren van bot tegen steen.

Hij raakte lichtjes haar schouder aan en ze volgde hem naar de wand waar zijn hand en die van Mam al stonden.

'Kies,' zei hij. 'Kies een plek. Voel de huid van de Moeder onder je vingers. Dit is het diepste deel van de moedergrot. Je kunt niet dichter bij Haar hart komen dan hier. Hoor je het kloppen? Ik hoorde het soms, als ik hier was. Het kon geruststellend zijn, maar ook angstaanjagend. Het hart van de Moeder. Het hart van alles wat leeft.'

Terwijl Joeni zich langs de rotswand bewoog, haar beide handen op de rots, sloot ze haar ogen en luisterde. In de verte drupte het water. Toeks ademhaling, een beetje rasperig maar rustig. Haar eigen ademhaling, sneller maar dichterbij, in haar oren. En een hartslag. Haar eigen hartslag, snel, wild. Toch? Ze kon zich niet voorstellen dat het hart van de Moeder zo snel kon slaan. Haar hart zou langzaam kloppen, diep, als dat van een mammoet maar dan onvoorstelbaar veel groter, oud en oneindig. Haar vingers schoven over de rots, voelden ieder scheurtje, iedere nis.

Hier.

Ze bleef stilstaan en opende haar ogen. Haar linkerhand paste precies in een deuk in de rots. Hij werd een beetje warm. Hoorde dat?

'Dit is de plek,' zei ze tegen Toek.

'Heel goed.'

Hij kwam naast haar staan. 'Dit moment is tussen de Moeder en jou. Ik ga niets zeggen, niet zingen, niets doen. Het is jouw adem die je geeft, jouw gedachten.'

Hij hield het kommetje met verf omhoog bij haar mond. Joeni dronk. Ze moest zichzelf eraan herinneren om niet te slikken. De smaak liet haar kokhalzen, maar ze hield vol.

Ze deed haar ogen weer open en keek recht vooruit. Haar hand was donker vergeleken met de rots, maar de flakkerende toorts zorgde voor schaduwen die de holte waarin hij lag verduisterden.

Nog meer duister. Ik ben duister. Mijn dromen zijn duister. Maar vanaf nu, Moeder, zal er goeds uit voortkomen. Help me. Ik ben Joeni. Ik geef mijn adem vrijwillig.

En ze spuugde. Korte pufjes, zoals ze van Toek had geleerd. De zwarte spetters kwamen neer op haar hand, lieten haar huid tintelen. Heel even dacht ze aan de droom in Jerriks woongrot, en verwachtte ze het branden, de rookpluimpjes, pijn. Maar de rots bleef heel, en de druppels koelden af op haar hand. Toek liet haar een tweede slok nemen, en weer blies ze de verf op de rots en haar hand, tussen haar vingers, langs haar vingertoppen, langs haar pols. De snelle pufjes maakten haar duizelig. Toen ze opzijkeek naar Toek dacht ze heel even de leeuwenman te zien, zijn grijnzende bek en gele ogen, en haar hart sloeg een slag over. Maar zodra ze met haar ogen knipperde, was de leeuwenman verdwenen en keek Toek haar met een glimlach aan. Hij was trots, ze kon het zien.

En jij, leeuwenman? Ben jij ook trots?

Ze keek weer naar haar hand. Heel voorzichtig en langzaam liet ze hem loskomen van de rots. Ze was een dromer. Ze had haar adem aan de Moeder gegeven. De afdruk van haar hand blonk helderwit tegen het zwart eromheen.

'Zie je?' zei Toek. 'Je brengt juist licht in de duisternis. Geef me je hand.'

Ze stak haar geverfde hand naar hem uit. Hij pakte hem aan en begon de verf uit te wrijven over de rug van haar hand en vingers. Toen drukte hij zijn lippen erop, legde zijn hand in haar nek en gaf haar een kus op haar voorhoofd. Zijn lippen plakten en lieten ongetwijfeld een zwarte afdruk achter.

'Ik zie jou, dromer Joeni,' zei hij. 'Moge de Moeder je wijsheid schenken. Moge Ze mij de wijsheid schenken om je te helpen als Haar boodschap onduidelijk is.'

De vierde fakkel begon te sputteren. Ze hadden er nog maar een.

‘We moeten gaan,’ zei Toek.

Terwijl Joeni haar spullen pakte, keek ze nog één keer achterom naar de rotswand. Daar stond haar hand, háár hand, aan de Moeder gegeven met haar eigen adem. Ze bleef kijken, ook toen ze uit de zaal vertrokken, zo lang mogelijk, tot het duister haar handafdruk verzwolg.

14

Joeni veegde over haar voorhoofd terwijl ze werkte. Ongetwijfeld liet dat een dikke, zwarte streep achter, maar het maakte niet uit. Vóór haar verscheen de droom die ze de afgelopen nacht had gehad: een grommende beer op zijn achterpoten.

De zon liet het bont van haar jas glanzen en scheen fel op de lichte rots. Haar ogen traanden ondanks het zwart dat ze eronder had gesmeerd. Ze had geen idee hoe ze eruitzag, maar het moest wel angstaanjagend zijn. Toek had net zulke strepen onder zijn ogen. Niemand die hen zag, zou naar hen toe komen. Joeni had Mams tekens rond de woongrot vernieuwd en er nog meer toegevoegd. Toek had er wat van zijn rode, vriendelijkere tekens tussen gezet, maar het was duidelijk.

'Blijf weg,' zeiden de tekens. 'Pas op. Gevaar.'

Soms miste Joeni het gezelschap van een stam. Dan wilde ze dat ze andere stemmen zou horen, andere grapjes en verhalen. Maar dit was hoe het moest zijn, voorlopig. Zij en Toek, leerling en dromer, en verder niemand.

Nee, geen leerling. Een dromer. Ik ben een echte dromer.

Het verwonderde haar nog bijna elke dag, en het betekende niet dat ze al uitgeleerd was. Altijd wist Toek haar weer iets nieuws te vertellen over het gebruik van een teken, wees hij haar op verborgen betekenissen in een droom die op het eerste gezicht duidelijk leek, of vertelde hij haar een verhaal dat ze nooit eerder had gehoord. Haar dromen kregen steeds meer leven. Haar tekeningen kleurde ze in met lichte en donkere vegen, of met verf die ze als fijne nevel door een hol botje blies. Ze kregen een huid, zwarte hoeven en hoorns, een vacht. Haar dieren en dromen groeiden.

Langzaam maar zeker kwam de zomer, daarna de winter en Joeni maakte zich zorgen. De woongrot zelf beschermde hen tegen de kou en er was voldoende hout voor vuur, maar was er genoeg te jagen? Hoeveel knaagdieren kwamen er in deze vallei nog uit hun warme, veilige holen als de winterwind over de vlakte waaide? Ze was veel te laat begonnen met het drogen en inmaken van wortels en bladeren. Hadden ze genoeg groen om de winter mee door te komen?

'Het moet kunnen,' zei Toek toen ze haar zorgen met hem deelde. 'Mam heeft hier jaren gewoond, en zij was geen jager.'

'Brachten de mensen haar dan eten?' vroeg Joeni. Hoe ging dat, als dromer zonder stam en zonder leerling?

Toek dacht even na.

'Toen ik haar leerling was, zorgde ik voor haar. Maar voordat ik kwam, woonde ze hier al heel lang. Misschien kreeg ze af en toe een gift, al zullen haar tekens de meeste mensen hebben afgeschrikt. Ze moet zichzelf hebben kunnen redden hier. Wat betekent dat wij het ook kunnen. Toen ik jong was, waren er tijdens de winter genoeg dieren. Maar dat soort dingen kunnen veranderen. Laten we vanaf nu zuinig zijn op wat we hebben.'

Dat was een wijs besluit. Hazen en lemmingen werden gevangen in haar vallen, en de stenen uit haar slinger haalden af en toe een vogel uit de lucht. Maar de dieren waren vaak mager en het waren er lang niet zo veel als in de zomer. Meer dan eens gingen ze met rommelende maag slapen, soms dagen achter elkaar, omdat ze niet wisten wanneer er weer vers vlees te eten zou zijn. Maar ze hielden vol. Het werd lente. En nu was het weer zomer.

Toek werkte aan de andere kant van hun woongrot, maar Joeni kon hem hier horen hoesten. Het was in de late lente begonnen, maar ze had zich geen zorgen gemaakt. Een verkoudheid, meer niet, dacht ze. De winter was moeilijk geweest, zeker voor iemand die al zo oud was als Toek. Maar inmiddels klonk het alsof zijn longen verstopt zaten met snot. Hij rochelde, hijgde en soms hoestte hij bloed op. Hij dacht dat hij het voor Joeni verborgen kon houden, maar ze wist niet waar de donkere vlekken op zijn mouwen anders vandaan moesten komen. Ze herkende bloed als ze het zag.

Ze verlegde haar aandacht naar de beer op de rotswand. Een paar dagen geleden had ze een beer door de vallei zien zwerven, een moeder met haar jong. Toek had haar aangespoord om dichterbij te komen, zodat ze de beer zou leren kennen. Beren waren krachtige boodschappers, misschien wel krachtiger dan neushoorns. Het was goed om ze te bestuderen. Ze was voorzichtig naar beneden gegleden en had de beer benaderd als een jager, tegen de wind in zodat ze haar niet zou ruiken, stilletjes en gebukt. Toen ze niet verder had durven gaan, was ze op haar buik gaan liggen en had de hele ochtend naar de twee gekeken, hoe ze liepen, hoe ze sliepen, hoe ze stoeiden. Natuurlijk had ze daarna van beren gedroomd.

Joeni keek naar de kop van haar beer op de rotswand. Hij zag er gevaarlijk uit. Maar in haar droom had de beer haar niet bedreigd, zij was de beer gewéést. Ze had zich groot en onoverwinnelijk gevoeld, maar ook angstig. Ze had zich zorgen gemaakt over haar jong, op zo'n overweldigende manier dat ze met pijn in haar borst wakker was geworden. Hoe kon zo'n sterk dier tegelijkertijd zo bang zijn? Maar het was een goede droom. Ze wist niet of hij goed genoeg was voor in de moedergrot. Ze zou het later aan Toek vragen.

Nu ze erover nadacht, ze had hem al een hele tijd niet gehoord. Was hij naar binnen gegaan? Ze keek over haar schouder. Het duurde even voor ze begreep wat ze zag.

'Toek!'

Ze liet alles vallen en rende naar hem toe. Hij lag op zijn zij, zijn gezicht bleek, zijn linkerarm in een vreemde hoek onder zijn lijf. Hij moest zomaar in elkaar zijn gezakt.

'Toek, Toek, Toek,' mompelde Joeni terwijl ze hem op zijn rug draaide. 'Laat me niet alleen, alsjeblieft.'

Ze voelde aan zijn borst, luisterde bij zijn mond. Zijn adem kwam piepend. Ze kon wel huilen van opluchting.

Ze schudde aan zijn schouder, riep zijn naam hard in zijn oor, maar hij werd niet wakker. Hij kon hier niet zo blijven liggen. Uiteindelijk sleepte ze hem naar binnen, maakte een vuur en voelde zijn voorhoofd. Het was klam en gloeiend heet.

'Joeni,' zei hij toen. Hij deed zijn ogen open. 'Waar ben ik?'

Meteen liet een hoestbui hem omhoogkomen. Joeni kon niets anders doen dan hem op zijn rug kloppen en zijn hand vasthouden tot het over was. De hand die hij voor zijn mond had gehouden, zat erna onder het bloed. Hij keek haar verontschuldigend aan.

'Ik wist het al,' zei ze. 'Geen zorgen, Toek. Je gaat beter worden. Ik zal voor je zorgen.'

Een zwakke glimlach was alles wat ze terugkreeg. Toek zuchtte en ging weer liggen. Joeni zag een rilling door zijn lijf trekken. Hij had koorts. Ze moest iets doen.

Ze bouwde een zo goed mogelijk vuur, dat lang warmte zou geven zonder dat ze het hoefden bij te houden. Ze greep de spullen die ze nodig had bij elkaar en bond ze in een leren lap rond haar schouder.

Een speer. Ik heb geen speer.

Haar oude speer hadden ze tijdens de winter als brandhout gebruikt. Hij had manenlang tegen de wand van de woongrot gestaan en ze hadden bedacht dat warmte belangrijker was. Het was daarna niet nodig geweest om een nieuwe te maken. Joeni ging nooit ver van de woongrot en de vallei was zo overzichtelijk dat ze voor gevaar kon vluchten. Maar nu moest ze op zoek naar medicijnen. Ze wist welke planten ze moest hebben, maar ze had geen idee of die dicht bij de woongrot groeiden, of verder weg. Misschien moest ze ergens naartoe waar leeuwen waren, hongerige wolven of hyena's. Ze zou onderweg een speer maken.

'Rustig blijven, Toek,' zei ze toen ze op het punt stond om te vertrekken. 'En niet doodgaan. Ik ben zo weer terug.'

Misschien had ze geluk. Misschien groeiden de kruiden die ze nodig had dichterbij dan ze dacht.

Bijna had ze de hoop opgegeven. Bijna had ze terug moeten gaan naar de woongrot zonder medicijnen voor Toek. Maar hier was het dan toch. Joeni liet zich op haar knieën vallen naast de sprietige witte bloemen, die in kluitjes bij elkaar groeiden. Het was niet veel, maar het was genoeg voor de komende dagen.

Dank de Moeder!

Ze plukte alle bloemen voordat de zon helemaal verdwenen was. Maar de terugweg naar de woongrot was lang, en ze had nog steeds geen speer. Er was geen tijd geweest om er een te maken, en de eerste sterren verschenen al in de oranje-blauwe lucht.

Joeni hield haar adem in en luisterde. De wolven zouden nu op jacht gaan. Ze schrok van een marter die voor haar voeten wegsprong, en even later stond haar hart haast stil door een brul die door de vallei klonk. Het was een leeuw, geen twijfel mogelijk, en Joeni wachtte verstijfd af. Zou het hier dan eindigen, zo dicht bij de woongrot en na alles wat ze hadden doorstaan?

Maar het bleef verder stil, op een roepende uil na. Zijn witte veren blonken in het maanlicht terwijl hij door het donker gleed. Ze moest het erop wagen.

Ze rende eerder dan ze liep, ze kon het niet laten. Het gevoel een prooi te zijn, opgejaagd door leeuwen die haar ieder moment konden verscheuren, gaf haar benen kracht. Ze wist niet of het verstandig was, maar ze kon niet anders. Ze bleef zo dicht mogelijk bij de rotsen, vond de tekens en snelde de helling op, naar de veiligheid, naar Toek.

'Toek?' vroeg ze toen ze de woongrot in liep. 'Toek, ben je wakker?'

Hij lag nog op de plek waar ze hem had achtergelaten. Zijn gezicht was nat van het zweet en was vertrokken in een grimas van pijn of angst. Hij mompelde onverstaanbaar.

Ze stookte het vuur op en vulde een kookzak met water. De stenen in de haard waren nog heet, dus het water borrelde al snel. Het handje kruiden dat ze in de zak met kokend water deed, liet de hele woongrot geuren. Het kalmeerde Toek meteen, zijn gezicht ontspande.

Ze sjorde hem wat hoger tegen de wand van de grot, zodat de drank die ze hem voerde niet zijn mond uit zou lopen. Beetje bij beetje liet ze hem van het kruidenmengsel drinken. Tot haar grote opluchting slikte hij het door. Ze dekte Toek warm toe en voelde zijn voorhoofd. Het leek koeler dan eerder, maar ze wist het niet zeker. Ze kon niets anders doen dan afwachten, en hem te eten en te drinken geven. Precies zoals tijdens zijn Zwijgen. Ze zou hem verzorgen en dan zou hij beter worden.

Ze liep naar buiten en staarde naar de hemel. De sterren van de zomer kondigden de lange dagen aan, met een milde lucht. De zomer was een goede tijd om ziek te zijn. Dan was de kans om te overleven het grootst.

Toek knapte op. Op de eerste dag na Joeni's expeditie, toen ze buiten haar nieuwe speer aan het snijden was, riep hij haar. Ze snelde naar binnen en trof hem zittend aan, zijn gezicht bleek en zijn blik moe maar helder.

'Ik ben ziek,' zei hij.

'Ja,' antwoordde Joeni. 'Maar je wordt beter. Hier, drink dit.'

En dat had hij gedaan. Dat was nu dagen geleden. Hij was wakker en praatte, al werd het niet veel beter dan dit. Hij hoestte geen bloed meer op, bedacht Joeni, maar helemaal zeker wist ze het niet, want zijn hoestbuien waren nog steeds hevig. Misschien had hij een betere manier gevonden om het voor haar te verbergen.

Wat ze wel wist, was dat hij geen pogingen deed om op te staan. En de kruiden waren op. Vanochtend had ze hem het laatste mengsel gegeven, getrokken van oude bladeren, bloemen en stengels. Als hij nu niet beter werd, moest ze op pad, nog verder weg, in de hoop een nieuwe plek te vinden waar het stekelige plantje groeide. Het goede nieuws was dat ze dit keer een speer had. Ze hield hem voor zich uit en keek er met één oog langs. Hij kon nog rechter.

Dezelfde nacht kwamen Toeks rillingen terug, zo hevig dat Joeni een stuk leer in zijn mond moest doen om te voorkomen dat hij op zijn eigen tong beet. Zonder medicijn zou hij het niet lang volhouden.

Waarom toch, Toek? Waarom moest je ziek worden?

Misschien, als ze de andere kant op ging, zou ze niet verder hoeven lopen dan de vorige keer. Er was een kans. Meer kans dan ze zou hebben als ze terugkeerde naar de plek waar ze eerder was geweest. Dan zou ze niet in een dag terug zijn en zo lang kon hij niet zonder haar. Zonder water, zonder eten. Ze moest zo snel mogelijk vertrekken.

'Toek,' zei ze terwijl ze over zijn voorhoofd streek. 'Ik moet je alleen laten. Je hebt medicijnen nodig. Maar ik kom terug. Begrijp je me, Toek?'

Hij zei niets. Ze haalde het leer uit zijn mond. De kracht van zijn rillingen had er de afdrukken van zijn kiezen in achtergelaten.

'Hou vol,' fluisterde Joeni toen ze de woongrot verliet. Dit keer had ze een speer. De leeuwen zouden haar niet te pakken krijgen.

Het maanlicht had de wereld teruggebracht tot een kleurenpalet van grijs, blauw en zwart. Het maakte het zoeken moeilijker. Alle kruiden leken nu op elkaar.

Volhouden, dacht Joeni, niet toegeven. Ik kan niet teruggaan zonder kruiden. Iedere stap is er een. Iedere stap brengt me dichterbij.

Toen de ochtend kwam, had ze bijna iedere plant die ze tegenkwam geplukt, bevoeld en besnuffeld. Ze had het medicijn niet gevonden, en haar onrust groeide. Wat had ze gedaan? Waarom was ze niet bij Toek gebleven? Misschien was het maar een aanval geweest, iets eenmaligs, en vroeg hij nu om water of iets te eten terwijl er niemand was.

O Toek, het spijt me!

Een geluid trok haar aandacht, een beweging die ze niet verwachtte. Ze greep haar speer, hield hem voor zich uit gestoken terwijl ze ronddraaide, op zoek naar de bron. Op haar hoede sloop ze naar voren. Het kwam dáár vandaan, net voorbij de kloof waarin ze zich verborgen hield.

Het was een dier. Het klonk als een dier, dat brieste en stampte. Geen leeuw. Geen wolf. Ze liet haar speer zakken en drukte zich plat tegen de rotsen. Voorzichtig gluurde ze om het hoekje.

Het mammoetjong had haar niet in de gaten. Zijn slurfje krulde zich om bladeren en bloemen, trok ze los en stopte ze in zijn mond. Hij kauwde luidruchtig voor hij opnieuw begon. En hij rook… naar mammoet. Maar ook naar de beste geur die Joeni zich voor kon stellen: het medicijn! Maar het mammoetjong at alles op.

Heel even dacht ze eraan om haar speer naar hem te gooien. Het zou niet moeilijk zijn. Maar al kwam hij niet hoger dan haar heupen, ze had geen idee wat ze met al het vlees, de botten en het afval aan moest in haar eentje. En de geur van bloed zou leeuwen aantrekken.

'Heja!' riep Joeni terwijl ze tevoorschijn sprong. 'Heja, weg jij!'

Het diertje schreeuwde van schrik en rende weg, terwijl Joeni zo snel ze kon de kostbare planten uit de grond trok en in haar tas propte. Toen ze opkeek, was het mammoetjong er nog steeds. Het keek haar aan met zwarte oogjes, weggezonken in zijn donkerbruine vacht, die een beetje krulde.

'Heja!' riep Joeni nog een keer terwijl ze met haar speer zwaaide. 'Terug naar je kudde!'

Hij deinsde wat achteruit, maar maakte geen aanstalten om om te keren of weg te rennen.

Toek.

Ze moest terug naar Toek. Het was nu niet zo ver als de vorige keer. Nog één keer keek ze achterom. Het mammoetjong stond van een afstand naar haar te kijken.

Het spijt me. Ik kan niets voor je doen. Als je geen kudde hebt, zullen de leeuwen je binnenkort wel krijgen.

Zodra Joeni de richel van de woongrot op stapte, wist ze het. Er was iets mis. De geur. Het was de geur. Ze rende naar binnen.

'TOEK!'

Ze knielde naast hem en slaakte een kreet van verdriet. Zijn ogen waren open, maar ze zagen niets. Een grauwe sluier was over zijn gezicht getrokken. Zijn mond was opengezakt, zijn kin en wang bespetterd met roodbruin bloed.

'Nee, Toek! Waarom, waarom?'

Ze legde haar hand op zijn voorhoofd, aaide zijn wang, pakte zijn hand, maar alles aan hem was koud. Koud en stil. Maar haar tranen waren heet. Ze brandden op haar gezicht, drupten op het zijne, maar zelfs die warmte wekte hem niet tot leven. Ze had hem alleen gelaten en hij was gestorven. Zonder troostende woorden, zonder lied, zonder een aanraking. Ze had hem alleen gelaten; hoe had ze dat kunnen doen? Voor die stomme kruiden, die niet eens hielpen? Ze sloeg haar handen voor haar gezicht en drukte haar nagels in haar huid. Hard. Ze was stom, zo stom!

Ongelukskind.

Plotseling was de woongrot te krap, te benauwd, te donker. Ze krabbelde overeind en struikelde naar buiten, happend naar adem. Ze smeet haar tassen van zich af, greep de zak met medicijn en gooide hem met een schreeuw zo ver mogelijk weg. Hij verdween over de richel, de vallei in. Ze zakte op de grond en sloeg haar armen om haar benen. Misschien, als ze zich zo klein mogelijk maakte, steeds kleiner, zou ze verdwijnen. Dan zou niemand meer last van haar hebben, zou niemand meer lijden onder haar verkeerde beslissingen.

Ongelukskind.

'Toek,' huilde ze, 'het spijt me, het spijt me zo!'

Ze wist niet hoelang ze zo zat. Lang genoeg om de stank uit de woongrot sterker te laten worden. Dit kon zo niet. Het laatste wat ze voor Toek kon doen was hem op een goede manier teruggeven aan de Moeder.

Nu begraaf ik toch nog je botten, dacht ze, maar wie begraaft straks die van mij?

Ze ging naar binnen, stookte het vuur wat op en pakte haar verfspullen. Toeks gezicht was veranderd. Er waren zwarte vlekken op zijn wang en voorhoofd verschenen.

'Zwart is niet jouw kleur, Toek,' zei Joeni terwijl ze de rode oker fijnstampte. Ze had veel nodig. Gelukkig was Toek een rode dromer geweest. Er was genoeg.

Het malen kalmeerde haar. Ze moest nu voor Toek zorgen, dat was het enige waar ze zich druk om hoefde te maken. De rest kwam later.

Ze mengde het rode poeder met water en speeksel. Het moest dikker zijn dan verf. Toen ze tevreden was, ging ze op haar knieën naast Toek zitten. Ze doopte haar vingers in het mengsel en ging aan het werk. Het was vreemd en vertrouwd tegelijk om zijn gezicht aan te raken. Het voelde niet meer als Toek. Het voelde niet meer als huid. Maar het wás Toek. Ze kende zijn gezicht. Als ze klaar was, zou het er heel anders uitzien dan nu.

Ze smeerde de rode pasta op zijn wangen, bedekte zijn ogen, zijn neus, zijn mond.

Dank je, Toek, dacht Joeni, dank je voor alles wat je voor me hebt gedaan, alles wat je me hebt geleerd. Ik denk niet dat het genoeg is. Maar jij hebt je best gedaan. Ik zal je nooit vergeten.

Ze bedekte zijn gezicht zo goed ze kon, ook zijn oren en hals, en ging daarna verder met zijn handen. Ze begonnen al te verstijven.

Ik moet snel zijn. Hij moet buiten liggen, onder dezelfde hemel als de dieren uit zijn dromen.

Toen ze klaar was, greep ze de onderste twee hoeken van de huid waarop hij lag en sleepte hem naar buiten. De zon was fel, maar zou bijna achter de rotsen verdwijnen. Dat was goed. Ze legde Toek neer voor de ingang van de woongrot en bekeek haar werk. In de schemer van de woongrot had het er beter uitgezien. Ze snelde naar binnen, pakte de oker en werkte zijn gezicht bij totdat het leek of hij sliep, met gesloten ogen onder een rood masker. Zijn geliefde kleur, zijn geliefde verf.

'O Toek,' zei Joeni zacht. 'Waarom heb je me alleen gelaten?'

Er kwam geen antwoord. Joeni verzamelde stenen, hout en mest, en bouwde een aantal vuurtjes om hem heen. Omringd door vlammen, bron van kracht en leven, zou hij nog één keer naar de sterrenhemel kijken. Daarna was het tijd om hem aan de Moeder te geven, zoals hij Mam aan de Moeder had gegeven.

Is dit het lot van alle dromers die hier komen? Dat ze hun leraar begraven?

Toen de vuurtjes brandden, ging ze aan Toeks voeten zitten. Ze zou de hele nacht wakker blijven en voor hem zingen. Zoals het hoorde.

Toen de ochtend de lucht roze begon te kleuren, was Joeni's keel droog en rauw. Maar ze zong nog steeds en hield de vuurtjes brandend. Door de rook vermengden haar tranen van verdriet zich met koelere tranen die niet voor de dood waren, maar voor het leven. Zij leefde. Toek niet meer.

Ze zong voor hem, had tegen hem gepraat en tegen hem geschreeuwd.

'Waarom heb je niet op me gewácht?' had ze in een moment van boosheid geroepen.

Waarom had hij niet gewacht met doodgaan, zodat ze hem nog een laatste vraag kon stellen, hem nog een laatste keer had kunnen horen antwoorden? Nu was hij zomaar weg. Hij had haar alleen gelaten. En zij hem.

Toen de laatste ster aan de hemel door de ochtend was opgeslokt, ging Joeni aan het werk. Ze haalde Toeks slaaphuiden uit de woongrot en legde ze over hem heen. Ze zou uren bezig zijn om de huiden aan elkaar te rijgen. Ieder gaatje moest voor geprikt worden, en ze wist niet of ze genoeg pees en touw had om Toek helemaal in te kunnen pakken. Misschien kon het anders.

In de woongrot sprokkelde ze al het touw bij elkaar en maakte nog wat bij. Buiten knoopte ze het tot een lange streng.

Ze pakte Toeks verfspullen en legde die bij zijn handen. Zijn maalsteen, de vijzel en stamper. Wat brokken verfstof. Ze moest even slikken toen ze Jerriks gele oker ontdekte. Ze hield de brokken in haar hand en aaide erover met haar vinger.

‘Het spijt me, Toek. Deze houd ik. Dat vind je vast niet erg.’

Toeks favoriete stenen lampje, die met de mammoet erop, legde ze bij zijn hoofd. Het was tijd.

Ze bedekte hem van top tot teen met de huiden uit zijn slaapplaats. Normaal gesproken zou iedereen nu meewerken aan het vastmaken van de huiden, zou Toek verzorgd worden door zijn stam. Maar Joeni was zijn enige stamgenoot. Ze pakte haar lange touw en ging aan het werk. Toen ze klaar was, deden haar armen en schouders zeer van het verschuiven en optillen van Toeks lichaam zodat ze haar koord onder hem door kon halen om zo de huiden rond zijn lichaam bij elkaar te houden. Het was niet hoe het hoorde, maar hij zou het begrijpen. Ze was maar alleen, net zoals hij alleen was geweest toen hij Mam moest begraven.

Ze nam even de tijd om haar schouders te masseren. Het moeilijkste kwam nu pas. Toek kon hier niet blijven liggen, hoe goed hij ook was ingepakt. Er zouden dieren komen, aaseters, rovers, en die hoorden niet bij een woongrot in de buurt te komen. Joeni kon niet eeuwig wakker blijven om ze weg te jagen.

Ze liep naar Toeks hoofd, knielde neer en tilde zijn bovenlijf op. Ze greep hem onder zijn oksels, door de huiden heen, stond op en begon naar achteren te lopen. Toeks voeten sleepten over de grond, maar er was geen andere manier.

Ik had hem pas op zijn plek moeten inpakken, bedacht Joeni terwijl ze worstelde om haar grip te behouden. Ze had weleens een gewonde medejager naar een woongrot gesleept, maar toen had ze haar armen onder die van hem kunnen steken en op zijn borst bij elkaar kunnen klemmen. De huiden om Toek heen verhinderden dat nu, en heuvelop moest ze ook vaker rusten dan ze had gedacht. Iedere keer werd het moeilijker om Toek weer op te pakken.

Toen ze de plek zag waar Mam rustte, stroomden de tranen over haar wangen. Elke stap brandde, iedere ademteug was pijnlijk, en Toek werd almaar zwaarder. Haar armen leken van steen. Ze liet Toek op de grond zakken.

'We zijn er,' hijgde ze. 'We zijn er, Toek.'

De overhangende, lage richel was rood bespetterd, net als de grond eromheen. Toek had het niet kunnen laten Mam rood mee te geven, hoe zwart ze ook was geweest.

Ze zal blij zijn dat je er bent.

Joeni kroop op haar buik onder de richel en keek rond. De duistere oogkassen van Mams schedel keken haar recht aan. Een dijbeen rolde weg onder haar voeten. De huiden waarin de vrouw gewikkeld was geweest, waren vergaan tot wat losse plukken, verspreid over de grond.

'Dit kan zo niet,' zei Joeni. 'We gaan het hier eerst netjes maken.'

De oude vrouw zou het niet erg vinden, misschien zelfs wel fijn, om plaats te maken voor Toek.

Joeni verzamelde Mams botten terwijl ze een lied neuriede over herinneringen en lessen en dankbaarheid. Ze wist dat niet alles er meer was, weggesleept, verstopt, opgeknaagd, maar dat was hoe de wereld werkte. Joeni kroop weer onder de richel vandaan en sleepte Toek naar de opening.

'Slaap nu, oude vriend,' zei ze. 'Ik zal je missen.'

Met al haar kracht duwde ze zijn lichaam onder de richel, naast zijn oude lerares. Joeni gebruikte haar armen en haar benen, hoe oneerbiedig ook; en tegen de tijd dat hij ver genoeg onder de rotsen lag, zweette ze haast nog erger dan toen ze hem naar boven had gesleept.

Ze haalde het zakje met rode poeder tevoorschijn dat ze speciaal hiervoor had meegenomen. Ze greep er een handje van, kroop weer onder de richel en blies het over de botten van Mam.

Dank voor de kennis.

Toen mengde ze het poeder met speeksel op een platte steen en smeerde het op haar handpalmen.

Rood als Jerriks handen op de nacht van de Verbinding.

Ze liet haar rode handafdrukken achter op de bundel met Toek erin, zodat de Moeder zou zien dat er voor hem gezorgd was. Daarna tekende ze Toeks tekens op de rotsen boven hem, hoopvolle, krachtige tekens.

‘Dit was Toek,’ zeiden ze, ‘Toek de rode dromer. Zijn dromen hielpen zijn stam. De Moeder hield van hem.’

Met de laatste verf op haar vingers trok ze ten slotte rode strepen van onder haar ogen tot in haar hals. Het was klaar.

De zon was een helwitte bol boven haar hoofd, maar ze kon er gewoon in kijken zonder met haar ogen te knijpen, zonder haar hand boven haar ogen te houden. Een helwitte bol in een blauwe hemel. Ze keek om zich heen. De wind bracht de geur van mammoet naar haar toe. De vlakte glom.

Een schaduw in de verte trok haar aandacht, een bult aan de horizon. Het kwam sneller dichterbij dan had gekund, maar dat was niet erg. Het was een droom.

De mammoet die nu voor haar stond was groter dan de mammoeten van de vlakte. Zijn slagtanden krulden sierlijk naar binnen, de donkerbruine haren op zijn slurf waren lang en glanzend. Hij keek haar aan met dezelfde ogen als de leeuwenman, glimmend met een menselijke glans. Zijn slurf bewoog naar haar toe, maar ze was niet bang. Zijn adem was warm op haar gezicht toen hij haar bevoelde, de top van de slurf zacht en gevoelig. Hij voelde haar gezicht, haar haren, haar armen en benen, alsof het dier haar kende maar niet kon geloven dat zij het was.

Ze stak haar hand uit naar een van zijn slagtanden, het ivoor was koel tegen haar huid, massief als rots.

‘Kom me zoeken,’ zei het dier. Zijn mond bewoog niet, maar ze wist dat hij het zei. En hij had een bekende stem.

‘Toek?’

‘Kom me zoeken,’ zei de mammoet nog een keer.

‘Toek! Toek, wacht!’

Maar hij was al weg, en de vlakte werd donker.

15

Joeni had niet gedacht dat het achterlaten van de woongrot zo moeilijk zou zijn. Wat was hier nog voor haar, behalve eenzaamheid en herinneringen?

Veiligheid. Gemak. Een moedergrot. Toek.

Maar Toek was dood. En hij had haar een opdracht gegeven. *Kom me zoeken.* Hoe kon ze zijn opdracht negeren? Hoe kon ze een boodschap van de Moeder negeren? En ze had een aanknopingspunt. Ze kon ergens beginnen. Het mammoetjong. Misschien was ze het beestje niet voor niets tegengekomen. Misschien had de Moeder hem gestuurd. Hij zou haar naar een kudde leiden. Hij zou haar de waarheid over haar mammoetdroom laten zien, de droom die de jagers van Uma's stam de dood in had gejaagd. Ze moest het weten. Voor Toek. Voor zichzelf.

Joeni volgde haar oude voetstappen, die van de dag waarop ze Toek alleen had gelaten in de woongrot, waarna ze hem nooit meer zou spreken. De ochtend klaarde op, en de druppels die de mist op de vlakte had gelegd, glinsterden als de zaal van echo's in de moedergrot van Mam. De rivier was rimpelloos als ijs. Toen ze bij de oever knielde om haar waterzak te vullen, ving ze een glimp op van zichzelf in het water. Haar gezicht zat vol strepen, en over haar kin liepen opgedroogde stroompjes verf. Haar lippen en tanden waren zwart, en ze grijnsde tegen haar spiegelbeeld. Even dacht ze eraan alles weg te wassen, om haar reis schoon te beginnen, als een nieuw iemand. Maar dat was niet wie ze was. Dit was wie ze was. Joeni de dromer. Ze vulde haar waterzak en liep weg van de rivier.

Boven haar hoofd kwetterden de zwaluwen, die iedere zomer verschenen, als uit het niets, net zoals ze tegen het einde ervan weer verdwenen. Misschien sliepen ze de hele winter, net als de beren. In ieder geval zouden hun nesten haar eieren geven als aanvulling op het gedroogde vlees dat ze nog had uit de woongrot. Ze hoefde zich geen zorgen te maken. Behalve over de mammoeten. En misschien over die leeuwen. De hyena's. En de wolven. Ze klemde haar speer nog wat steviger vast in haar hand.

In de verte klonk het eenzame getetter van een jonge mammoet.

Hoe kan hij nog leven als hij zo veel lawaai maakt? Er is nu geen roofdier in de buurt dat hem niét gehoord heeft.

Joeni zette het op een rennen, maar minderde vaart toen ze in de buurt kwam. Rustig nu. Ze wilde hem niet wegjagen.

Hij schrok toen ze in het zicht kwam, hoe langzaam en voorzichtig ze ook naar hem toe was geslopen. Het mammoetjong rende weg, maar niet ver. Hij draaide zich om en keek naar haar. Toen hij besloten had dat ze niet gevaarlijk was, draaide hij zich weer om en wandelde verder. Zijn slurfje zwaaide heen en weer, maar was nog niet lang genoeg om de grond te raken, en hij hield steeds stil om te voelen en te ruiken aan de planten die hij tegenkwam.

Hij is net groot genoeg om geen melk meer te hoeven drinken. Hoe is hij hier terechtgekomen?

Ze volgde het dier op een afstandje, wilde uit zijn gezichtsveld blijven, maar hij wist dat ze er was. Joeni zag het aan zijn onrustige draven, zijn steelse blikken achterom. Hij rook haar.

Welke idioot volgt dan ook een mammoetjong?

Maar hij was haar enige houvast, al zou het niet snel gaan. Dat had Joeni al wel in de gaten. Het diertje snuffelde en liep rondjes, stak zijn slurf in de lucht en riep klaaglijk. Hij leek te luisteren, maar er kwam nooit antwoord. Na een tijdje draafde hij dan verder, een stukje maar, en riep weer. Soms waagde hij zich bij de rivier om te drinken, om daarna zo snel mogelijk weer dicht bij de rotswand te gaan lopen. Dom was hij in elk geval niet, al was het haar een raadsel waarom hij tot nu toe zo veel geluk had gehad. Maar nu had hij Joeni. Zij zou hem beschermen. Ze had hem nodig.

Hij moet een naam hebben, bedacht Joeni toen het mammoetje op een avond zo dicht bij haar vuur was komen slapen dat hij bijna in het licht lag. Ze hoorde hem snurken.

In de paar dagen dat ze het diertje nu volgde, leek het er inmiddels meer op dat hij háár volgde dan andersom. Hij kwam steeds dichterbij, wachtte op haar als ze viste in de rivier of probeerde een eekhoorn te schieten met haar slinger. De geur van bloed en geroosterd vlees maakte hem altijd onrustig, maar hij ging nooit ver weg en kwam altijd terug, iedere dag een stukje dichterbij.

Hoe had hij zo lang zonder zijn kudde kunnen overleven? Iedere dag verwonderde het Joeni meer. En als hij zijn kudde was kwijtgeraakt, hoe dan? Hij leek er zo ver vandaan te zijn geraakt! Al leek hij wel een vaag idee te hebben van welke kant hij op moest.

Hij zoekt, dacht Joeni. Hij is een zoeker, net als ik. Misschien moet ik hem dan ook zo noemen. Hopelijk worden we uiteindelijk allebei vinders.

Joeni kroop weg in haar jas en staarde in het vuur. De Toek-mammoet was niet teruggekomen in haar dromen, maar wel klonk altijd het vage geroep van een hele kudde, ver weg maar aanwezig. Zou Zoeker ze ook horen in zijn dromen?

Eigenlijk moest ze wakker blijven. Alleen reizen was geen goed idee. Geen wonder dat er stammen waren, kuddes, roedels. Alleen-zijn op de vlakte betekende: niet slapen of het risico nemen dat het vuur uitging en een leeuw je zou vinden. Het was het laatste, altijd het laatste. Niemand kon dagen achtereen wakker blijven en ook nog lopen en voor eten zorgen. Iedere nacht weer moest ze kiezen voor de kans om in het donker beslopen en opgegeten te worden. Nu kon ze Mam beter begrijpen. Als je dan toch alleen was, kon je beter een goede woongrot hebben, een veilige plek om te slapen, dan op reis gaan op zoek naar een nieuwe stam terwijl je geen idee had waar die kon zijn.

Ze was moe. Het was tijd om zich weer over te geven aan het toeval.

Zoeker begon naar het westen te lopen, naar de vlakte. Algauw was de vallei uit het zicht en was hun blik de andere kant op gericht, naar de kale heuveltoppen in de verte.

Alhoewel, ging Zoeker wel echt naar het westen? Ze liepen nu steeds meer samen op. Af en toe mocht ze hem zelfs aanraken. Zijn bruine, krullerige vacht was dik en vettig, maar hij leek ervan te genieten als ze over zijn rug kriebelde. Nooit te lang. Dan vluchtte hij weer een eindje van haar vandaan, of hij ging op zoek naar een plek met zijn favoriete kruiden. Maar als de avond viel en Joeni een kampplaats had uitgezocht, kwam hij altijd bij haar vuur liggen, zelfs als ze vlees at.

'Zoeker, je bent een slechte mammoet aan het worden,' zei ze tegen hem op een ongewoon koude, heldere nacht. 'Hoe moet dat nou als je straks je kudde vindt? Je moet bang zijn voor mensen, niet bij hun vuur gaan liggen. Ze zouden je opeten.'

Zoeker snoof als antwoord.

'Wat moet ik toch met je beginnen?' verzuchtte Joeni.

Ze waren al tijden geen jagers tegengekomen. Geen mensen, maar ook geen leeuwen of wolven. Ze hoorde ze niet, er waren geen sporen en geen keutels. Nergens. Ze zou blij moeten zijn, maar ze had het gevoel dat er iets niet klopte. Het maakte haar bijna nog banger dan als ze af en toe iets had gehoord of hun sporen had gezien. Dan wist ze wat ze kon verwachten. Nu was de stilte onheilspellend en vreemd. Joeni keek naar haar reisgenoot bij het vuur.

‘Vuur is ook gevaarlijk, weet je,’ mompelde ze. ‘Je zou ervoor weg moeten rennen zoals een goede mammoet zou doen.’

Maar Zoeker had zijn oogjes al dichtgedaan.

Joeni werd wakker met een gil die Zoeker zo liet schrikken dat hij struikelde over zijn poten om weg te komen. Een eindje verderop draaide hij zich naar haar om en riep, zijn slurfje omhoog.

‘Het gaat wel, niets aan de hand,’ zei Joeni, en ze wreef over haar slapen. In haar droom was ze besprongen door een leeuw en die had al toegehapt terwijl ze nog leefde. Ze rilde. Ze wilde er niet meer aan denken.

Een roofvogel schreeuwde hoog in de lucht en ze keek naar boven, maar ze zag hem niet. Ze rommelde in een van haar tassen en vond nog wat stroken gedroogd hazenvlees. Ze zuchtte, pakte er een paar uit en stak ze in haar mond. In de afgekoelde kooltjes van het vuur van gisteren lagen nog twee geblakerde knollen. De binnenkant was wit en draderig, maar zoet. Ze dronk een slok uit haar waterzak. Zodra ze ergens water zagen, zou ze hem bij moeten vullen. De grote rivier in de vallei lag inmiddels ver achter haar.

Ze rolde haar huiden op, pakte haar spullen bij elkaar en hees alles op haar schouders.

Wacht. Waar is Zoeker gebleven?

‘Zoeker!’ riep ze. ‘Zoeker, waar ben je?’

Ze mocht hem niet kwijtraken! Hij moest haar naar de mammoetkudde leiden. Hij was haar enige hoop! Ze greep haar speer en begon te rennen.

‘Zoeker!’

Ze hoorde hem nu. De wanden van de geul waarin ze liep, hadden eerder alle geluiden tegengehouden. Hij riep. Hij riep om háár. Ze snelde langs de scherpe rotsen, die lager werden en uiteindelijk uitkwamen bij een open plek.

‘Ik kom eraan!’

Zoeker stond tegen een groot rotsblok gedrukt. Het wit van zijn ogen was te zien, en hij hijgde en snoof. Tegenover hem stond een man met een speer. Er was geen tijd te verliezen.

Joeni liet haar tassen vallen, greep haar speer, schreeuwde en viel toen aan. Hij had niet eens tijd om op te kijken. Ze pakte haar speer aan het uiteinde vast en zwaaide hem met al haar kracht tegen zijn benen. De man schreeuwde het uit, en Joeni liet zich op hem vallen, schopte zijn speer uit zijn hand, en zette haar eigen wapen op zijn keel.

'Laat hem met rust,' grauwde ze.

Zijn ogen waren net zo groot als die van Zoeker.

'Wát?' kon hij net uitbrengen. Het was geen man, zag Joeni nu, maar een jongen, met blauwe ogen en donker haar. Hij deed haar aan Ren denken. Ze drukte zijn keel dicht met het hout van haar speer. Hij begon te rochelen. Goed zo.

'Als ik je op laat staan,' zei ze, 'laat je hem dan met rust? Beloofd? Je kunt geen kant op. Ik heb een speer, jij niet.'

Even leek het of hij haar niet begreep, maar toen knikte hij, voor zover dat ging. Ze tilde de speer op en rolde van hem af. Hij hoestte zoals Toek had gehoest, tastte om zich heen. Snel greep Joeni de speer die ze uit zijn hand had geschopt.

'Waag het niet,' zei ze terwijl ze allebei de speren in zijn richting stak. 'Wie ben je? En waar zijn de anderen? Zeg op!'

'Ik…' zei hij tussen het hoesten door. 'Ik ben… Io. Van de stam van Ippi. Er zijn… geen anderen.'

Hij sprak de woorden vreemd uit, maar Joeni verstond hem.

'Ik geloof je niet, Io van de stam van Ippi. Niemand gaat alleen op mammoetjacht!'

'Ik ben niet op mammoetjacht! Kijk.'

Hij greep in zijn jas en trok daar een slinger uit.

'Ik ben op kleine jacht. Mijn net ligt verderop.'

Hij was weer een beetje op adem gekomen.

'Dit mammoetjong kwam langszwerven. Een te mooie kans! Mammoetvlees, in deze tijd van het jaar… Hij was alleen, het was een makkie. Waarom zou ik die kans niet grijpen?'

'Hij is niet alleen, hij is met mij,' zei Joeni. 'En hij is niet om op te jagen.'

Zoeker was al een stukje weggelopen en had een veldje bloemen gevonden. Hij trok ze gulzig uit de grond en zag er gelukkig uit.

Als je jong bent, vergeet je de nare dingen zo snel.

'Ben je... ben je een dromer?'

'Hoe kom je daarbij?'

Maar dat was een domme vraag. Natuurlijk kon hij het aan haar zien. Ze wist hoe haar gezicht eruitzag.

'Maar, ja,' zei ze toen snel. 'Ik ben een dromer alleen. Ik ben op reis.'

'Zoek je een nieuwe stam?'

'Ik...'

Zocht ze een nieuwe stam? Bood hij haar een plek aan? Ze had nog nooit van de stam van Ippi gehoord.

Kom me zoeken.

'Nee,' zei ze toen. 'Ik ben op reis. Ik zoek de mammoet uit mijn droom.'

'Hem? Deze kleine?'

'Nee. Maar hij leidt me naar hem toe.'

'O.'

Io keek wat verloren om zich heen. 'Misschien kun je die speren laten zakken. Ik beloof dat ik hem niets zal doen.'

Hij kruiste zijn wijs- en middelvingers op zijn borst. 'Ik zweer het.'

'Goed dan.'

Toen hoorde ze het grommen pas. Ze stonden boven haar, vier grijze wolven, en sprongen over haar heen naar voren.

'Zoeker!'

Ze gooide haar eerste speer, maar de wolf sprong behendig opzij. Zoeker schreeuwde en rende weg, maar de wolven waren snel en twee van hen vlogen hem voorbij. Ze draaiden zich om met ontblote tanden. Hij kon nergens heen. Joeni greep de speer van Io en ging op de wolven af. Ze hapten naar Zoeker, naar zijn poten, naar zijn keel. Zijn kreten waren hartverscheurend.

'Hij is van mij!' gilde Joeni, maar de wolven besteedden nauwelijks aandacht aan haar. Een van hen draaide zich om en gromde.

Ik kan hem hebben, dacht ze, het is gewoon een grote hond.

Ze dreigde met de speer, stak die in de lucht, maar ze kon de wolf niet tot een aanval overhalen. Hij speelde met haar, net zoals zij met Zoeker speelde. Het diertje schreeuwde toen een van de wolven zijn achterpoot te pakken had en zijn pezen doorsneed met zijn scherpe tanden.

'Nee, Zoeker, nee,' smeekte Joeni, maar ze wist dat ze hem niet meer kon redden. De wolf die haar op afstand hield, wist het ook. Hij draaide zich om en concentreerde zich op de jonge mammoet, die inmiddels op de grond lag, een wolvenbek rond zijn keel. Hij hijgde nog een beetje, maar verder was hij stil. Zijn ogen rolden omhoog. Had hij haar gezien? Wist hij dat Joeni had geprobeerd hem te redden?

Het duurde niet lang. Algauw waren de wolvensnuiten rood van het bloed en vochten ze om het verse mammoetvlees.

Joeni vluchtte. Io was nergens te bekennen.

16

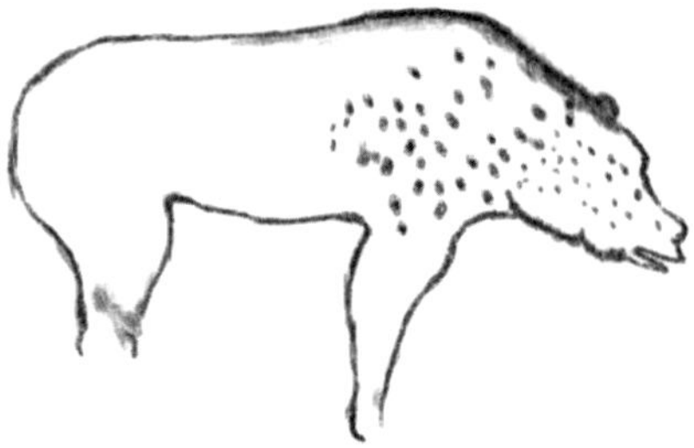

Ze hing ondersteboven. Ze zag niets, maar ze voelde het. Het bloed stroomde naar haar hoofd en liet het bonken. Iets of iemand hield haar vast bij haar enkel. Ze probeerde naar boven te kijken, maar het lukte haar niet om ver genoeg omhoog te komen. Ze worstelde en greep om zich heen, in de hoop dat ze iets kon vastpakken, maar er was niets.

'Wie ben je? Waarom doe je dit?'

'Als je wilt, laat ik los,' zei een bekende stem.

'Leeuwenman! Nee, wacht. Wat is daar beneden?'

'Dat weet ik niet.'

'Kun je me niet omhoogtrekken? Naar waar jij bent?'

'Dat gaat niet. Ik ben ergens waar jij niet kunt zijn.'

Nu hij praatte, snapte ze nog minder van hem dan toen hij stil was. Ze deed haar armen over elkaar en sloot haar ogen. Wat moest ze doen?

'Wat zou jij doen?' vroeg ze de leeuwenman.

'Ik zou niet willen blijven hangen.'

'Jij hebt makkelijk praten. Waarom doe je dit? Ik dacht dat je mijn vriend was.'

'Als je wilt, laat ik je los.'

Haar hoofd voelde inmiddels alsof het op ontploffen stond. Ze zou het niet lang meer volhouden. En dan? Wat zou er gebeuren?

Ze worstelde om los te komen, maar waarom? Hij zou haar loslaten als ze erom vroeg.

'Je vertrouwt me niet,' zei de leeuwenman.

'Ik kán je niet vertrouwen! Je wees me de mammoeten aan, en alle jagers gingen dood! De mammoeten waren er niet. Laat me lós!'

En dat deed hij.

Alleen. Ze was helemaal alleen. In de stam was ze ook alleen geweest, maar nooit zoals nu. Al hadden ze haar niet echt gezien, ze was omringd geweest door de geuren en geluiden van anderen, door hun stemmen, hun dromen, hun adem. En na de dood van Toek was Zoeker het levende wezen geweest waaraan ze zich had vastgeklampt om te kunnen voelen dat er iemand was die op haar rekende, al was het maar een mammoetjong. Ze moest het nu alleen doen, ze moest niet blijven hangen, zoals de leeuwenman haar had laten zien. Ze was op haar voeten terechtgekomen in haar droom, en ze had zich kalm en beschermd gevoeld. De leeuwenman zou haar helpen, zoals hij altijd deed. Ze mocht hem niet de schuld geven van de dood van Uma's jagers. De leeuwenman had haar iets laten zien, en Joeni had dat verkeerd geduid. Ze moest er nu zelf achter komen wat ze fout had gedaan.

In de verte riep de kudde.

Ik kom. Ik kom eraan.

Meteen was de onrust terug. Soms wist ze niet meer wat een droom was, en wat echt. Ze zwierf in de richting van de geluiden, dag en nacht. Soms sliep ze overdag, soms 's nachts. Ze sliep wanneer het stil was, wanneer ze de mammoetkudde niet hoorde. De rest van de tijd liep ze, of tekende ze haar dromen en de geluiden die ze volgde op de rotsen. Ze móést tekenen. Anders zou haar hoofd uit elkaar barsten.

Wanneer had ze voor het laatst gegeten? Het maakte niet uit. Zolang ze kon lopen, zolang ze op twee benen kon staan, hoefde ze niet te eten. Het was of ze zichzelf het Zwijgen had opgelegd, zonder haar mond dicht te naaien. Waarom zou ze? Er was niemand om mee te praten. Ze hoefde niemand iets uit te leggen. Maar er was ook niemand om háár iets uit te leggen.

Ze was moe. Ze moest slapen.

De volgende ochtend lag er een kralenketting bij haar hoofd.

Ze krabbelde haastig overeind, greep naar haar speer en keek wild om zich heen. Ze luisterde. Het was stil, er was niemand.

Ze liet haar vinger langs het gepolijste ivoor van de kralen glijden. Toen pakte ze haar spullen en vertrok. De mammoetkudde riep. Ze kon geen giften accepteren, ze was geen dromer, niet echt. Ze wist nog niet genoeg, begreep nog niet genoeg. Wie het ook was die haar volgde, ze kon diegene niet helpen. Misschien had ze niet zo veel moeten tekenen. Het was vast gemakkelijk geweest om haar te vinden. Iemand hoefde alleen maar de zwarte tekens en de mammoeten en bizons te volgen. Misschien moest ze ermee stoppen. Ze wilde niet nog meer mensen aantrekken.

De giften bleven echter verschijnen. Haast iedere keer als ze wakker werd. De ene keer was het eten, dan weer een sieraad of een beeldje. Was het Io die haar volgde? Hij was de enige die ze tot nu toe tijdens haar reis was tegengekomen. Maar ze kon niet bedenken wat de jongen van haar zou willen. Het kon net zo goed iemand anders zijn.

De heuvels werden hoger, steiler en grover. Ze kruiste smalle riviertjes, volgde nauwe valleien, beklom daarna de hellingen en verwonderde zich over de weidse uitzichten, de omringende heuvels die steeds maar vager werden, van kleur verschietend alsof ze gebleekt werden door de zon.

Uiteindelijk werden de giften schaarser. Joeni kon zich niet voorstellen dat haar volger haar spoor kwijtraakte, want zo snel liep ze niet. Maar misschien had ze inmiddels duidelijk kunnen maken dat ze niets met hem of haar te maken wilde hebben. Ze kon zich er niet mee bezighouden. De mammoetkudde was het belangrijkste van alles. Ze merkte pas dat ze vergeten was te eten, toen ze flauwviel op de top die ze net had beklommen. Ze werd duizelig, zag sterretjes en toen niets meer.

'Au,' zei ze toen ze probeerde haar ogen open te doen.

Haar wimpers zaten aan elkaar gekleefd met iets korstigs, maar toen ze haar hand naar haar gezicht wilde brengen om het weg te wrijven, lukte dat niet. Haar schouder deed te veel pijn. Haar andere arm dan. Dit keer kon ze zich overeind duwen. Het was nacht. Ze proefde aan haar vingers. Bloed. Haar hoofd deed zeer. Was ze ermee tegen de grond gesmakt? Het leek er wel op. Waar was ze? Wie had het vuur gemaakt? Wie had haar toegedekt?

'Laat je zien!' riep ze.

Haar stem klonk gebroken en de woorden waren krasserig als berenklauwen op steen. Hoelang was het geleden dat ze hardop had gesproken?

Een slanke schaduw stapte uit het donker in de bescheiden lichtkring die het kleine vuur wierp. Het duurde even voor Joeni hem herkende.

'Io.'

Dus toch.

De jongen met de blauwe ogen knikte alleen maar. Hij pakte een platte steen, legde die voor Joeni neer en legde er een stuk gerookte vis op. Toen stapte hij weer naar achteren.

Al die giften, dacht Joeni, ze waren allemaal van hem.

De geur van de vis was genoeg om haar te doen kwijlen. Haar maag rommelde zo dat het pijn deed. Wat moest ze doen? Als ze de vis zou aannemen, had ze vanaf nu een reisgenoot. Als dat was wat hij wilde. Misschien wilde hij alleen haar raad. Maar hij kon niets zeggen tot ze zijn gift had geaccepteerd.

Ze had honger. Ze had niet goed voor zichzelf gezorgd. Er was niets aan te doen. Ze pakte de vis van de steen en at hem op. Ze kauwde nauwelijks, en een graatje liet haar bijna stikken. Woordeloos gaf Io haar een drinkhoorn aan.

'Dank je,' zei Joeni toen ze weer op adem was. Haar hoofd deed meer pijn dan eerder en haar schouder begon te bonzen. Ze was akelig gevallen.

'Er is meer,' zei Io voorzichtig.

'Als je het kunt missen.'

'Natuurlijk. Ik heb genoeg.'

Toen Joeni het gevoel had dat ze wat sterker was, wist ze zeker dat ze zo'n beetje al zijn voorraden moest hebben opgegeten. Ze schaamde zich, maar Io leek het niet erg te vinden.

'Waarom volg je me?' vroeg Joeni toen.

Hij schoof wat ongemakkelijk heen en weer.

'Ik... Ik wil je leerling zijn.'

De lach die haar ontsnapte liet een steek door haar hoofd gaan en ze kromp in elkaar.

'Het spijt me,' zei ze. 'Maar ik ben niet geschikt om je ook maar iets te leren. Ik dank je voor je gift, maar ik kan je niet helpen.'

'O. Maar... maar je tekeningen dan? En je gezicht? Ik heb de stammoeder meegenomen naar een van je mammoeten. Ippi heet ze, weet je nog? Ze zei dat ze nog niet vaak zo'n krachtige droom had gezien. Ze zei dat ik veel van je zou kunnen leren.'

Een dromersleerling. Ze bekeek de jongen nog eens goed. Nu zag ze het pas. De strepen en stippen op zijn wang, de veer in zijn haar...

'Je bent op Droomreis,' zei ze verbaasd.

'Ippi gaf me toestemming. We... we hebben geen dromer meer. Rim was nog jong, maar hij werd ziek en ging dood. Ik was zijn leerling, maar hij had me nog bijna niets geleerd. En meteen nadat ik jou tegenkwam, droomde ik. Ippi wilde geen tijd verspillen, zeker niet toen ze de tekeningen had gezien. Ze hoopt dat ik waardig ben.'

'Eén droom maar. Je stammoeder stuurt je op reis na één droom?'

'Ik... ik heb er meer gehad. Sinds ik je volg. Er was een... beer en een reuzenhert en...'

'Stop maar. Ik heb je gift geaccepteerd. Ik dank je voor je zorgen. Het is… fijn om weer een volle maag te hebben. Maar ik ben geen dromer. Ik ben zelf nog maar een leerling.'

Niet waar. Je hebt je hand in de moedergrot gezet.

'Ik volg een droom die ik zelf niet begrijp,' ging ze verder. 'Ik volgde een mammoetjong! Klink dat als iets wat een echte dromer zou doen?'

'Je tekent met je adem. Ik heb het zelf gezien. Je tanden zijn zwart. Iedereen kan het zien! Je bént een dromer.'

Zijn gezicht had een uitdrukking gekregen die ze kende van Ren, die eigenwijze, mij-zul-je-niet-overtuigen-blik die haar soms razend had gemaakt, omdat ze er niets tegen kon doen.

'Dat een dromer je gift accepteert, betekent nog niet dat ze doet wat je vraagt. Dat weet je toch wel?'

'Dat weet ik. Ippi heeft me alles verteld. Je mag me weigeren. Maar dan blijf ik je gewoon volgen. Jouw reis is mijn reis. Dat is hoe het moet zijn, voor het voortbestaan van mijn stam.'

'En wat als je stam is vertrokken als je terugkomt?'

Dat bracht hem even van zijn stuk.

'Wat als we de hele zomer onderweg zijn, of nog langer? Dat kan. Ik weet het zelf ook niet.'

'Dan… dan laten ze wel tekens achter, zodat ik weet waar ik heen moet. Ze hebben me nodig.'

Joeni ademde langzaam uit. Wat moest ze doen? Wat kón ze doen? Ze was geen leraar. Ze kon hem geen dromer maken. Maar ze kon hem ook niet wegsturen.

'Ik ga nu slapen. Morgen zal ik beslissen.'

Io knikte.

'Goed… Hoe heet je eigenlijk?'

'Joeni. Ik heet Joeni.'

Overal waren er dingen die ze niet begreep. De paarden renden, maar ze hadden geweien. De beer had rendierhoeven. De vogels boven haar hoofd huilden als wolven. De dieren renden om haar heen, en ze draaide rond en rond tot ze viel. Ze was zo klein. Een meisje. Ze verborg haar gezicht in haar handen.

'Laat ze weggaan! Laat ze verdwijnen!'

'Wees niet bang.'

'Leeuwenman!'

Ze keek op. Hij had zijn hand naar haar uitgestoken.

'Het spijt me,' zei Joeni. 'Het spijt me wat ik gezegd heb, de vorige keer.'

'Het gaat om nu,' antwoordde hij. Aan zijn leeuwengezicht kon ze nooit zien wat hij voelde. Ook zijn stem verried niets.

Rond hen ging de wervelstorm van bizarre dieren door, zo snel dat ze amper te volgen waren, hun geluiden steeds harder, hun hoeven steeds zwaarder. Joeni sloeg haar handen voor haar oren.

'Wees niet bang,' zei de leeuwenman nog een keer.

En ze greep zijn hand.

De geur van gebakken eieren wekte haar.

'Er is kruidenthee,' zei Io, en hij wees op de leren zak die hij tussen drie stokken had opgehangen. De stoom die eruit oprees rook groen en harsig. Ze pakte de gevlochten nap uit haar bagage en schepte wat uit de zak. De stoom plakte aan haar gezicht, warm en fris tegelijk. Ze ademde diep in.

'Je bent goed bevoorraad.'

'Ippi was gul,' zei Io. 'De stam heeft genoeg. Het is zomer. De voorraden kunnen gemakkelijk worden aangevuld.'

Hij porde in de vlammen. 'De knollen zijn bijna gaar. Die zijn voor onderweg.'

'Misschien stuur ik je wel weg,' zei Joeni. Ze nam een slokje hete thee. Hij smaakte zoals hij rook. Naar de bossen van het zuiden. Io keek geschrokken op.

'Echt?'

'Nee.'

Ze zou naar de leeuwenman luisteren. Hij had gelijk. Iedereen die droomde had iemand nodig om zijn dromen aan te vertellen. Ze herinnerde zich hoe het had gevoeld toen zij zelf niemand had behalve de leeuwenman. En hij was er alleen in haar dromen, alleen als hij dat wilde. Ze had niet op hem kunnen rekenen. Was zij niet hetzelfde geweest als Io, toen ze Toek smeekte om haar als leerling aan te nemen?

'Je mag met me meereizen,' zei ze.

Zijn ogen werden zo groot dat Joeni bang was dat ze uit hun kassen zouden vallen. Ze glimlachte.

'Ik zal goed voor je zorgen,' zei hij vlug, 'ik zal alles doen wat je vraagt!'

'Maar,' onderbrak Joeni hem, 'het kan zijn dat het niet is wat je verwacht. Het kan zijn dat ik je dingen vertel die je niet wilt horen. Het kan zijn dat ik je dromen niet begrijp, of dat ik je niet kan leren hoe je ze moet tekenen. Begrijp je dat?'

Io was heel even stil. Toen vermande hij zich.

'Ik begrijp het. En ik zal leren wat mogelijk is, en accepteren wat niet mogelijk is.'

'Goed zo. En nu zal ik je vertellen waarom ik reis.'

Als je me nu eens kon zien, Toek; Joeni de eigenwijze dromersleerling heeft nu zelf een leerling. Je zou niet meer bijkomen van het lachen.

17

Io had geprobeerd serieus naar haar uitleg te luisteren, dat moest Joeni hem nageven. Maar terwijl ze vertelde, begon ze zelf te twijfelen aan haar motieven. Ze had een mammoetjong gevolgd naar zijn kudde, niet wetend of het jong wel een kudde hád. En nu volgde ze de geluiden van de mammoeten die alleen zij kon horen, en liep in een richting waar die volgens haar vandaan kwamen, omdat haar overleden leraar haar in de vorm van een mammoet had gezegd hem te komen zoeken. Als ze het zo samenvatte, leek het nogal hopeloos, en Io moest dat ook denken. Maar hij liet niets blijken.

Misschien moest ze hem vertellen van de droom die haar stamgenoten de dood ingejaagd had, maar daarvoor was het nog te vroeg. Ze wist niet of ze daar óóit klaar voor zou zijn. Voorlopig moest hij hier tevreden mee zijn. Zij was de dromer, hij de leerling. Ze zou hem geven wat zíj wilde.

Net als Toek.

Io nam zijn taken als leerling serieus. Iedere dag vernieuwde hij de tekens op zijn gezicht, de tekens van de Droomreis, alsof ze hordes stammen tegen zouden komen om ze te zien. Joeni lachte, waarna hij haar aanbood haar gezicht opnieuw te schilderen. Ze weigerde.

Dit zijn mijn tekens, dacht ze, ze zijn misschien niet zo mooi, maar ze vertellen wat ik heb gedaan en meegemaakt.

Io zorgde voor haar alsof ze zichzelf het Zwijgen had opgelegd. Ze zou nooit meer flauwvallen van de honger of sprakeloos zijn van de dorst. Hij ging jagen, haalde water, zocht knollen, maakte vuur. Ook als Joeni de mammoetkudde niet hoorde en wilde slapen, al was het midden op de dag. Als ze wakker werd, was er iets te eten.

Hij klaagde nooit. Het enige wat hij van haar vroeg, was dat ze haar dromen voor hem tekende en hem vertelde wat ze had gezien. En dat deed ze. Io kon eindeloos naar haar tekeningen staren en hij mompelde dan in zichzelf, alsof hij ieder detail wilde onthouden en in zijn geheugen wilde prenten. Hij wilde het begrijpen. Maar zijn dromen waren vreemd.

'Ik ben een speer,' begon hij terwijl ze afdaalden in een smalle riviervallei. Joeni's schouder was genezen, maar was nog steeds gevoelig en ze wilde voorzichtig zijn. Ze probeerde zich op haar voeten te concentreren terwijl ze luisterde.

'Ik ben een speer en ik vlieg door de lucht. En dan, paf! Ik snijd door vlees, kom tot stilstand tegen bot en ik tril! En het dier dat ik raak is een leeuw, en hij schreeuwt en brult, en zijn nagels schrapen over me heen maar ik voel niets. Ik voel het leven uit hem verdwijnen. Als hij stilligt, word ik wakker. Wat betekent dat?'

Joeni zei niets. Ze probeerde niet uit te glijden over de losse stenen onder haar voeten.

'Joeni?'

'Wacht even.'

Ze gleed het laatste stukje omlaag en luisterde. Ze waren er nog, haar mammoeten. Ze begon langs het water te lopen.

'Hoor je ze echt niet?' vroeg ze aan Io. Hij hield even stil, maar schudde toen zijn hoofd.

'Ah.'

'Mijn droom?' vroeg hij nog een keer.

'O ja. Je was een speer, zei je?'

Hij was altijd díngen. Als er al dieren waren in zijn dromen, gingen die dood omdat hij een speer was, of iets anders scherps of hards. Toek had voor zover zij wist nooit zoiets gedroomd. Zijzelf ook niet. Waren het wel dromen van de Moeder? Kwamen Haar boodschappen niet altijd in de vorm van dieren, de grote dieren van de vlakte? Waar was Io's vlakte? Hij bleef altijd in de handen van mensen.

'Ik moet erover nadenken,' zei ze. 'Je dromen zijn vreemd. Wat was je eerste droom, waar je het over had, de eerste droom nadat je mij had ontmoet?'

'Ik... ik weet het niet meer.'

Hij loog.

'Dan vertel je het niet. Maar ooit zal het moeten, als je wilt dat ik je help.'

Hij zei niets meer. Het moest wel heel erg zijn.

'Kom,' zei ze. 'Ik zie mooie, egale wanden. Laten we kijken of we hier wat dromen tot leven kunnen laten komen.'

Ondanks het gebrek aan dieren in zijn dromen, was Io een goede tekenaar. Hij zag hoe de wand de vorm van een dier kon oproepen en versterken, hij begreep lijnen en verhoudingen.

Zelfs hij is beter dan Tira was.

Maar hij vermoordde ze. Lelijke, harde strepen doorboorden zijn bizon. Het waren geen tekens die hij schilderde, maar grove vegen, krassen van verf. Hij ging er helemaal in op, zo erg dat hij een beetje hijgde als hij klaar was.

'Speren,' zei hij.

'Maar het was toch een leeuw die je raakte, niet een bizon?'

Io keek naar haar, toen weer naar zijn schildering, toen weer naar haar.

'Ik was de speer,' zei hij. 'Ik raakte een machtig beest. Een bizon is ook machtig. Wat maakt het uit? De rots vroeg om een bizon, niet om een leeuw.'

Hij voegde nog wat korte strepen toe, uit de bek van de bizon.

'Hij schreeuwde,' zei Io. 'Dit is zijn stem.'

Hij legde zijn kwast neer en rommelde in zijn tas. Een smalle fluit kwam tevoorschijn. Hij ging met zijn rug tegen zijn zojuist geschilderde bizon zitten en begon te spelen.

Joeni schudde haar hoofd. Hij ging te snel. Hoe kon ze hem iets leren als hij nu al zijn aandacht kwijt was? Al speelde hij erg mooi. Ze keek omhoog naar haar eigen droom, een sluipende leeuw, bek halfopen, de geuren proevend, op zoek naar een prooi, net als zij. Eigenlijk had ze de leeuwenman willen schilderen, maar dat klopte niet. Hij was geen droom van de Moeder. Hij was alleen van haar. Ze voelde aan de amuletten op haar jas, figuurtjes van dieren en tekens die ze uit bot en ivoor had gesneden wanneer ze rustte bij het vuur en wilde ontspannen. Misschien kon ze de leeuwenman een keer maken. Dat zou goed zijn. Dan zou hij haar ook in deze wereld kunnen helpen.

Io speelde door en Joeni imiteerde zijn houding, met haar rug tegen de leeuw die ze zojuist had getekend. Ze sloot haar ogen en liet zich meevoeren op de melodie. Misschien zou zij nu een keer dromen dat ze een fluit was. Misschien zou ze Io dan beter begrijpen.

Een diepe brul klonk door de vallei.

Io liet zijn fluit vallen, waardoor die in twee stukken op de grond belandde.

Joeni sprong op. 'Inpakken, nu,' zei ze.

Het geluid leek overal te zijn, afketsend op de steile rotswanden. Waar kwam het vandaan? Waar was de leeuw? Een nieuwe brul. Hij was achter hen. Toch?

'Snel,' zei Joeni.

Ze duwde Io voor zich uit met haar ene hand terwijl ze haar speer greep met de andere, voortdurend achteromkijkend. Waar was de leeuw? Hij klonk zo dichtbij.

'Joeni...' Io bevroor waar hij stond.

De leeuw keek hen recht aan, zijn staart zwiepend over de grond, het puntje soepel, alsof het een eigen leven had. Het dier stond stil, maar al zijn spieren waren gespannen.

Mijn droom is werkelijkheid geworden. Waarom toch, Moeder?

Wat ging hij doen?

'We moeten geluid maken,' zei Joeni. 'Niet wegrennen. Misschien heeft hij geen zin in ons. Wapper met je armen. Schreeuw! Heja! Hejaaaaaaaa!'

De leeuw deinsde achteruit. Heel even maar. Zijn oren gingen plat naar achteren. Hij was klaar om te springen.

'Nee!' riep Io. Hij rende naar voren en gooide zijn speer met al zijn kracht.

'Io! Niet doen!'

Het wapen schampte de leeuw, die zo hard brulde dat de lucht ervan trilde. Het dier begon te rennen.

'Opzij!' gilde Joeni, en ze duwde Io omver.

De leeuw was bij haar en hij sprong. Joeni schreeuwde, greep haar speer met beide handen vast en stak zo hard mogelijk naar zijn ogen. Mis! Ze draaide snel opzij, maar de leeuw haalde uit en zijn nagels bleven in haar jas hangen. Ze werd onherroepelijk omlaag getrokken.

'Nee, nee!'

Zijn andere klauw scheerde langs haar gezicht en liet een gloeiende pijn achter. Ze stak nog een keer, zo hard ze kon, maar raakte hem niet. Toen brulde hij, harder dan ze een leeuw ooit had horen brullen.

'Io!'

Io had zijn speer weer opgeraapt en in de zij van de leeuw gestoken. Nu hing hij er met zijn hele gewicht op. Het dier worstelde en draaide om bij hem te kunnen komen en haalde met zijn klauwen naar hem uit. Io schreeuwde en viel naar achteren. Hij was gewond! Maar er was geen tijd om daarover na te denken. Dit was Joeni's kans. Ze sprong op, zette zich schrap en stak haar eigen speer in de hals van de leeuw. Zijn gebrul veranderde direct in een akelig piepen terwijl hij ernaar graaide, maar hij reet alleen zijn eigen huid verder open. Joeni liet niet los. De leeuw zakte hijgend door zijn poten, rollend met zijn ogen.

Net als Zoeker, dacht Joeni, uiteindelijk zijn we allemaal prooi.

Het duurde lang. Hij was heel sterk. Zijn spieren schokten en hij bleef pogingen doen om op te staan. Uiteindelijk was het voorbij. De roofdierglans verdween uit zijn ogen, zijn tong hing uit zijn bek. Zijn klauwen gleden naar de grond en werden slap. Joeni liet de speer los en liet zich achterovervallen. Io kroop op handen en knieën naar haar toe.

'Jouw droom en mijn droom,' hijgde hij. 'Samen.'

Joeni antwoordde niet.

'Ben je gewond?' vroeg ze in plaats daarvan.

'Ja,' zei Io. 'Hij heeft mijn arm te pakken gekregen. Maar je gezicht...'

Joeni voelde niets, maar ze wist waar de klauwen haar hadden geraakt. Ze durfde er niet aan te voelen. Er was geen pijn. Nog niet.

Ze keek naar de leeuw. Eigenlijk zouden ze hem moeten villen. Weinig mensen konden zeggen dat ze een leeuwenvacht bezaten. Ze wist dat Io hetzelfde dacht, maar er was geen tijd. De huid moest worden schoongemaakt, uitgerekt, soepel gekneed, met oker ingesmeerd. Het zou te lang duren. De aaseters zouden niet lang op zich laten wachten. Ze roken de dood van ver. En Io en zij waren gewond.

'Een tand,' zei Joeni. 'We hebben geen tijd voor de huid, maar we nemen een tand. Dan gaan we. We moeten onze wonden verzorgen, en als we dat doen, willen we niet hier in de buurt zijn. Bloed is bloed voor hyena's.'

Heel even leek Io haar te willen tegenspreken, maar toen knikte hij.

'Een tand,' zei hij.

Voor Joeni het wist, duwde Io haar een hoektand in handen. Warm en bloederig. Een schaduw gleed over het lijf van de leeuw en Joeni keek naar boven, haar hand boven haar ogen om ze af te schermen voor de felle zon. Gieren. Nu al.

'We moeten gaan,' zei ze.

Ze krabbelde overeind. Io had een afwezige blik in zijn ogen. Had hij te veel bloed verloren? En hoeveel dan? Ze pakte hem bij de arm, en hij schreeuwde het uit. Dat was de gewonde arm. Ze moest beter opletten.

'Het spijt me,' zei Joeni. 'Maar we moeten nú gaan.'

Hij knikte beverig.

'Kom.'

De vallei lag ver beneden hen toen ze eindelijk durfden te stoppen. Het was goed om weg te zijn, bij de rivier en de dode leeuw vandaan, om niet klem te zitten tussen de rovers die allemaal op het karkas afkwamen. Io was bleek, en Joeni had hem op sommige steile stukken omhoog moeten trekken. Nu zat hij op de grond te rillen, terwijl Joeni probeerde zo voorzichtig mogelijk zijn jas uit te trekken. Hij schreeuwde niet, maar ze kon zien dat het hem erg veel moeite kostte om zich te bedwingen. En geen wonder.

Ze had de mouw van zijn arm af moeten pellen. De leeuwenklauwen hadden door het leer heen gereten en diepe sneeën in zijn huid achtergelaten. Ze kon zijn rode vlees zien, het wit van zijn pezen. Het moest schoongemaakt worden, en verbonden. Dat zou pijn doen.

'Ik maak een vuur.'

Hij greep haar pols.

'Joeni. Voel jij helemaal niets?'

Ze stopte, en heel voorzichtig bracht ze haar hand naar haar wang. Haar vingers bleven een eindje boven haar huid zweven.

'Hoe... hoe erg is het?'

Haar vingertop raakte een flapje huid. Waar het niet hoorde te zitten. Ze trok snel haar hand terug.

'Jij eerst,' zei ze.

'Er zitten medicijnen in mijn tas,' zei Io.

'Als ik Ippi ooit ontmoet, zal ik haar kussen!'

Joeni maakte vuur en vulde Io's waterzak met al het water dat ze had. Ze legde kookstenen in het vuur en welde de kruiden die hij haar gaf in het water. Terwijl het mengsel heet werd, plukte ze de stukjes leer uit Io's wonden. Hij begon meteen weer te bloeden, en Io deed zijn best om dapper te zijn. Hij wás dapper.

Toen ze klaar was, liet ze heet water over zijn arm stromen. Nu schreeuwde hij wel. Ze pakte de helft van de kruiden, perste ze in een plak en bond ze met leren strips om zijn arm. Ze deed haar jas uit en bekeek haar eigen arm. Een paar ondiepe krassen maar. De leeuw had haar jas stukgereten, maar niet haar vlees. Voor de zekerheid maakte ze de krassen toch schoon. Ze keek Io aan.

'Kun jij me verzorgen?'

Ze zag hem slikken.

'Ik weet niet hoe,' zei hij aarzelend. 'Je gezicht... De krassen zijn...'

'Maak het schoon,' zei Joeni. 'Dat moet in ieder geval. Al het andere... ik weet het niet.'

Joeni ging liggen, haar gewonde kant omhoog, en ze liet Io het water over haar gezicht gieten. Het deed pijn, ongelofelijk veel pijn. Ze zag sterretjes.

'Ik maak je hele gezicht schoon,' zei hij toen. 'Dat lijkt me beter.'

'Goed.'

Ze sloot haar ogen terwijl hij met een zachte leren lap over haar gezicht wreef. De lap en het water kleurden zwart en rood. Het was alsof er naalden in haar gewonde wang werden gestoken, en ze kermde het uit.

Toen Io klaar was, bevoelde ze haar gezicht. Haar vingertop verdween in de snee op haar wang. Haar huid lag los, aan flarden.

'Ik...' Ze slikte. 'Duw... leg... alles zo goed mogelijk terug op zijn plek. Kun je dat? Hoe beter de wonden zijn afgedekt, hoe groter de kans dat het in orde komt. En dan de kruiden. Het komt... het komt vast goed.'

De pijn begon nu te komen, hij zong door haar oogkas en maakte haar wang gloeiend heet. Io's handen waren voorzichtig terwijl hij het kruidenkompres aanbracht, maar het was net alsof er een kooksteen op haar gezicht werd gelegd. Het pakket bedekte één oog. De leren strips bond hij om haar hoofd.

'Eén oog is genoeg om mee te kijken,' zei Joeni toen hij zich ervoor verontschuldigde. 'Samen hebben we er drie.'

'Ja,' zei hij. 'Wat nu?'

'Het liefst zou ik slapen, maar ik denk dat dit geen goede plek is. Misschien kunnen we een plek vinden waar we wat langer kunnen blijven.'

'En… en de mammoeten dan?'

'Die wachten. Die moeten echt even wachten.'

18

Joeni werd wakker van een krassend geluid. Waarom kon ze niet goed zien? Toen herinnerde ze zich de leeuw en zijn klauwen. Ze tastte naar het kruidenpakket op haar wang. Ze moest het binnenkort vernieuwen.

Ze kneep haar ene oog dicht tegen de zon. Het ochtendlicht viel de luchtgrot in en kleurde de rotsen roze. Io zat voorovergebogen te werken. Zijn goede arm bewoog op het ritme van zijn geneurie. Joeni duwde zichzelf omhoog. Haar hand raakte iets kleins en glads. Ze pakte het op en hield het voor haar gezicht. Het was de leeuwentand.

Io had hem schoongemaakt, en er zat een gaatje bovenin. Hij glansde wit, en de punt was zo scherp als een mes.

Ze zou hem op haar jas naaien, bij de andere amuletten. Io pakte zijn eigen tand en blies erop. Het stof dat daardoor opwaaide kriebelde in Joeni's neus en ze nieste. Hij keek naar haar en glimlachte.

'Een mooie trofee,' zei hij. 'Al vind ik het nog steeds jammer van de huid.'

'Hoe is het met je arm?' vroeg Joeni.

Hij bewoog hem heen en weer.

'Beter. En bij jou?'

'Ik zou willen dat ik weer twee ogen had,' zei ze. 'Maar ik kan in ieder geval weer slapen. De pijn is minder.'

Ze zaten inmiddels zes dagen in de luchtgrot. Het was geen woongrot, maar ze zaten beschut. Er groeiden zelfs twee bomen: dikke, kronkelige dennen die net als zij genoten van de windstilte en de warmte van de zon. Ze hadden hun huiden uitgerold en hadden meteen geprobeerd te slapen, voorzichtig hun plek zoekend om hun wonden te ontzien. Maar Io had onrustig geslapen, pratend en kermend, schoppend met zijn benen. Joeni had helemaal niet kunnen slapen. De brandende pijn in haar gezicht had zich naar haar oren, nek en ogen verspreid, en bezorgde haar steken in haar hoofd, alsof er naalden in haar hersenen zaten die prikten bij elke beweging. Het waren moeilijke dagen. Zeker omdat de mammoeten weer riepen, harder dan ooit, zo hard dat Joeni soms dacht dat zelfs Io ze kon horen. Soms keek hij verschrikt in de richting waar de geluiden vandaan kwamen, en dan kneep hij zijn ogen samen om daarna het hoofd te schudden en verder te gaan met waar hij mee bezig was.

Maar ze moesten rusten, hun wonden laten genezen, voor ze verder gingen. Joeni vreesde de dromen die ze zou krijgen. Maar ze kwamen niet.

In de dagen die volgden, nam de pijn af. Ze deed korte dutjes, maar die waren zwart en leeg als een grot, en snel vergeten. Net als de nachten, toen ze langer en dieper sliep. Io's dromen bleven onrustig, maar hij hield ze voor zichzelf. Hij zei dat het geen echte dromen waren, niet van de Moeder. Joeni spoorde hem aan ze toch te vertellen, maar hij gaf niet toe. Er zou een moment komen waarop ze boos op hem moest worden, en hem zou moeten dwingen. Hoe zou ze hem anders kunnen helpen dromer te worden?

Alsof jij Toek altijd alles vertelde.

'Als jij mijn verband verschoont, verschoon ik het jouwe,' zei Joeni toen Io zijn leeuwentand aan een koord had geregen en om zijn hals gebonden.

'Goed,' zei hij. 'Wie eerst?'

'Ik weet hoe dol je bent op mijn nieuwe gezicht,' zei Joeni. 'Ga je gang.'

Hij wierp haar een hopeloze blik toe en kwam toen naast haar zitten. Voorzichtig knoopte hij het leer los dat de kruiden op hun plek hield. De frisse lucht tintelde op de bezwete huid eronder.

'Klaar?' vroeg Io.

'Kom maar op,' zei Joeni.

Langzaam haalde hij de plak gestampte kruiden van haar gezicht. Hij plukte de achtergebleven stengels en blaadjes los. Het prikte, maar meer niet. Het felle daglicht deed nog het meeste pijn aan het oog dat afgedekt was geweest.

'Het… het ziet er goed uit.'

'Je liegt,' zei Joeni. 'Zeg wat je echt denkt.'

'Het geneest goed,' zei hij toen. 'Het is schoon. Maar… voel.'

Ze bracht haar hand naar haar wang. Haar vingers streken over iets wat geen huid was; het was hard, als opgedroogd leer. Ze pulkte er een beetje aan, en meteen had ze een stukje wang in haar hand.

'Niet doen!' zei Io. 'Nu bloedt het weer.'

Hij depte haar wang met de kruidenplak. 'Misschien moeten we het zo laten. Het is in elk geval gemakkelijker als we weer gaan reizen. Laten we kijken hoe het gaat.'

'Prima,' zei Joeni.

Het zou goed zijn om verder te kunnen. Al maakten haar wonden haar ongerust.

Waarom? Je bent een dromer. Je hoeft er niet mooi uit te zien. Voor niemand. Als het maar geneest.

Herinneringen aan de Verbinding drongen zich op, glimpen van Jerriks glimlach, de blik in zijn ogen als hij haar zag, zijn geur, zijn aanraking. De mooiste vrouw van de stam, had hij gezegd.

'O, Jerrik,' fluisterde ze. 'Als je me nu eens zag.'

'Wat? Wie is Jerrik?'

'Niemand,' zei Joeni vlug. 'Let maar niet op mij. Geef me je arm. Eens kijken of het er bij jou ook zo goed uitziet.'

Io had geluk gehad. Als haar gezicht er net zo uitzag als Io's arm, was het misschien niet eens zo erg. Al zei de manier waarop Io naar haar keek genoeg. Ze mocht er niet over nadenken. Het was niet belangrijk. Ze had het overleefd. Dat was meer dan de meeste mensen konden zeggen die een boze leeuw waren tegengekomen.

'Io, vertel me. Wat was je eerste droom, nadat je me tegenkwam? Waarom besloot je me te volgen?'

Hij hield zijn blik op de grond gericht.

'Io. Ik wil het weten. Als je het me nu niet vertelt, is onze tijd samen voorbij. Dan kan ik je niets leren. Als je echt mijn leerling wilt zijn, vertel je me alles. Nu.'

Zijn blik was scherp en verwijtend toen hij opkeek. Even dacht ze dat hij weg zou lopen, maar toen leek hij zich te bedenken.

'Ik heb gelogen, nou goed? Ik heb helemaal niets gedroomd.'

Hij keek haar brutaal aan, haar uitdagend om iets te zeggen. Ze hapte niet.

'Hoe je me zag daar op de vlakte, zo ben ik al jaren. Altijd alleen maar op kleine jacht. De jacht voor kinderen! Ik mag nooit mee op de grote jacht, nooit! Toen zag ik het mammoetjong, en het was te mooi om waar te zijn! Jij verpestte alles. Maar toen vertelde je over de kudde.'

Hij haalde diep adem.

'Ik ben altijd goed geweest in tekenen en graveren. De halve stam loopt rond met gereedschap dat ík heb versierd. Het was niet moeilijk Ippi ervan te overtuigen dat ik een droom had gehad; een échte droom, die vertelde dat de stam in de problemen zou komen zonder dromer. En dat het een teken van de Moeder was geweest dat ik jou had ontmoet. Dat het wel zo móést zijn. Ze stuurde me op Droomreis. Je was niet moeilijk te vinden. En ik ken de omgangsvormen van de dromers. Door al mijn tekeningen stuurde Ippi me al naar Rim toen ik heel jong was. Maar hij herkende me voor wat ik was. Een goede tekenaar, meer niet. Hij stuurde me uiteindelijk weg, maar doordat ik zo veel tijd bij hem had doorgebracht, verloor ik mijn plek bij de jagers. Als ik me nu kan bewijzen, krijg ik die plek misschien terug.'

Joeni wist niet of ze boos moest zijn of moest lachen. Deze jongen was het tegenovergestelde van haar. Hoe bestond het? Hij had gelijk. Het had zo moeten zijn.

'Jij dacht dat je wel in je eentje een mammoet kon neerhalen? Misschien heeft je stam gelijk en hoor je thuis bij de kinderen.'

'Een kleine mammoet!' wierp Io tegen. 'Dat kan niet moeilijk zijn.'

Hij was even stil.

'Ga je me nu wegsturen?'

'Wíl je weg? Io, je hebt een leeuw gedood. Dat lijkt me wel genoeg bewijs van je kwaliteiten als jager. Je hebt de tand. Je hebt de littekens. Je bent een held. Je hebt mij en mijn mammoeten helemaal niet nodig.'

'Dat is waar. Je hebt gelijk. Joeni, je hebt gelijk! Een leeuw! Dat is nog veel beter dan een mammoet!'

Hij sprong op, keek wild om zich heen en wees toen naar de vage heuvels in de verte.

'Daar! Ik kan nog gemakkelijk terug. Ik weet de weg naar de stam, ze zullen er nog zijn! Maar...'

Hij keek omlaag naar Joeni.

'Dan ben jij alleen.'

Joeni glimlachte. 'Dan zal ik weer beter voor mezelf moeten zorgen. Ik ben je dankbaar, Io, voor alles wat je voor me hebt gedaan. Ik had me geen betere leerling kunnen wensen. En geen betere giften. Je hebt talent voor het maken van dingen. Ik geloofde je.'

'Maar... dan heeft mijn stam nog steeds geen dromer. Dat was mijn opdracht. Dat was mijn doel. Dat zorgde ervoor dat Ippi me liet gaan. We hebben een dromer nodig, of mijn gedroomde rampen nu echt zijn of niet.'

Hij ging weer zitten.

'Mijn andere dromen zijn wel echt, weet je. Dat ik een speer ben, en een mes. Die dromen heb ik niet verzonnen.'

'Maar ze zijn niet van de Moeder,' zei Joeni. 'Ze zijn niet minder belangrijk, maar ze hebben niets te maken met de stam. Ze zullen Ippi niet helpen. Ik kan het weten. Ik heb ook zulke dromen.'

'Waarom is het vinden van die mammoetkudde zo belangrijk voor je, Joeni?'

Ze kon het niet langer voor hem verzwijgen. Niet na alles wat ze samen hadden doorstaan. Hij was eerlijk geweest, hij had haar alles verteld. Nu was het haar beurt.

Ze zaten met hun rug tegen de rotswand. De dansende vlammen van het vuur lieten de boomstammen bewegen.

Joeni liet haar achterhoofd rusten tegen de koele rots. Io zat naast haar, zijn handen spelend met de leeuwentand om zijn hals.

'Waren ze echt allemaal dood?'

'Ja,' zei Joeni. 'Wij hadden maar één leeuw om tegen te vechten. Zij stonden tegenover een troep. Kun je het je voorstellen, Io? Dat je bejaagd wordt alsof je de achterblijver van een rendierkudde bent? Dat ze samenwerken om je te pakken te krijgen, om je op te eten? Onze leeuw was niet op jacht. Hij voelde zich bedreigd door ons. Maar zij... zij waren prooi. Ze konden niets doen. En ik leidde ze erheen. Ik droomde over de mammoeten. Het is mijn schuld. Ik moet erachter komen wat er is gebeurd. "Kom me zoeken," zei de mammoet, met de stem van mijn leraar. Dat is wat ik moet doen. Ik moet erachter komen wat mijn mammoetdroom echt betekende. Ik moet erachter komen wat ik fout heb gedaan.'

'Wat ga je doen als je het weet?'

'Ik... ik weet het niet. Ik heb er nog niet over nagedacht.'

'Kom met mij mee,' zei Io, plotseling rechtop. Zijn ogen glinsterden. 'Ik blijf bij je en help je zolang je reist. En dan... dan neem ik je mee naar Ippi en word je onze nieuwe dromer. Je hebt een stam nodig, Joeni. Je kunt niet voor altijd in je eentje blijven. En dan kan ik mijn leeuwentand laten zien en mijn plek bij de jagers krijgen. Het is een goed idee. Wat denk je?'

'Io...'

'Ippi is een goede stammoeder. We kennen de beste woongrotten en de rijkste jachtgronden. Je zult niets tekortkomen, Joeni. We zullen goed voor je zorgen.'

'Ik weet niet of ik er klaar voor ben.' Joeni keek Io gepijnigd aan. 'Ik wil niet weer een stam in gevaar brengen. Ik wil niet weer jagers de dood in sturen. Wat als ik het nooit zal begrijpen, Io? Wat voor dromer heb je dan aan je stam gegeven? Niemand zal je er dankbaar om zijn.'

Even was het stil.

'Maar je zult het ontdekken,' zei Io toen. 'En begrijpen. En dan zul je nooit meer dezelfde fout maken. Daar gaat het om, toch? Jíj bent op Droomreis. Niet ik.'

Hij knoopte met twee handen de veer los uit zijn haren. Het was de veer van een arend, groot, lang, bruin met wit. De dromer met deze veer in zijn haren zocht naar een scherpe blik, zo scherp als de blik van deze vogel, die vanaf de top van een klif een muis kon zien scharrelen tussen het mos.

'Deze is voor jou, Joeni. Ik ben hem niet waardig.'

Ze pakte de veer aan, draaide hem rond tussen haar duim en wijsvinger.

'Morgen,' zei Joeni. 'Morgen zal ik beslissen.'

19

De veer wapperde in haar haren en streek langs haar wang. Joeni keek uit over de heuvels en luisterde. Zojuist had ze ze nog gehoord, haar mammoeten. Nu waren ze stil. Maar ze hadden dichterbij dan ooit geklonken. Onbewust streek ze met haar vingers langs haar gewonde wang. Harde randen en korsten, vreemd en gevoelloos.

'En? Hoor je ze?' vroeg Io, hijgend van de klim. Ze had hem niet weg kunnen sturen. Hij had haar niet achter willen laten. En misschien was het goed zo. Ze kon niet alleen blijven. Ze moest een stam hebben. Dus waarom zou ze zich niet aansluiten nu de kans zich voordeed? De stam van Ippi had geen banden met Uma. Joeni's verbanning gold hier niet. Ze zou een nieuwe jas hebben, als Ippi haar wilde hebben. Ze móést haar mammoeten vinden.

Joeni sloot haar ogen en luisterde.

Ontspan. Maak je hoofd leeg.

De wind gierde om haar heen, trok aan haar kleren, haar haren, suisde in haar oren en liet ze tintelen.

'Daar,' zei ze, en ze wees.

Ze had ze gehoord, heel even maar, de roep van een moeder om haar jong, maar het was genoeg. Ze zou ze vinden.

Joeni veegde over haar gezicht. Ze rustten uit bij een grote steen die de ingang van de smalle vallei markeerde die ze zo direct in zouden gaan.

'Niet doen, Joeni, je komt helemaal onder de vegen te zitten,' zei Io. 'Niemand zal de tekens van je Droomreis meer kunnen zien. En ik heb nog zo mijn best erop gedaan.'

'Ik verwacht niet dat we iemand tegenkomen,' zei ze. 'En de veer zegt genoeg. Je weet hoe ik eruitzag toen we elkaar voor het eerst ontmoetten. Zo zal ik er weer uit gaan zien. Het is wie ik ben. Het laat zien hoe ik droom.'

Io snoof. 'Wild en onbegrijpelijk dus.'

'Ja.'

Waarom deed dat pijn? Ze keek naar Io, en zag dat hij zich realiseerde dat hij haar gekwetst had.

'Het spijt me, Joeni. Ik dacht niet na.'

'Ik weet het.'

Wild en onbegrijpelijk. Gevaarlijk. Zoals Toek altijd heeft gezegd.

Ze was bezig een spoor van mammoeten achter te laten in het landschap, tekens die vertelden van zoeken en onzekere paden, van de geluiden van de kudde die ze hoorde, dag en nacht. Er was geen verschil tussen waken en slapen. Ze zag dat Io zich zorgen maakte.

Maar hij kan niet weten hoe het is. Hij is geen dromer. Hij begrijpt het niet. Hij kan het niet begrijpen.

Io hield woord. Als Joeni wilde dat ze stopten, stopten ze en zorgde hij voor het kamp. Als Joeni wilde vertrekken, vertrokken ze, zonder weerstand, zonder vragen. Het was gek om te bedenken, maar ze miste Io als leerling. Ze miste zijn vragen, zelfs de vreemde dromen die hij navertelde. Soms vroeg ze erom, vooral na onrustige nachten, wanneer hij kermde in zijn slaap, maar hij wilde niets meer vertellen.

‘Mijn dromen zijn niet van de Moeder,’ zei hij dan, ‘ze zijn niet belangrijk.’

Het had geen zin om hem onder druk te zetten. Het maakte hem chagrijnig.

‘Hier is ze dan,’ zei Joeni, en ze deed een stap terug. Een straaltje zwart kwijl liep over haar kin en de rug van haar handen was zwart. Maar de lijnen op de rots waren vloeiend en krachtig. De slurf van de moedermammoet krulde omhoog terwijl ze haar jong riep, zoals Joeni eerder had gehoord.

Misschien is het Zoeker die ze roept. Maar hij komt nooit meer terug naar de kudde.

Ze smeerde haar vingers in met de verfresten en trok de lijnen die vertelden dat dit een wakende droom was geweest. Ze zette de stippen die hun weg naar de vallei aangaven en tekens die aangaven dat ze de mammoet niet had gezien maar wel gehoord.

‘Zullen we gaan?’

Io zat met gekruiste benen op de grond geconcentreerd te werken aan iets wat hij heel dicht bij zijn gezicht hield. Ze raakte zijn schouder aan en hij schrok op.

‘Wat maak je?’ vroeg Joeni terwijl ze begon te pakken.

‘Een nieuwe fluit,’ zei hij. ‘Herinner je je die dode gier nog, waar we gisteren langskwamen? Zijn vleugelbotten zijn bijna hol en heel dun. Het wordt een mooie, ik voel het.’

‘Ik mis je muziek. Het zou goed zijn om je weer te horen spelen.’

‘Ik geloof er niets van,’ zei Io, maar hij zei het met een glimlach.

De rivier op de bodem van de vallei was smal en levendig. Het was meer een kloof waarin ze liepen, geflankeerd door twee rossige rotswanden met donkere holtes en spleten.

‘Het wordt natter,’ zei Io.

Joeni keek naar haar voeten. Hij had gelijk. Het leer van haar schoenen was donker geworden en haar voeten zakten weg in de modder.

'Het water stroomt haast niet,' zei Io. 'Joeni, kijk.'

Waar de rivier zojuist nog met witte schuimkoppen over rotsblokken had geklaterd, zag het water er nu donker en stil uit, met alleen wat rimpelingen in het oppervlak. Werd hij ook breder?

Io vertraagde zijn pas en zei iets. Joeni hoorde hem, maar ze verstond hem niet. Het geluid van de mammoeten was oorverdovend. Hun poten denderden over de grond, ze tetterden en snoven zo hard dat Joeni haar handen voor haar oren sloeg en zich tegen de rotswand aan drukte. Ze kwamen eraan! En ze zouden hen verpletteren!

'Io!' riep ze. 'Zoek dekking!'

Maar hij bewoog niet. Zijn mond bewoog wel. Hij praatte, maar er klonk geen geluid. Hij kwam naar haar toe. Wat deed hij? Hoorde hij ze dan niet?

'Ga weg, pas op!' riep ze.

Hij liep naar haar toe en greep haar arm. De geluiden verdwenen.

'Er is niets, Joeni!' zei hij. 'Wat is er met je?'

'Ik... De mammoeten. Ik hoorde de mammoeten zo dichtbij...'

Ze rukte zich los en rende naar voren, de volgende bocht door. Haar voeten plonsden in het water en ze slaakte een kreet. Hier waren de mammoeten. Maar ze zouden nooit meer geluid maken.

Voor haar lag een meer, geen rivier. Een glanzende plas, die bijna de gehele valleibodem vulde. In het water lagen de karkassen van twee mammoeten. Hun witte botten staken door hun half vergane huid, waar een groepje raven aan pikte. En de kloof was dicht. Een donkere muur van rotsblokken en puin blokkeerde zowel water als zonlicht. Het was kouder hier. Joeni huiverde.

Io was naast haar komen staan. 'Zijn dit ze? De mammoeten uit je dromen?' vroeg hij.

Was het zo? Waren dit de mammoeten die Toek haar opgedragen had te vinden? Ze sloot haar ogen. De droom. Het reuzenhert. De leeuwenman. De kloof met mammoeten, bloedend, stervend...

Zo te zien waren deze mammoeten nog niet door mensen gevonden. Het mannetje had indrukwekkende slagtanden, waarvan er eentje omhoogstak uit het water. Iedere stam die hier langs was gekomen, zou ten minste de slagtanden hebben meegenomen. Om kralen van te maken, beeldjes, amuletten, speerpunten zelfs. Dieren wilden alleen het vlees, en de botten misschien. Zo te zien hadden zij hun best gedaan. De mammoet bestond vooral nog uit lucht, verpakt in botten en wat flarden huid. Hoe was hij gestorven? Leeuwen? Maar die zouden nooit twee volwassen mammoeten neer kunnen halen.

Joeni liep over de oever tot ze niet verder kon. Ze keek omhoog langs de puinhelling die de vallei afsloot. Het water van de rivier aan haar voeten stroomde nog een beetje. Het sijpelde tussen de rotsblokken door. Ze begon te klimmen, balancerend op wankele stenen en glijdend over losliggend gruis. Ze wilde het beter zien.

'Joeni, pas op!' klonk de stem van Io beneden toen ze halverwege was. Ze voelde het voordat ze het zag. De helling begon te schuiven. Ze gaf een schreeuw en klom zo snel mogelijk opzij, in de richting van de vaste wand van de kloof, terwijl de stenen waarop ze zojuist nog had gestaan naar beneden rolden zodat haar voeten in de lucht trapten. Ze viel en schoof op haar buik over het scherpe puin.

'Help!' riep ze, maar Io kon haar niet helpen.

'Boven je! Joeni!'

Een enorm rotsblok kwam recht op haar af. Het rolde en stuiterde, kraakte en verpulverde de kleinere stenen op zijn pad. Ze kon niet anders dan in elkaar duiken, haar armen over haar hoofd, haar gezicht tegen de helling, met grind in haar mond en stof in haar ogen. Het rotsblok kwam boven haar neer, met een doffe plof die stenen en gruis op haar liet regenen.

Nu valt hij op mij, dacht ze, hier ga ik dood, samen met mijn mammoeten.

Maar er gebeurde niets. Ze keek naar boven. Het blok balanceerde op een richel van puin. Langzaam begon het naar voren te hellen.

'Snel!' schreeuwde Io. 'Opzij en omhoog!'

Ze klom, greep om zich heen, kroop, schoof, zo snel ze kon. Ze schreeuwde terwijl ze klom, alsof de kreten haar de kracht gaven om sneller te gaan, alsof ze haar spieren kon toeschreeuwen beter hun best te doen.

'Joeni!'

Nog een stukje, nog even!

Ze trok zichzelf op en voelde gras en aarde. Ze was bij de top van de kloof.

Beneden haar rolde het rotsblok omlaag met een oorverdovend geraas.

Ze draaide zich op haar rug, haar adem snel en diep, haar longen brandden. Ze was veilig.

Het duurde even voor ze overeind kwam. Het stof maakte haar blik wazig en liet haar ademhaling raspen. Ze stond op en keek naar beneden. De rotsblokken waren gestopt met schuiven. Het was stil.

'Io?' riep ze. 'Waar ben je?'

'Hier,' zei hij. Hij stond naast haar. Ze maakte een sprongetje van schrik.

'Hoe kom jij hier?'

'Een stukje terug is een goed pad omhoog. Een wildpad, zo te zien. Veel dieren zullen blij zijn geweest met onze dode vrienden hier. Genoeg te eten voor een lange tijd.'

Hij keek haar onderzoekend aan. 'Gaat het?'

'Ik denk het wel. Hoe zie ik eruit?'

'Vreselijk, zoals gewoonlijk. Onder de schrammen. Je bent wit van het stof. Overal.'

'Dank je.'

Joeni richtte haar blik op de horizon en keek om zich heen. De vlakte was kaal. De blauwe lucht leek te trillen in het felle zonlicht. In de verte schemerden de schaduwen van nieuwe riviervalleien en scherpe heuveltoppen. Ze draaide rond, op zoek naar iets wat ze zou herkennen, iets wat haar zou helpen.

'Daar!' Ze wees, en Io's blik volgde de hare. Hij vroeg iets, maar zijn stem klonk ver weg.

Op een van de heuveltoppen verscheen een silhouet. Hij stak zijn hand op en ze imiteerde zijn gebaar. Plotseling was ze daar, en stond ze naast hem. De leeuwenman. Hij besteedde geen aandacht aan haar, zijn blik was gericht op iets anders. Joeni liep om hem heen en zag het. Zij was het zelf. De leeuwenman wees. Het was haar droom. En hij wees naar de plek waar ze nu stond. De plek van de aardverschuiving.

Ze knipperde met haar ogen, zag dubbel, en was toen weer terug boven aan de kloof naast Io. Ze schudde haar hoofd.

'Joeni, wat gebeurde er?'

Io had een bezorgde blik in zijn ogen. Ze greep zijn schouder en zei: 'Een droom, Io. Dit was nou een droom.'

Joeni liep naar de rand van de kloof en keek omlaag. Door haar beklimming had de puinberg zich verspreid in het water. Nieuwe obstakels voor de rivier, nieuwe stromingen. Tussen de stenen blonk iets wits. Ze greep zich vast en liet zich weer naar beneden zakken.

'Joeni, wat doe je? Kom terug!'

Ze antwoordde niet. Ze moest weten wat het was. Dit was de oplossing. Die lag hier, onder het puin. Ze daalde langzaam af. De helling was al ingestort. Wat kon er nog gebeuren?

Joeni klauterde over de stenen, balanceerde op scherpe randen die in haar zolen sneden, sprong van rotsblok naar rotsblok, tot ze er was. Ze knielde en stak haar hand uit. Haar vingers vonden stroef ivoor.

Mammoet, dacht ze, mammoet onder steen.

Toen ze haar hand terugtrok, zaten haar vingers onder het bloed. Maar toen ze met haar ogen knipperde, was het verdwenen.

Bloed...

Ze groef in het gruis, schoof stenen opzij en wierp stof op. Nog meer botten. Voorpoot, schouderblad, ribben...

Bloed...

'Bloed!' riep ze toen. Het was zo duidelijk. Dát had de Moeder haar willen vertellen. Dát had de leeuwenman duidelijk willen maken! Niet alleen in de droom van het reuzenhert, maar ook in de droom daarna, van de bloedende mammoeten in de kloof. Ze hadden haar niet gewezen waar de mammoeten zouden zijn. Ze hadden haar gewezen waar ze níét zouden zijn. Ze hadden haar gewaarschuwd voor het instorten van de kloof, voor het blokkeren van de route van de kudde. Sommige mammoeten waren onder de rotsblokken terechtgekomen, andere waren gewond geraakt en gevlucht. De Moeder had Joeni verteld om dat jaar niet op de mammoeten te rekenen. Wat had ze het fout gehad. Zo ontzettend fout.

'O, het spijt me zo,' zei ze terwijl ze de slagtand aaide. 'Het spijt me zo ontzettend.'

De opluchting die ze zojuist had gevoeld, verdween als een vis onder water. Waarom had ze Toek niet van haar tweede droom verteld? De bloedende mammoeten. Toek had vast geweten wat dat betekende. Hij had de jagers tegen kunnen houden, hij had hun dood kunnen voorkomen, als ze het maar had verteld!

Je mocht niet met Toek praten, weet je nog?

Maar dat maakte het niet beter. Ze was Joeni, en Joeni liet zich nooit tegenhouden! Waarom nu dan wel? Waarom?

Ze hoorde Io aankomen, zijn voetstappen krakend op het losse puin, zijn adem puffend terwijl hij haar route volgde, springend van steen naar steen.

'We moeten verder,' zei Joeni zonder zich om te draaien. Ze wist nu waarheen de vallei haar zou leiden. Uma's jagers, háár jagers, waren van de andere kant gekomen. Zij hadden de mammoeten niet gevonden. Maar de leeuwen hen wel.

Ze klommen over de puinhelling naar waar de mammoeten niet hadden kunnen komen. De rotsen werden lager, om uiteindelijk uit te komen in een brede vallei met een slingerende rivier en steile wanden, afwisselend aan de ene of de andere kant van het water.

Joeni zei niets, en Io volgde haar zwijgend.

Ze keek naar de grond, niet naar boven of opzij, zelfs niet als er een roofvogel krijste of een dier in de verte brulde. Eén keer greep Io haar arm.

'Leeuwen,' fluisterde hij.

Natuurlijk. Leeuwen. Het zou passend zijn. Het zou kloppen.

'Niets aan te doen,' zei ze. 'Laat maar komen.'

Hij had haar verbijsterd aangekeken, maar Joeni was doorgelopen, de grond afspeurend naar dat wat ze verwachtte te vinden, dat waar ze bang voor was maar wat ze zo nodig had. De leeuwen kwamen niet. Dat wat ze zocht, wel.

Een kreet ontsnapte aan haar keel en ze rende naar voren, viel op haar knieën en boog haar hoofd. Tranen vertroebelden haar blik. Ze strekte haar vingers uit naar het bot dat voor haar lag. Een dijbeen. Van een mens. Van een jager. Van een stamgenoot. Ze had hen gevonden.

Ze kroop rond, zoekend, om zich heen kijkend, en vond meer.

'Io,' zei ze huilend, terwijl ze naar hem opkeek, zijn blik ongerust en angstig. 'Dit zijn ze. Mijn jagers. De dappere mammoetjagers.'

Ze lagen ook aan de overkant van de rivier. Het wit van hun botten glom in de middagzon. Ze waren alle kanten op gerend, zelfs door het water. Maar niemand had kunnen ontsnappen. Alleen Cram en Das. Het brullen van de leeuwen, het gillen van mannen en jongens vulde de vallei, vulde haar oren. Maar dit keer wist ze dat Io het niet kon horen, en ze wachtte tot het voorbij was.

'Help me,' zei ze toen.

Verdwaasd dwaalde Joeni door de vallei, langs de rotswand, langs het water. Ze raapte botten op van armen, benen, wervels. Allemaal gebleekt door de zon. Ze lagen verspreid op de oever, waren naar de rotswand gesleept, naar de schaduw. Ze waren aangevreten, en van sommige botten was nog maar de helft over. De rest zat in een leeuwenmaag, of in de maag van een ander dier, dat na de leeuwen was gekomen. Ze hield ze in haar armen, bracht ze weer bij elkaar zoals ze waren geweest: een groep mannen en jongens die met elkaar hadden gelachen, geruzied en gevochten.

En verloren…

Ze zag Io de rivier oversteken en knielen bij de botten voordat hij ze opraapte. Ze was hem dankbaar.

Haar voet raakte iets en ze keek weer omlaag. Een schedel rolde op zijn zijkant, de helft van het gezicht verdwenen, de onderkaak weg. Leeuwen waren dol op alle onderdelen van hun prooi. Joeni slikte even, maar pakte hem toen toch op.

Wie ben je? Wie was je? Ik kende je. Ik jaagde met jou.

Er waren geen botten meer om te verzamelen. Io stak de rivier weer over.

'Dit is alles.'

Io knielde en legde de botten op de grond.

Hij is zo voorzichtig. Alsof het zijn eigen stamgenoten zijn.

'Wat nu?'

Joeni draaide zich om naar de rotswand. Er moest ergens een goede plek zijn. Een plek waar ze niet gestoord zouden worden.

Ze wees. 'Daar.'

Er was een nis, een donker, driehoekig gat in de rotswand, ter hoogte van haar heupen. Io bracht de botten erheen terwijl Joeni de nis schoonveegde. Het was een goede plek. Ze knielde en pakte haar verfspullen. Rood voor op hun botten. Zwart voor de nis, een teken van hun ongelukkige dood, van hun pijn en angst. Ze maalde de oker, spuugde erin.

'Jij ook, Io.'

'Ik? Ik ben geen dromer!'

'Maar je hebt ze wel op hun plek gelegd. Jij en ik zijn de laatsten die hen hebben aangeraakt. Het hoort zo. Alsjeblieft, Io.'

Hij kwam met tegenzin naar haar toe en liet een druppel speeksel in het poeder vallen.

'Dank je,' zei Joeni. Ze haalde wat water uit de rivier en lengde de verf aan.

'Jullie worden gemist,' zei ze, 'de stam van Uma is leeg zonder jullie. Het spijt me. Rust nu in de armen van de Moeder.'

Ze nam een slok van de verf en spuugde die over de botten. Ze gaf hun haar adem, allemaal evenveel, het was het laatste wat ze kon doen. Ze stopte pas toen alle botten rood waren, bedekt met de kleur van het leven.

De zwarte tekens waren snel gemaakt, golvende lijnen en scherpe hoeken, een handafdruk. Toen ze klaar was, zonk Joeni op haar knieën. Io ging naast haar zitten. Samen keken ze naar de versierde nis met de botten van de jagers. De jongemannen die een mammoet terug hadden moeten brengen, vol vreugde en trots; die hadden moeten zingen en grappen maken en verhalen vertellen bij het vuur terwijl het vlees roosterde. Io pakte haar hand en hield hem vast, zonder naar haar te kijken. Ze was blij dat hij er was.

Weer klonk het brullen van een leeuw door de vallei.

'We kunnen hier niet blijven,' zei Io.

'Nee,' antwoordde Joeni. 'Laten we verdergaan. Ik herken het hier nu, ik weet waar deze vallei naartoe leidt. En nu we hier zijn, wil ik mijn oude woongrot nog één keer zien.'

Ze lag opgekruld in het mos. Om haar heen was het donker.

Alleen, dacht ze, ik ben alleen, ik blijf alleen.

'Weet je nog?' vroeg de leeuwenman. Ze keek op. Hij zat naast haar, zijn benen gekruist. Zijn armen rustten op zijn knieën.

'Weet ik nog wat?' vroeg Joeni.

'Je eerste dromen,' zei hij.

'Nee.'

'Natuurlijk wel.'

Een zachte neus besnuffelde haar schouder, duwde tegen haar aan. Ze ging rechtop zitten. Een paard stond naast haar, hoofd omlaag, zoekend, vragend. Joeni stak haar hand uit naar zijn neus.

'De kudde is je niet vergeten,' zei de leeuwenman, 'maar jij hen wel.'

Joeni stond op en het paard kwam dichterbij, duwde zijn neus tegen haar hand.

'Niet vergeten,' zei ze. 'Weg. De kudde is altijd ver weg. Mijn dromen zijn zwart.'

Het paard verdween en liet een leegte achter die Joeni bijna kon voelen.

De leeuwenman kwam naast haar staan.

'Het zwart zit hier,' zei hij, en hij zette zijn wijsvinger op haar voorhoofd.

Ze duwde hem weg. 'Waarom heb je me niet verteld dat ik het mis had? Dat de mammoeten niet kwamen maar juist weg zouden blijven? Ik heb het je gevraagd! Ik heb het je zo vaak gevraagd.'

'En ik heb het je verteld. Ik praatte nog niet, maar ik heb het je verteld. Je begreep me alleen niet.'

'Zwarte dromen,' zei Joeni. 'Je stuurde me zwarte dromen.'

'Omdat ik dacht dat die jou zouden opvallen. Je droomde altijd rood. Maar ik had het mis. Je omarmde het zwart. Je dacht dat het je lot was. En toen je dat eenmaal dacht, was dat ook wat de Moeder je liet zien. Dat was waar je naar luisterde.'

'Ik doe alles fout,' zei Joeni, en ze wilde zich weer op de grond laten zakken, zich opkrullen in het mos, haar ogen dichtdoen en niets meer zien of horen. De leeuwenman greep haar arm. Hij gromde zelfs.

'Dit is niet Joeni,' zei hij. 'Ik ken jou niet.'

'Laat me los!'

Maar hij sloeg zijn armen om haar heen en drukte haar tegen zich aan.

Joeni worstelde, vocht, sloeg, schreeuwde, maar hij liet niet los. Zijn hartslag was diep en kalm. Haar oor drukte tegen zijn borst en zijn leeuwenkin rustte op het topje van haar hoofd. Joeni sloot haar ogen en luisterde.

'Het is tijd,' zei de leeuwenman. 'Je hebt de mammoeten gevonden. Je hebt je jagers begraven. Je begrijpt het nu. De kudde wacht op je, Joeni. Ze hebben je veel te lang moeten missen.'

Hij liet haar los, en de paarden verschenen, het denderen van hun hoeven werd gedempt door het dikke mos. Ze gooiden hun hoofd in de lucht, snoven, briesten, hinnikten. Wat had ze hen gemist.

'Samen,' zei de leeuwenman, en hij pakte haar hand. 'Zoals vroeger.'

Ze keek hem aan en hij keek terug met zijn glinsterende leeuwenogen.

'Ja,' zei ze.

Ze haalde diep adem en sprong naar voren.

De kudde rende verder. En Joeni rende met ze mee.

20

Ze hadden de kloof verder gevolgd, langs de oever van de slingerende rivier. De rotsen werden steiler en egaler. En toen, opeens, waren ze er.

Joeni was naar voren gerend, naar de ingang van de woongrot. Hij was onbeschut zonder de gordijnen die er altijd hadden gehangen, koud en donker zonder de haardvuren, stil zonder de stemmen van de stamleden.

'Is dit… is dit waar je woonde toen je droomde over de mammoeten?' vroeg Io.

'Ja. Hier is alles begonnen.'

Joeni had ook de luchtgrot opgezocht, de plek waar ze met Toek en Tira zo veel dagen en nachten had doorgebracht. Toeks neushoorns en mammoeten hadden haar begroet. Ze had haar hand op het reuzenhert gelegd, dat al aan het vervagen was zoals alle dromen die op de rotsen buiten werden geschilderd, overgeleverd aan zon en wind.

Je boodschap was sterk. Maar ik begreep hem niet.

Dat was toen. Dit was nu. Ze moest hier nog één ding doen.

Io zat op zijn hurken en prikte met een stok in de kooltjes van het afkoelende vuur dat hen de hele nacht warm had gehouden.

‘Ik? Nee. Ik hoor niet in een moedergrot. Dat is een plaats voor dromers.’

‘Kom, Io. Ik vraag het je. Je bent uitgenodigd. Het mag. En daarbij, ik herinner me een stel jongens die ook geen dromers waren. Toch gingen ze. Alsjeblieft, Io, ik móét dit doen. Ik wil graag dat je erbij bent. Wil je de moedergrot dan niet zien? Hoe vaak krijg je die kans?’

‘Ik ben geen dromer,’ zei hij koppig.

‘Goed dan,’ zei Joeni. ‘Dan ga ik alleen.’

Ze wees. ‘Als de zon daar staat en ik nog niet terug ben, is er iets misgegaan. Dan ben ik gevallen of verdwaald, of mijn lamp verloren. Ik zal op je wachten als dat gebeurt.’

‘In het donker?’

Zijn ogen verrieden zijn ware reden om niet mee te willen.

‘Wat moet ik anders? Als jij zorgt dat je genoeg licht meeneemt om me te vinden, hoef ik me geen zorgen te maken. Je vindt de weg wel, het is niet moeilijk.’

‘Maar dan ben ik alleen!’

‘Ja, dat wel. Tot je me vindt.’

Io keek haar boos aan. ‘Je houdt me voor de gek.’

Joeni glimlachte. ‘Misschien. Je kunt erop gokken dat alles goedgaat en hier blijven en afwachten. Maar je kunt ook met me meegaan. Dan ben je sowieso niet alleen.’

‘Al goed. Je hebt me. Alsof ik nog niet genoeg voor je doe.’

Joeni pakte zijn arm. ‘Ik weet wat je voor me doet, Io, en ik ben je dankbaar. Echt. En als dit gedaan is, ga ik met je mee naar je stam. Ik beloof het.’

‘Echt waar?’

‘Ja.’

Hij rimpelde zijn voorhoofd terwijl hij nadacht.

‘Ik zei toch dat alles goed zou komen,’ zei hij, en hij stond op om de spullen te verzamelen die ze nodig hadden.

De ingang van de moedergrot leek nauwer dan ze zich herinnerde, maar misschien was dat omdat ze hem de vorige keer 's nachts had bezocht, zonder zon om de eerste stappen naar binnen toe te verlichten.

Io's gezicht glom van het zweet. Angstzweet.

'Maak je geen zorgen,' zei Joeni terwijl ze haar lampje aanstak. 'Er kan je hier niets gebeuren.'

Want de beren zijn hier niet in de zomer.

Het leek haar niet verstandig dat hardop te zeggen tegen iemand die toch al bang was.

'Kom,' zei ze. Hij volgde zo langzaam mogelijk. Ze dacht dat ze zijn hart kon horen bonzen.

De vorige keer had zij een groepje baldadige jongens gevolgd, aan de rand van hun licht, struikelend en geconcentreerd op hoe ze het beste ongezien bij hen in de buurt kon blijven. Nu, met haar eigen lamp, leek ze de moedergrot voor het eerst te zien. De hoge zalen, de indrukwekkende wanden, in het begin scherp en gelaagd, niet geschikt voor dromen of verf. Io keek met grote ogen om zich heen.

'Ben je weleens eerder in een moedergrot geweest?' vroeg Joeni. Haar stem klonk hard en vreemd in de stilte van het duister.

'Nee,' antwoordde Io. Hij fluisterde. 'Rim wilde me een keer meenemen, maar ik durfde niet. Alleen dat al zorgde ervoor dat ik door de mand viel. Ik houd niet van het donker. Zelfs op een maanloze nacht zijn er sterren en schaduwen. Hier is niets. Als er iets gebeurt, als ik mijn lampje laat vallen, of jij, zijn we verloren. Ik wil niet verloren zijn in het donker.'

'We zullen opletten,' zei Joeni. 'Het komt goed. Kijk om je heen, Io. De Moeder is mooi.'

Een traag druppelen drong Joeni's oren binnen, regelmatig en helder, ononderbroken. Het duurde even voor de bron van het geluid in haar kring van licht verscheen. Het water drupte uit het plafond op het grote rotsblok in het midden van het pad.

Joeni herinnerde zich de beer, zijn geur, de angst. Heel even was het alsof die geluiden door de grot heen klonken, alsof de herinnering was blijven hangen en tot leven kwam door haar gedachten. Ze keek achterom naar Io, hij leek niets te horen.

'Wat ruik ik toch?' zei hij. 'Er ligt hier iets te rotten!'

'Kom,' zei Joeni. Ze rook het ook. De beer had niet meer kunnen ontsnappen. Precies dat waar Io zo bang voor was, was de beer overkomen. Misschien zouden ze hem niet hoeven zien. Joeni hoopte dat hij ergens in een hoekje was gekropen om te sterven. Aan de geur zouden ze snel genoeg wennen.

Ze wrongen zich langs de steen. Hij was nat en glibberig. Io maakte een geluidje van afschuw toen hij de steen aanraakte.

Joeni lachte. 'Wat is er met je? Ik herken je haast niet!'

Hij gromde wat. 'Ik wil hier niet zijn.'

Misschien was het toch niet zo'n goed idee geweest om Io mee te nemen. Joeni had gehoopt dat de pracht van de moedergrot hem zijn angst wel zou laten vergeten. Maar ze kon hem nu niet meer helpen. Ze waren bijna bij de wand met de handen.

Joeni hield het lampje voor zich uit en zocht de vloer af. Daar. De restanten van de haard die de jongens hadden gemaakt, de stenen verspreid door de beer die erdoorheen was gerend, brullend, boos en bang. Toen ze nog wat verder keek, zag ze zelfs hun verfspullen: de platte steen waarop ze het rood gemengd hadden, en wat brokjes oker, verstoft en vergeten. Ze raapte op wat ze kon vinden. Ze zou ze gebruiken voor wat ze ging doen. Het klopte.

Rood. Rood was altijd mijn kleur. Ik mag het niet vergeten. Dit is mijn belofte aan de Moeder.

Terwijl ze haar verf klaarmaakte, zwierf Io rond in de zaal, zoals Joeni ook had gedaan nadat de jongens haar ontdekt hadden. Misschien had de moedergrot hem nu toch gegrepen. Uit een ooghoek zag ze dat zijn lampje was opgehouden met bewegen. Zachtjes begon er een melodie door de grot te klinken, ijl maar prachtig. Ze keek op van haar verf. Io zat op de grond, zijn lampje voor zijn voeten en zijn rug tegen de wand. Zijn vingers bewogen over zijn nieuwe fluit. Hij had zijn ogen gesloten. Moest ze zeggen dat hij stil moest zijn? De muziek was te mooi en breekbaar om te laten stoppen. Toek had Joeni in Mams moedergrot stil laten werken tijdens het maken van haar handafdruk, maar wie zei dat dat per se moest? Het was mooi. Het was Io.

Joeni nam het kommetje mee naar de wand en zocht. Er waren niet veel dromershanden. De meeste waren klein en smal, van jonge mannen of vrouwen. Was dat Toeks hand? Ze zette de hare ernaast. Het zou kunnen. Ze miste hem.

Ik ben rood én zwart, Toek. Je zou trots op me zijn.

Dit was geen goede plek. Ze speurde de wand af en vond toen een plek laag bij de grond, onder een smalle richel.

Hier hoor ik.

Ze knielde neer, nam een slok verf en legde haar rechterhand plat op de rots. Rood smaakte anders dan zwart. Metalig als bloed. Zwart was als as.

Ze ademde diep in door haar neus en spuugde. De rode spetters op haar hand herinnerden haar weer aan de droom in Jerriks woongrot. De leeuwenman had haar willen vertellen dat ze niet voor Jerrik moest kiezen. Dat het haar pijn zou doen om haar hand in zijn woongrot te zetten. Dat ze moest volhouden, dat ze een dromer was. Maar ze had hem weer niet begrepen. Ze had Jerriks grot aangezien voor een moedergrot. Ze had gedacht dat de leeuwenman haar vertelde dat het leven als dromer haar pijn zou doen. Dat ze juist wél voor Jerrik moest kiezen. Of was dat gewoon wat ze had gewild? Dat zou vanaf nu anders worden.

Dit rood, Moeder, is een belofte. Ik zal de kuddes weer binnenlaten, en ik zal naar ze luisteren, of ze nu rood zijn of zwart. Ik zal niet bang zijn, en ik zal mijn eigen verlangens en vooroordelen opzijzetten om beter te kijken. Ik zal rustig zijn, nadenken en mijn stam helpen de juiste beslissingen te nemen. Welke stam dat ook zal zijn.

21

Joeni hief haar gezicht op naar de zon en strekte haar armen wijd uit. De wind streelde haar blote huid. Ze had haar jas en onderjas rond haar middel gebonden en liet de zomer onder haar hemd waaien. Io had zijn bovenlijf ontbloot. Zijn borst was bleek vergeleken met zijn gezicht en handen. Het zou bij haar niet veel anders zijn.

Ze waren er bijna. Toen ze dagen geleden op het hoogste punt waren aangekomen en hadden uitgekeken over de wereld aan hun voeten, hadden ze in de verte de rook van Ippi's kampvuren omhoog zien kringelen. Io had gelachen van opluchting. In plaats van terug te moeten door de nauwe vallei met de botten van de jagers en langs het meer van de dode mammoeten was er een kortere weg, over een weidse, uitgestrekte vlakte die uitnodigend maar ook gevaarlijk was. Iedereen zou hen zien aankomen, ook de grote roofdieren. Ze moesten op hun hoede zijn.

Terwijl ze afdaalden en de vlakte doorkruisten, dacht Joeni aan haar belofte om met Io mee te gaan. Het was vreemd. Ze wist zeker dat ze geen dromer alleen wilde zijn. Ze had een stam nodig, een eigen kudde. Maar iedere stap die haar dichter bij het kamp bracht, voelde zwaarder. Zouden ze haar toelaten? Moest ze uitleggen waarom ze op reis was gegaan?

Ze had de veer van de arend uit haar haren gehaald en verbrand. Die zoektocht was ten einde, ze had haar antwoorden gevonden. Maar Io had nu ook geen veer meer. Wat zou Ippi daarvan denken? Zij had Io als dromer terug willen hebben. Hoe zou ze reageren?

Haar zorgen hielden haar 's nachts wakker, het was zo erg dat ze Io de afgelopen dagen niet eens meer had gewekt als het zijn tijd was om bij het vuur te waken. In de ochtend was hij altijd boos op haar.

'Verf dan in ieder geval je ogen een beetje!' zei hij. 'Als ze die donkere kringen zien, zal Ippi me verbannen omdat ik zo slecht voor mijn dromer heb gezorgd!'

Iedere keer dat hij dat zei, smeerde ze een dikke, lelijke streep dwars over haar gezicht. Ze had er al een stuk of zes.

'Zo goed?'

Waarna hij wanhopig zuchtte, terwijl Joeni hem uitlachte.

'Kijk, Joeni, kijk! Ik zie de tenten!'

Joeni tuurde met samengeknepen ogen in de richting waarin hij wees. Beneden in de vallei zag ze de driehoekige, zwarte silhouetten. Ze hoefden alleen maar af te dalen, en dan waren ze er. Ondanks de milde dag huiverde ze.

Het duurde niet lang voor ze werden opgemerkt.

'Heja, reizigers!' riep de vrouw die naar hen toe rende. Met de zon in haar ogen zag Joeni alleen haar donkere silhouet.

'Eti!' riep Io, en hij rende naar haar toe.

'Io, ben jij het?'

De vrouw lachte en ving hem op in een stevige omhelzing. Toen pakte ze zijn gezicht en trok zijn lippen van elkaar.

'Hm, witte tanden. Maar je veer is verdwenen. Ben je een dromer?'

Io draaide zijn hoofd weg. 'Pff, laat los! Nee, ik ben geen dromer. Maar ik heb er wel eentje meegenomen!'

Hij keek achterom.

‘Eti, dit is Joeni.’

Joeni bracht haar beide handen naar haar borst en boog kort haar hoofd. Eti legde haar rechtervuist op haar borst.

‘Welkom, dromer,’ zei ze, en ze richtte zich weer op Io.

‘Wat heb je gedaan? Waarom ben je haar leerling niet?’

‘Dat is een lang verhaal.’

‘Hm.’

Eti sloeg haar armen over elkaar en keek Io streng aan, alsof ze probeerde de waarheid in zijn ogen te zien.

‘Ik zal jullie komst aankondigen bij Ippi. Ik hoop dat je haar wél alles zult vertellen.’

En ze draaide zich om en rende naar het kamp.

‘Eti heeft me alles geleerd over de kleine jacht,’ vertelde Io terwijl ze rustig verderliepen. ‘Zij had als eerste door dat Rim me had opgegeven. Ik deed heel lang mijn best om het verborgen te houden voor de stam. Ik deed steeds net alsof ik bij Rim was geweest. Ik smeerde dan verf op mijn handen en vertelde over de wildste dromen. Maar Eti begon me steeds vaker mee te nemen op jacht. Dankzij haar kon ik voor je zorgen. Anders was het me niet gelukt.’

‘Ik zal eraan denken haar te bedanken,’ zei Joeni.

Het kamp kwam steeds dichterbij, samen met de geluiden en geuren die op de wind naar hen toe waaiden. Vertrouwde geuren, maar toch anders: de brandstof voor de vuren, de manier van huiden bewerken, het vlees drogen en roken, iedere stam deed ongeveer alles hetzelfde, maar wel op de manier die zij het beste vonden. Jerriks stam had meer oker gebruikt voor hun kleding dan Joeni zou doen, en hun vuren roken naar hout in plaats van naar rendiermest.

Ik had ook hout kunnen ruiken bij mijn vuur. Ik had ook rode kleren kunnen hebben.

Soms, als ze aan Jerrik dacht, kon ze dat leven nog bijna aanraken. Soms liet de gedachte aan hem haar maag pijnlijk samentrekken. Maar het was beter zo. Ze vroeg zich af wat hij nu deed. Dacht hij weleens aan haar?

Ze kon Toeks stem bijna horen: 'Als je vasthoudt aan een leven dat je nooit zult hebben, vergeet je het leven te leven dat je hebt.'

Ja, Toek. Hou maar op.

De silhouetten werden tenten van huid en leer, vastgemaakt op hoge jonge boomstammen die bovenin in een punt bij elkaar kwamen. Tenten waarnaast mensen bezig zouden moeten zijn met de dagelijkse klusjes, waar kinderen zouden moeten rondrennen en met de honden spelen. Maar er was geen beweging. Iedereen stond verzameld achter de stammoeder op hen te wachten, stil als de stenen mensen uit Joeni's dromen. Ze voelde hun starende blik, hun vragen, het wantrouwen. Maar Ippi's gezicht was vriendelijk. Eti stond naast haar.

'Io,' zei ze. 'Je bent terug van je Droomreis.'

Ippi was minder dik dan Uma, maar nog steeds had ze een gezonde laag vet op haar lijf. Haar haren waren gevlochten en rond haar hoofd gewonden als een kroon. Rode stroken leer sierden het houtskoolzwarte haar. Haar gezicht was rond en blozend en ze had heldere, donkere ogen.

'Ja, Ippi. Ik ben terug en ik breng een dromer mee. Ze is een dromer alleen en heet Joeni.'

'Joeni!' riep iemand.

Hoe kon dat? Niemand hier zou moeten weten wie ze was. Joeni had nooit eerder van de stam van Ippi gehoord, tot Io haar erover vertelde. Ippi keek verstoord over haar schouder, en een paar mensen draaiden zich om en susten degene die had geroepen. Wie was het? Ze dacht dat ze de stem kende…

'Welkom, dromer Joeni,' zei Ippi, toen niemand meer iets zei. 'Ik had je niet verwacht. Ik verwachtte Io terug te krijgen als dromer.'

Joeni zette drie vingers op haar voorhoofd in een gebaar van spijt.

'Ik stond open voor hem. Maar hij niet voor de Moeder. Hij ziet een ander pad voor zich. Hij is een dappere jongen. En hij vergat de stam niet. Hij haalde mij over om met hem mee te komen. Hij ziet in mij jullie nieuwe dromer.'

'Io,' zei Ippi teleurgesteld. 'Wat is dit? Je had gedroomd, zei je. Je wilde op Droomreis, zei je. Heb je tegen me gelogen? Waarom?'

'Ik ben geen dromer, Ippi,' zei Io dapper. 'Ik hoor bij de grote jacht, ik voel het in mijn botten. Joeni zocht mammoeten. Ik wilde er een neerhalen en meebrengen voor de stam. Zodat je mijn echte waarde zou zien.'

Een paar stamleden grinnikten, en Joeni had medelijden met hem. Io stapte naar voren en stak zijn gewonde arm uit.

'Maar het was geen mammoet die ik neerhaalde. Het was een leeuw! Dit zijn mijn littekens! Kijk naar zijn klauwen! En dit… dit is zijn tand!'

Hij rukte de ketting van zijn hals en stak de indrukwekkende hoektand van de leeuw omhoog. Het grinniken veranderde in geluiden van verbazing. Hij deed het goed. Onbewust raakte Joeni haar eigen littekens aan. Heel even voelde ze de vlammende pijn van de leeuwenklauwen in haar wang en boven haar oog. Snel liet ze haar arm weer zakken.

Ze had die dikke verfstrepen niet voor niets op haar gezicht gezet. Haar littekens zouden zo niet opvallen. Haar eigen leeuwentand had ze van haar jas gehaald en veilig weggestopt. Ze wilde dat Io alle eer kreeg voor het doden van de leeuw. Ze wilde niet laten zien dat zij hem had geholpen. Hij verdiende zijn moment.

Ippi stapte naar voren en greep Io's arm, bekeek en bevoelde de littekens waarvan de huid nog nieuw, roze en glanzend was. Toen keek ze in zijn ogen en zei: 'Ik ga hierover nadenken. Misschien heb ik je pad verkeerd gezien. Maar je bent hier zelf schuldig aan. Mij voorliegen. Dát zal ik niet vergeten.'

Toen richtte ze haar blik op Joeni. 'Mijn stam is verheugd over je komst, dromer. Vergeef me als ik onbeleefd lijk. Io maakt dingen graag ingewikkeld. Voel je hier veilig en verzorgd. Ik zou later graag met je spreken. Ik zal je laten roepen.'

'Als Io een voorbeeld is van de verzorging van deze stam, prijs ik me gelukkig,' antwoordde Joeni. 'Dank je, Ippi.'

De stammoeder knikte en draaide zich om.

'Kom, stamgenoten. Er is genoeg te doen.'

Langzaam maar zeker keerde iedereen terug naar zijn taken, terwijl ze onderzoekende blikken wierpen op Io en Joeni.

'Kom met mij mee,' zei Io, en hij greep haar hand. 'Bij Eti zijn we welkom.'

Io had gelijk. Eti was blij om hen bij haar vuur te hebben.

'De anderen zijn jaloers, ik voel het gewoon,' zei ze. 'Pech voor hen.'

Ze deelde haar vuur met haar man, haar oom, en haar zoon en dochter.

'En Io is vaker hier dan bij zijn eigen haard,' vertelde de vrouw. 'Ik weet niet of zijn familie nog weet dat hij bestaat.'

Ze gaf Io een speelse duw en hij grijnsde. 'Hier is het leuker.'

Het meisje, Nita, was niet veel ouder dan drie winters. Ze zat op de grond en speelde met een van gras gevlochten paard. Ze liet hem galopperen over de grond voor haar voeten, over de voeten van haar oom, over de schouders van haar moeder, terwijl ze brabbelde en hinnikte.

'Ze is er goed in,' zei Joeni toen het paard ook over haar benen draafde.

'Ik weet niet waar ze het geleerd heeft,' zei Eti. 'Ze heeft nog nooit een levend paard gezien, laat staan gehoord. Maar ze maakt de geluiden al sinds vorige winter. Dus vlocht haar vader dit paardje voor haar. Ze neemt het overal mee naartoe.'

Droom jij ook, meisje? Nu al?

Maar Joeni zei niets. Ze wilde niemand ongerust maken.

'Waar kom je vandaan, Joeni? Je was vast niet altijd alleen.'

'Nee. Nee, dat klopt.'

Wat moest ze zeggen? Wat kón ze zeggen? Wat was verstandig?

'Ik hoorde bij de stam van Uma,' zei ze toen. 'Onze dromer had al een leerling, maar ik wilde niets anders. Dus ben ik op Droomreis gegaan.'

Het was liegen. Een beetje. Maar ze was er nog niet klaar voor om haar hele verhaal te doen. Niet zolang er besloten moest worden of ze hier welkom was.

'Uma?' zei Eti verbaasd. 'We hebben nog niet zo lang geleden twee mensen opgenomen die ook van Uma kwamen. Een treurig verhaal.'

Joeni's hart bonkte in haar keel. 'Wie?'

'Een wat oudere man met zijn dochter. Tira heet ze. Ja, dat is het, Tira en Das. Dat arme meisje. Zo lang zwerven over de vlakte, en dat met zo'n rug. Ken je hen?'

Joeni hoorde nauwelijks wat Eti zei. Haar oren leken verstopt te zitten en haar blik vernauwde zich tot ze vooral zwart zag, met alleen maar een puntje licht in de verte, alsof ze weer in de nauwe gangen van Mams moedergrot was.

'J-j-ja,' kon ze maar net uitbrengen. 'Ik ken hen.'

'Als jullie van dezelfde stam komen, zijn ze vast blij om je te zien. Ik kan je hun vuur wijzen.'

'Nee. Nee, dank je. Misschien later. Er is nog tijd genoeg voor oude vrienden.'

'Wat je wilt,' zei Eti. Het klonk alsof ze het maar vreemd vond. Dat kon Joeni zich voorstellen. Maar ze kon het niet. Niet nu. Tira en Das! Wat was er met ze gebeurd? Wat was er met Uma gebeurd, en met de rest van de stam? Ze wilde het weten, maar ook weer niet. Dat was haar oude leven, en dat was voorbij. Maar zouden Das en Tira daar ook zo over denken? Zouden ze haar een nieuwe kans geven? Joeni had er weinig hoop op.

'Dromer,' zei een meisje dat opdook naast het vuur. 'Ippi vraagt naar je. Wil je meekomen?'

Joeni krabbelde op. 'Natuurlijk.'

'Breng je haar weer veilig terug, Mala?' vroeg Io.

Het meisje glimlachte. 'Dat doe ik. Het is goed je weer te zien, Io.'

Terwijl Joeni en Mala wegliepen, hoorde ze Eti giechelen en plagen. Joeni glimlachte.

Ippi's slaapplaats, gemaakt van stokken overdekt met versierde huiden, leunde tegen de rotswand aan. De amuletten die aan koorden bij de ingang hingen, tinkelden in de wind.

'Ze is er, Ippi,' kondigde Mala haar aan.

'Heel goed. Dank je, Mala. Blijf, als je wilt.'

Mala moest Ippi's leerling zijn. Het was een goed idee van de stammoeder om haar te laten blijven. Uma zou dat nooit doen, bedacht Joeni. Zij had haar leerling altijd weggestuurd zodra er iets belangrijks te bespreken was. Joeni kon zich niet eens herinneren hoe het meisje heette.

'Welkom, Joeni, nogmaals,' begon Ippi. 'Io's terugkeer is verheugend en verwarrend tegelijk. Ik snap niet wat ik verkeerd heb gedaan. Hij had eerlijker moeten zijn. Vertel me hoe hij je vond. Vertel me over de leeuw.'

'Hij gedroeg zich voorbeeldig,' zei Joeni. 'Ik geloof dat hij me al snel op het spoor was, maar hij hield afstand en liet giften achter. Ik accepteerde ze niet, en hij kwam dan ook niet dichterbij. Pas toen ik viel en hulp nodig had, overschreed hij de grens. Maar hij sprak me niet aan voordat ik zijn nieuwe gift had geaccepteerd.'

'Heeft hij je misleid?'

Ippi's blik was niet onvriendelijk, maar Joeni wist dat ze op dit punt voorzichtig moest zijn. Ze wilde Io helpen. Dat had hij verdiend.

'Hij droeg een arendsveer in zijn haren en de tekens van de Droomreis op zijn gezicht. Ik had geen reden om hem te wantrouwen. Maar zijn dromen waren vreemd. Ik begreep ze niet. Hij biechtte zijn bedoelingen op na de aanval van de leeuw. Hij is dapper en ik neem hem niets kwalijk. Hij zorgde voor me zoals het hoorde. Ik kwam niets tekort.'

'Dat is goed om te horen. En de leeuw?'

Wees eerlijk. De waarheid overwint.

'De leeuw verraste ons in een smalle vallei. We probeerden hem nog af te schrikken, maar hij viel aan. We haalden hem samen neer.'

Ze deed een stap naar voren en wees op de littekens boven haar oog en over haar wang. Ze waren verborgen onder zwart en rood, maar de vlammen van Ippi's vuur zouden ze duidelijk genoeg laten zien.

'We werkten samen zoals een groep jagers zou doen bij de grote jacht. Ik ben niet altijd een dromersleerling geweest. Ik kan jagen. Io was dapper en snel, en hij nam de juiste beslissingen. Dat we de leeuw samen doodden, doet daar niets aan af.'

'Ik heb verhalen gehoord van hele groepen jagers die werden uitgemoord door leeuwen,' zei Ippi bedachtzaam, 'dus Io's daad is nu niet ineens minder waard. Maar ook jij verdient erkenning. Die heb je niet opgeëist.'

'Ik geef de eer aan Io. Het is belangrijk voor hem. Ik ben hem dankbaar, hij verdient het om te krijgen wat hij wil.'

'Is dat je raad aan mij?' vroeg Ippi.

Ze zag aan Ippi's blik dat deze vraag iets betekende. Het was een uitnodiging. Een uitnodiging om de dromer van deze stam te zijn. Om een nieuwe jas aan te trekken. Haar voorhoofd tintelde.

'Ja,' zei Joeni toen. 'Dat is mijn raad.'

Ippi glimlachte zo breed dat haar ogen bijna verdwenen in het vet van haar wangen.

'Goed,' zei de stammoeder, 'ik dank je voor je raad. Ik zal hem in overweging nemen, samen met alles wat je me hebt verteld, dromer Joeni. Nadat Io je had ontmoet, liet hij me je tekeningen zien. Ze zijn krachtig. Wie was je leraar?'

'Zijn naam was Toek. Toek van de stam van Uma.'

Joeni zette zich schrap voor wat er komen ging.

'Uma?'

Ippi's vrolijke gezicht vertrok in een frons.

'Ik vraag mij af wat voor een stammoeder Uma is. Nog niet zo lang geleden kruisten wij het pad van twee reizigers, een vader met zijn misvormde dochter. Ze waren uitgehongerd. Welke stammoeder stuurt haar kwetsbaarste kinderen zo de vlakte op, wat ze ook gedaan hebben? Ik weet niet hoelang jij al bij Uma weg bent. Ken je hen?'

'Ja,' antwoordde Joeni. 'Waarom zijn ze weggestuurd? Toen ik wegging, waren zij er nog.'

'Misschien is het beter als je ze dat zelf vraagt. Wil je hen niet opzoeken?'

Wees eerlijk.

'Er is nooit veel vriendschap geweest tussen ons.'

'Ah. Ik begrijp het.' Ippi zuchtte. 'Het leven van een stammoeder is nooit makkelijk. Toch wil ik je vragen met hen te praten. Ik wil geen spanningen in mijn stam. Misschien komen jullie zonder Uma dichter bij elkaar.'

Joeni slikte. 'Morgen zal dat het eerste zijn wat ik doe.'

'Dank je. Ik zal afwachten wat die ontmoeting je brengt. Ik heb een goed gevoel over je, Joeni, wat dat betreft had Io gelijk om je mee te brengen. Je tekeningen spreken tot me, en dat is belangrijk voor een dromer en een stammoeder. Ze moeten elkaar aanvoelen. Het was lastig met Rim, maar hij heeft de stam veel goeds gebracht. Ik heb het gevoel dat jij dat ook zou kunnen. Maar als jouw aanwezigheid Das en Tira verdriet brengt... Weet dat Tira door een van onze jongemannen gekozen is. Ik kan haar niet meer wegsturen.'

Tira? Gekozen?

'Ik... Dank je, Ippi. Ik begrijp je belangen en als je me weg moet sturen, zal ik gaan.'

Ippi knikte haar ernstig toe.

'Mala, wil jij Joeni terugbrengen naar waar je haar gevonden hebt?'

'Goed, Ippi.'

Joeni volgde het meisje terug naar Eti's vuur. Ondertussen speurde ze de vuren af naar Tira en Das. Maar ze kon hen niet ontdekken.

'Daar zijn jullie weer!' riep Io toen hij Mala en Joeni zag. 'Blijf jij ook, Mala?'

'Val haar niet lastig, Io,' zei Eti. 'Ze heeft vast taken te doen voor Ippi.'

'Nou, eigenlijk,' zei Mala, 'heeft Ippi me gezegd dat ik me moest vermaken vanavond.'

Ze plofte neer naast Io en gaf hem een duwtje. 'Vertel me alles over je reis!'

Joeni was blij dat de aandacht even niet op haar was gericht. Alleen Eti keek haar vragend aan.

'Wie weet,' antwoordde Joeni haar. 'Morgen zal Ippi beslissen.'

22

Het was de eerste keer dat ze zich een droom niet kon herinneren. Ze wist dat ze had gedroomd die nacht, dat ze iets had gezien, had gevoeld, maar ze had geen idee meer wát. Het maakte haar nog bozer en onrustiger dan ze al was. Het was nog schemerig, maar Joeni kon niet meer slapen. Ze stond stilletjes op en glipte weg van het kamp. Er was nog tijd.

Deze vallei was mild en breed, maar de smalle rivier had scherpe bochten en stroomde snel. De laatste dappere sterren schitterden aan een nu snel lichter kleurende hemel. Achter Joeni was het nog nacht. Ze wilde die kant op rennen, zo snel als ze kon, zodat het altijd nacht zou blijven. Ze wilde niet naar Tira en Das. Ze wilde hun vijandige blik niet zien. Ze wilde hun beschuldigende woorden niet horen. Maar ze wist dat ze moest, als ze bij de stam van Ippi wilde blijven. Ze moest vrede met hen sluiten.

Ze bleef bij de rivier tot de vuren waren aangemaakt, tot de eerste jagers met hun netten vertrokken waren, tot ze zeker wist dat iedereen wakker was.

Ga ze zoeken, bangerik. Nu.

Joeni wandelde rond het kamp, langs de rand zodat de meesten haar niet zo snel zouden zien. Het duurde niet lang voor ze Tira's bekende vorm zag zitten, aan de andere kant van de plek waar Eti haar vuur had. Joeni slikte haar angst weg.

Tira zat met haar rug naar Joeni toe. De jongen tegenover haar zag Joeni het eerst. Zijn ogen werden zo groot als die van een uil.

'Tarik? Wat is er?' vroeg Tira.

Hij wees.

'Dag, Tira, ik ben het,' zei Joeni aarzelend.

'Jij!' grauwde Tira terwijl ze zich omdraaide.

Tira was nog magerder dan Joeni zich herinnerde. Vooral in haar gezicht. Haar ogen lagen diep in hun kassen en haar jukbeenderen staken scherp uit haar wangen. Maar haar blik was nog net zo vurig als altijd. Tira greep haar stok en kwam moeizaam omhoog. Tarik hielp haar.

'Ik dacht dat we vrij waren, vader en ik,' zei Tira toen ze oog in oog stonden. Haar stem was vol ingehouden woede. 'Eindelijk vrij. Maar hier ben je weer, om ons in het ongeluk te storten. Waarom laat je ons niet met rust?'

'Ik...' Joeni keek om zich heen, op zoek naar steun, naar enig houvast, maar er was niets, niemand. Tarik keek naar Joeni alsof er een gewei uit haar voorhoofd groeide.

'Was Toek niet goed genoeg voor je?' ging Tira verder. 'Je had toch wat je wilde? Alles wat aan mij was beloofd? En nu kom je ons nieuwe leven verpesten! Ik wil je hier niet! Niemand wil je hier! En ik zal er alles aan doen om Ippi ervan te overtuigen dat je ook van háár pad verbannen moet worden! Let maar op!'

Tira schreeuwde inmiddels zo hard dat mensen stil waren blijven staan en naar hen keken. Dit was niet goed. Dit was niet wat Joeni wilde.

'Ik ga al,' zei ze.

'Doe dat. Ga!' riep Tira haar na. 'Als je slim bent, ben je ver weg voor de avond valt. Ga!'

Io vond haar.

'Ik weet toch dat je van donkere holen houdt,' zei hij toen hij naast haar ging zitten. Hij keek rond in de krappe holte die Joeni had gevonden in de rotswand een eindje weg van het kamp.

'Gezellig.'

'Laat me met rust,' zei Joeni.

'Ik denk het niet,' zei Io. 'Je laat je toch niet wegsturen door een oude stamgenoot? Jij hebt net zo veel recht om opgenomen te worden door Ippi als zij.'

'Dat zeg je alleen maar omdat het jouw idee was. En ik heb geen zin meer om te vechten.'

'Wil je dan niet weten waarom zij hier zijn? Wat er met hen gebeurd is waardoor ze moesten zwerven?'

'Weet jij dat dan?'

'Ik niet. Maar Mala wel. Kom mee naar het kamp, naar ons vuur. Ze wacht op je.'

'Mala mag daar niets over zeggen, dat weet je best. Wat in vertrouwen aan de stammoeder wordt verteld, moet vertrouwelijk blijven. Wil je je vriendin in de problemen brengen? Daarbij, het verandert niets. Als Ippi moet kiezen tussen Tira en mij, zal Tira altijd winnen. Ze is gekozen; zij hoort al bij de stam. Ik moet het niet zover laten komen. Ik vind wel een nieuwe stam. Ergens.'

'Kom nou mee.'

Joeni zuchtte. 'Goed dan.'

Hij pakte haar hand en sleurde haar achter zich aan. Hij liep zo hard dat ze af en toe een stukje moest rennen om niet te vallen. Hij leidde haar rond het kamp, niet erdoorheen, waar ze dankbaar voor was. Waarom ging het altijd zo? Waarom was ze nooit ergens gewenst? Het deed haar meer pijn dan ze had gedacht. Oude wonden konden opnieuw openscheuren. Dat was duidelijk.

'Ippi!' riep Io uit toen ze bij het vuur van Eti arriveerden.

‘Io,’ zei de stammoeder streng. ‘Ik waardeer niet wat je Mala hebt proberen te laten doen. Gelukkig was ze zo verstandig het mij te vertellen. Ben je vergeten dat je nog iets van me wilt? Denk je dat ik dom ben?’

‘Nee, Ippi,’ antwoordde Io, zijn blik op zijn voeten gericht.

‘Dat lijk me ook niet. Dit keer vergeef ik je, omwille van Mala. Ze geeft om je, al snap ik niet waarom. Je zult haar alleen maar in moeilijkheden brengen, als het zo doorgaat.’

Toen glimlachte Ippi.

‘Kop op, Io! Ik vergeef je, dat zei ik toch net. Ga zitten. Jij ook, Joeni. Ik heb gehoord wat er is gebeurd. Er is nog veel dat ik niet begrijp. Daarom zal ik aan jou vertellen wat Das en Tira mij hebben verteld. En ik hoop dan dat jij kunt aanvullen wat ik mis in het verhaal. Ik heb alle informatie nodig om tot een wijs besluit te komen.’

‘Ik had gehoopt dat ze haar vijandigheid zou loslaten,’ mompelde Joeni. ‘Het spijt me, Ippi. Het laatste wat ik wil is problemen brengen.’

‘Luister eerst naar wat ik te vertellen heb. We vonden hen onderweg hiernaartoe, ons zomerkamp. We kwamen uit het westen en zij kruisten ons pad toen we hier bijna waren. Das droeg Tira op zijn rug, maar ze waren allebei zwak en uitgehongerd. Hij smeekte ons om eten, en dat gaven we graag. We lieten hen met ons meereizen naar het kamp, zodat ze uit konden rusten en aan konden sterken voor ze verder trokken. Maar Tarik besloot anders.’

Ippi glimlachte. ‘Tira was zo zwak dat ze verzorgd moest worden en Tarik nam die taak op zich, al week Das geen moment van haar zijde. Ze werd steeds sterker. En in die tijd kon Tarik al niet meer zonder haar. Hij bewondert haar om haar kracht. Hij smeekte me om Das en Tira op te nemen in de stam. Ik riep Das bij me en vroeg hem waarom ze zwierven. Zijn verhaal was… vreemd. Hij vertelde me over een Verbinding, een Verbinding met problemen. Tira was een dromersleerling, maar door Uma’s toedoen werd de dromer verbannen, waarmee Tira’s droom in duigen viel. Das zei dat hij zich niet meer herinnerde hoe het gebeurde, maar voor hij het wist had hij een gloeiende hand en lag Uma voor zijn voeten op de grond. Das en Tira werden ook weggestuurd. Ze zochten naar de dromer, daarom zwierven ze rond. Maar ze hebben hem nooit gevonden. Ik was er huiverig voor om een man op te nemen die zijn hand durfde opheffen tegen een stammoeder. Het hoort niet. Het is niet goed. Maar ik begreep hem als vader. Als je een dochter hebt zoals Tira is er soms weinig keuze.'

Joeni wist niet wat ze moest zeggen. Had Das Uma geslagen? Was het echt waar? En waarom had hij niets over Joeni gezegd? Het was zo gemakkelijk geweest om haar de schuld te geven van alles. Ze had het hem niet kwalijk genomen. Maar hij had het niet gedaan. Waarom niet?

'Waarom is Tira zo boos op je, Joeni?' vroeg Ippi. 'Ik moet het weten. Voor de stam.'

'De dromer die ze zochten is Toek. Toek, mijn leraar. Hij werd verbannen om mij. Hij dacht... Ik was...'

Haar verdriet verstikte haar woorden.

'Het had anders moeten gaan. Ik was Toeks leerling, samen met Tira. Maar twee leerlingen was te veel. Uma had bedacht dat Tira zijn enige leerling moest zijn, en ik had op die Verbinding gekozen moeten worden. Ik wérd gekozen, maar Toek greep in. Hij eiste me op en Uma was zo boos dat we verbannen werden. Ik begrijp niet waarom Das niets over mij heeft gezegd. Ik weet niet beter dan dat hij me haat. Ik vroeg Tira ooit waarom, maar ze wilde alleen maar zeggen dat mijn bestaan hem pijn deed.'

'Waar is Toek nu?' vroeg Ippi.

'Gestorven,' antwoordde Joeni. 'Zoeken ze hem nog steeds?'

'Nee. Niet meer. Niet sinds Tarik zich met Tira verbonden heeft. Maar ik denk dat ze het moeten weten.'

'Niet van mij,' zei Joeni. 'Tira kan me niet vergeven.'

'Jij bent de enige die kan vertellen over zijn laatste dagen.'

'Het waren dagen met mij. Ze zal daar niets over willen horen.'

Joeni keek op naar Ippi. 'Ik denk dat ik me hier thuis had kunnen voelen. Maar ik wil Tira en Das niet langer kwellen. Ik ga op zoek naar een andere stam.'

Ippi keek haar aan met een blik die ze zo graag een keer van Uma had gezien. Bezorgd, vriendelijk en begrijpend. En dat terwijl Ippi haar niet kende, niet echt. Uma kende haar al haar hele leven.

'Ik zou willen dat je nog even wacht,' zei Ippi. 'Er is hier meer aan de hand dan op het eerste gezicht duidelijk is. Ik zou er nog even over willen nadenken. En in de tussentijd zou het goed zijn als je blijft. Ik wil je kunnen bevragen als dat nodig is. Kun je dat?'

'Je kunt bij Eti en mij slapen, Joeni,' zei Io. 'Wij staan aan jouw kant.'

'Er ís geen kant, Io,' verzuchtte Ippi. 'Maar het is lief bedoeld. Dank je. Eti?'

'Joeni is welkom,' zei Eti. 'Ik heb geen problemen met haar, Tira of Das. We hebben een dromer nodig, Ippi. Hier is er een. Ik hoop dat je het belang van de stam voor ogen houdt.'

'Dat hoef je mij niet te vertellen,' antwoordde Ippi terwijl ze opstond. 'Ik doe niets anders. Wil jij stammoeder zijn in mijn plaats? Ik nodig je uit. Je zult merken dat het helemaal zo eenvoudig niet is.'

'Dank je, Ippi,' zei Joeni snel. Niemand had iets aan dit soort ergernissen. 'Ik weet niet waar ik je vertrouwen aan verdiend heb.'

'Je bent eerlijk geweest. En Eti heeft gelijk, we hebben een dromer nodig. Je tekeningen zijn krachtig, zoals ik al eerder zei. Ik wil je niet zomaar laten gaan. Ik wens je een goede nacht. De mijne zal me weinig slaap brengen, ben ik bang.'

Ze keken haar in stilte na, de mensen rond Eti's vuur. Mala bleef dralen.

'Ga, kind,' zei Eti na een tijdje. 'Ik kan het niet langer aanzien. Io is hier morgen ook nog wel. Ippi heeft je misschien nodig, en dan kun je er maar beter zijn.'

Mala keek nog één keer naar Io en verdween toen snel tussen de mensen.

'Hoe groot was de kans dat je hen hier tegen zou komen?' verzuchtte Io.

'Zo groot als die van een veulen dat een hongerige hyena tegenkomt,' antwoordde Joeni. 'Maar hier zijn ze dan toch. Moeder, help me.'

Joeni hoorde de hand nog voor ze hem voelde. Een snelle ruis door de lucht, en daarna het verstikkende gevoel van een handpalm op haar mond, tegen haar neus. Geen lucht. Ze kreeg geen lucht. Een scherpe rand sneed in de huid van haar hals, maar niet erdoorheen. Net niet. Donkere ogen glommen in het duister.

'Eén verkeerde beweging, één verkeerd geluid, en je bloedt dood als een geslachte berggeit,' siste Tira. 'Niemand zal je redden. Waarom ben je hier nog? Had ik je niet gezegd dat je voor de avond weg moest zijn? Ik geef je nog één kans. Eentje maar. Morgen maak ik je niet meer wakker voor ik je keel doorsnijd. Dit is mijn nieuwe leven. Het mijne! Je gaat het niet van me afpakken zoals je me het leven met Toek hebt afgepakt, mijn leven bij de stam. Het is jouw schuld. Alles is jouw schuld. Ik zal het je nooit vergeven. Nooit.'

Joeni bleef liggen, stil als een prooi. Iedere beweging zou het mes op haar keel dieper laten snijden. Tira zou niets hoeven doen om het bloed te laten stromen. Ze wachtte. Toen het mes en de druk van Tira's hand eindelijk verdwenen waren, hapte Joeni naar lucht. Met een ruk kwam ze overeind. Sterretjes dansten voor haar ogen, flitsen wit en rood. Ze onderdrukte een golf van misselijkheid.

Voorzichtig bevoelde ze de plek in haar hals waar Tira's mes had gelegen. Het prikte, maar er was geen bloed. Tira wist wat ze deed.

Joeni keek om zich heen, naar de slapende mensen in de gloed van de laatste hete kooltjes. Geen spoor van Tira. Alleen vredige, ontspannen gezichten, dromend van alledaagse dingen, van liefde, overwinning, zweven, rennen. Dromen alleen van henzelf. Ze zouden het voorlopig met die dromen moeten doen. Dit was niet haar plaats. Ze moest gaan. Nu meteen.

Misschien is het dan toch mijn lot om altijd alleen te blijven, dacht ze terwijl ze haar spullen bij elkaar zocht onder het licht van de maan, die laag aan de horizon hing. Ik heb het geprobeerd. Ik heb alles geprobeerd. Maar het lukt niet. Ik ben alleen. Het is wat de Moeder voor me wil.

Haar tas voelde zwaar, alsof hij met stenen was gevuld. De eerste stappen waren moeilijk. Moeilijker dan Joeni had gedacht.

Ik ken deze stam helemaal niet. Ik ken deze mensen niet. Waarom voelt het dan zo verkeerd om hen achter te laten?

Ze kende Io. Ze leerde Eti kennen. Ippi had haar gevraagd te blijven. Daarom was het moeilijk. Er lag een begin, een begin van een nieuw leven. Maar Tira was er ook. En het was waar: Joeni had haar dwarsgezeten, ook al was dat niet haar bedoeling geweest. Ze had Tira alles afgenomen wat zij had gewild. Dus was het nu tijd om voor Tira te zorgen.

Heel even voelde ze begrip voor Uma. Ze had altijd gedaan wat zij dacht dat het beste was, maar er was geen manier om iedereen tevreden te stellen. Iemand moest sneuvelen, iemand moest de schuld krijgen. En zij, Joeni, had al aan de rand van de stam geleefd. Misschien had zij in de plaats van Uma wel hetzelfde gedaan.

Nee, nooit. Ik zou nooit als Uma zijn geweest.

Joeni verstevigde de greep op haar speer en vertraagde haar pas. Snel als een leeuw draaide ze zich om, de speer naar voren gestoken.

De schaduw die haar had gevolgd, stak zijn handen in de lucht.

'Ik heb geen wapens,' zei hij, 'ik wil je geen kwaad doen.'

'Das?' vroeg Joeni ongelovig terwijl ze haar speer liet zakken.

'Joeni. Ga niet weg. Ik weet wat Tira tegen je heeft gezegd. Ik weet wat ze vannacht heeft gedaan. Maar alsjeblieft. Ik smeek je om niet te gaan.'

Zijn stem was ouder dan ze zich herinnerde. Het was lang geleden dat ze die stem had gehoord. Niet sinds hij terug was gekomen van de mammoetjacht.

'Je vertrouwt me niet. Dat begrijp ik. Maar ik meen wat ik zeg.'

'Waarom?'

Das kwam dichterbij en veranderde van een schaduw in een man. Een man met grijze haren in zijn baard, en treurige ogen. Waar was het vuur? Waar waren de smeulende kooltjes? Waren ze nog steeds niet terug? Hij strekte zijn hand naar haar uit. Uit gewoonte deinsde Joeni achteruit.

'Ik begrijp het,' zei hij, en hij trok zijn hand terug. 'Ik begrijp het wel. Ik ben hard voor je geweest.'

‘Je was streng. Je sloeg me, je vernederde me.’

Ineens voelde ze weer zijn ruwe vingers, de brandende afdruk van zijn hand op haar gezicht. Ze wreef over haar wang en probeerde de tranen tegen te houden.

‘Ik weet het. Ik weet het en het spijt me. Het spijt me nog iedere dag.’

‘Wees dan blij dat ik ga. Jullie hebben gewonnen. Je hoeft niet meer aan me te denken, me niet meer te zien. Jullie zullen me nooit meer tegenkomen.’

Joeni draaide zich om. Ze wilde niet dat hij haar tranen zag, zoals vroeger. Maar hij greep haar arm en draaide haar terug. Hij was nu heel dichtbij. De donkere ogen gleden over haar gezicht, zochten iets, al wist ze niet wat. Zijn blik stopte bij de littekens boven en onder haar oog. Voorzichtig raakte hij ze aan, liet zijn vingers erlangs gaan.

‘Net als je vader…’ zei hij met gebroken stem.

‘Mijn vader?’

‘Joeni, ik wil dat je iets weet. Wil je luisteren?’

Ze twijfelde. Ze had besloten weg te gaan. Maar hier was Das, haar vijand, die haar smeekte te blijven. Hij had het over haar vader…

‘Ik luister.’

‘Kom met me mee, uit de wind. Ik weet een beschutte plek.’

‘Nee,’ zei Joeni. Er zou daar iemand kunnen wachten om haar alsnog te vermoorden. Het zou een list kunnen zijn.

‘Ik zal hier luisteren, in de vallei, in het zicht. Vertel je verhaal.’

Das sloeg zijn blik neer. ‘Joeni, je was nog zo jong… Maar je moet weten dat je vader en ik vrienden waren. Sim, Cram en ik. We waren onafscheidelijk, al sinds we kleine jongens waren.’

Das en haar vader? Vrienden? Waarom had ze dat nooit gemerkt?

‘Ik zie het ongeloof in je blik. Dat begrijp ik. Maar toch is het waar. We waren echte jagers, wij drieën. We zochten het gevaar op. Vooral ik. Maar ik was jaloers toen je vader die leeuw gedood had. Geen dier is zo gevaarlijk als de leeuw…’

Das leek even heel ver weg, weggezonken in een herinnering. Joeni wist welke. Toen schudde hij zijn hoofd en ging verder. 'Maar dat was gezonde jaloezie. We plaagden elkaar en lachten erom. Er was nog iets, Joeni. Er kwam een Verbinding. Cram maakte zich niet druk. Hij dacht er niet aan om iemand te kiezen. Maar Sim en ik wel. En we hadden ons oog laten vallen op dezelfde vrouw. Jouw moeder, Joeni.'

Ze duwde Das weg met al haar kracht en hij viel op de grond.

'Jij! Heb jij...? Ben jij...?'

De woorden bleven steken in haar keel. De man uit haar dromen. De man die haar vader vermoordde... Was Das...?

'Nee, nee,' zei Das vlug. 'Ik weet wat je nu denkt. Ik was het niet! Maar wat ik deed, of beter gezegd, wat ik niet deed, was net zo erg.'

Hij krabbelde overeind, maar hield dit keer afstand. Hij hield zijn handpalmen naar haar op. 'Ik was verliefd op je moeder, Joeni, zo vreselijk verliefd. Ik deed alles voor haar, ook dingen waar ze niet om vroeg. Maar ze koos mij niet. Toen de Verbinding kwam, was het Sims beeldje dat ze rood had gekleurd en in zijn handen drukte. Ik herinner het me nog goed. Ik denk niet dat ik ooit zo veel pijn heb gevoeld. Ik hoopte dat je vader bij haar stam zou blijven, zodat ik ze in ieder geval niet steeds hoefde te zien. Maar niets werd me bespaard. Ze kwam bij ons. Iedere dag zag ik hen gelukkig zijn. Iedere dag deed zeer. En toen kwam jij. Ik kon niets anders denken dan dat jij van mij had moeten zijn. Van mij en je moeder.'

Was het waar wat hij zei?

'Lieg niet tegen me, Das! Als ik jouw dochter had moeten zijn, waarom behandelde je me dan zo? Wie doet dat bij iemand om wie hij geeft?'

'Ik vertel je de waarheid. De vrouw die mij koos, de moeder van Tira, was lief en zorgzaam. Je kent haar niet. Je was nog jong toen ze overleed. En ik verdiende haar niet. Want ik verlangde naar het leven van je vader. Ik bleef verlangen naar je moeder. En toen de dag kwam, de dag van die ene vreselijke Verbinding... Ik hoorde je moeder schreeuwen en rende in de richting van het geluid, maar je vader was me voor. Hij daagde de man uit die haar had vastgegrepen. Het was een kort gevecht. Sim bloedde leeg op de grond, en ik deed niets om hem te helpen. Ik was alleen maar bezig met je moeder. Ze probeerde naar Sim te komen, maar iemand hield haar vast. Ze vocht, ze krabde, ze beet, maar ze kon niet loskomen. Ze werd door Sims moordenaar meegesleurd. Ik stond te ver weg. Tegen de tijd dat ik me door de menigte had geworsteld naar de plek waar ik hen had zien vertrekken, waren ze al verdwenen in het duister. Ik rende de vallei in, schreeuwde haar naam, maar ze antwoordde niet. Ik weet niet waar ze heen zijn gegaan. Je moeder, je vader... Allebei weg.'

Das aarzelde, maar daar was het nu te laat voor. Nu wilde ze alles weten. 'Ga door.'

Joeni voelde zich in steen veranderen, net als in haar droom. Maar nu verwelkomde ze het. Het maakte haar sterker.

'Uma was woest, en ze wilde gerechtigheid. Ze wilde compensatie voor het verlies. Maar ik wilde alles zo snel mogelijk vergeten. Je moeder was weg. Ik treurde om haar, en ik schaamde me. Ik had mijn beste vriend niet geholpen toen hij me nodig had, omdat ik alleen maar oog had voor zijn vrouw. Ik overtuigde Uma ervan dat het beter was het te laten gaan. Ik liep weg en keek niet meer terug. Maar ik had geen rekening gehouden met jou. Jij bleef me herinneren aan wat ik had gedaan. Alleen maar door er te zijn, te ademen, te leven, beschuldigde je mij, de hele tijd. Ik kon er niet tegen. Ik richtte mijn boosheid, mijn schuldgevoel en mijn verdriet op jou.'

Hij keek naar haar op, hij leek nog ouder nu, in elkaar gedoken, zijn gezicht getekend. Wat zeiden zijn ogen? Het was te donker.

'Vergeef me alsjeblieft, Joeni.'

'Waarom heeft Uma jullie weggestuurd?'

Ze mocht niet toegeven. Niet zo snel. Hij had haar vader laten sterven. En waarom? Omdat hij een vrouw wilde die niet van hem was! Een vrouw die hem niet wilde! Ze zou Das moeten haten. Ze zou haar speer door zijn hart moeten steken om haar vader te wreken.

Das' schouders gingen steeds meer hangen. 'Toen Uma jou en Toek wegstuurde, maakte ze alles stuk. Alles wat ik met haar had afgesproken. We waren het erover eens. Dat het beter zou zijn als jij uit de stam verdween. Tira zou rust hebben, net als Uma en Toek. En ik zelf. Maar Toek begon te twijfelen en legde zichzelf het Zwijgen op. Uma liet zich door haar woede verblinden. Ook zij voelde nog steeds de schaamte van de nacht waarop je vader stierf. Toek durfde zijn schuld onder ogen te zien en daarvoor wilde ze hem straffen. Maar ze vergat Tira. Door Toek te verbannen ontnam ze Tira het enige leven dat ze zou kunnen hebben. Ik was razend, en ik sloeg haar. Natuurlijk verbande ze mij en Tira toen ook. Ik wist niets anders te doen dan op zoek te gaan naar Toek. We hebben hem nooit gevonden. Maar toen vond de stam van Ippi ons.'

'Toek is dood,' zei Joeni.

'Ik vermoedde het al. Je zou hem nooit alleen laten als hij nog leefde. Maar het maakt niet uit. Nu is Tarik er. Tira is gelukkig. Maar ook bang. Het is mijn schuld dat ze jou ziet als een bedreiging voor haar geluk. Ik heb haar haat altijd alleen maar gevoed. En ik heb spijt, Joeni, zo veel spijt.'

Hij wachtte. Hij wachtte op haar vergeving, dat ze zou zeggen dat het goed was, dat ze hem begreep en niet boos was. Maar hoe kon ze dat doen? Na alles wat hij had verteld, na alles wat hij haar had aangedaan?

'Ik zou je moeten doden,' zei ze, haar stem gespannen als een pees. 'Vertel me waarom ik je moet laten leven. Vertel me waarom je mijn genade verdient.'

'Die verdien ik niet,' zei hij. 'Zoals ik zei, ik heb geen wapen. Als jij me niet kunt vergeven, is mijn leven voorbij. Als jij me niet doodt, doe ik het zelf.'

'Je liegt.'

Das greep de punt van haar speer en zette die op zijn borst. Hij spreidde zijn armen uit.

'Steek,' zei hij. 'Als je het doet, zal Ippi je beschermen. Ik heb haar alles verteld. Ze heeft het me beloofd. Tira zal niets te weten komen.'

Tranen vertroebelden Joeni's zicht. De speer voelde warm in haar handen. Ze leunde wat naar voren. Ze zag Das' gezicht vertrekken. De punt duwde het bont van zijn jas naar binnen. Het zou gemakkelijk zijn. Nog gemakkelijker dan een gewond rendier te doden. Hij stond stil, de speer rustte op de goede plek. Als ze nog wat zwaarder zou leunen, zou de punt het leer van zijn jas doorboren, zijn huid. Nog iets verder: zijn vlees, zijn borst. Zijn hart.

Hij had haar vader laten sterven. Zijn beste vriend. Hij had haar geslagen, vernederd, bedreigd. Ze was maar een kind geweest, het kind dat hij had willen hebben. En toch had hij anderen tegen haar opgezet, en haar leven tot een gevecht gemaakt. Door hem was ze hard, boos en verdrietig geworden.

Net als hij.

Hij had haar gevormd tot wie ze nu was. Zoals een vader zou hebben gedaan. Ze liet de speer uit haar handen vallen en Das zakte op zijn knieën.

'Ik was nog maar zo jong,' zei Joeni terwijl de tranen over haar wangen stroomden. 'Zo jong, Das...'

'Het spijt me, Joeni,' zei hij.

'Het spijt mij ook.'

Ze knielde naast hem op de grond.

'Ik heb ze gevonden, Das, in de vallei. De jagers. Ik heb hun botten verzorgd. Ze kunnen nu rusten.'

'Ik hoor ze nog steeds, in mijn dromen.'

'Ik ook,' zei Joeni. 'Ik ook.'

Ze volgde een man. Ze zag hem niet, maar ze wist het, ze róók het. Haar neusgaten spreidden zich wijd open en zijn geur vulde haar bek. Ze sloop geruisloos, een en al ingehouden kracht, haar spieren rimpelden onder haar vacht. Hij had haar niet in de gaten. Hij liep maar wat, stampend met zijn lompe mensenpoten, zo anders dan de hare, die soepel en geruisloos waren, maar met scherpe klauwen als ze wilde.

Plotseling stond hij stil. Dit was haar kans. Ze dook in elkaar, spande haar schouders, om en om, wachtte op het juiste moment, bijna…

'Joeni?'

Haar kop schoot omhoog. Hoe wist hij haar naam? Deze man, deze prooi op twee benen? Voor het eerst zag ze hem met haar ogen in plaats van met haar neus en oren. Hij was lang en slank, had een leren broek en een leren hemd aan, zonder de vacht die de mensen normaal gesproken aan de buitenkant droegen. Was het zomer? Het zou kunnen.

Zijn neus was scherp, zijn ogen en haren donker, maar zijn blik was vriendelijk en warm. Ze herinnerde zich zijn blik…

Ze liep naar hem toe, haar oren naar achteren, haar kop laag, haar staart heen en weer zwiepend. De man ging op zijn hurken zitten en opende zijn armen voor haar.

'Joeni, mijn Joeni. Kom hier.'

Ze was bijna bij hem en stak haar neus in de lucht. Haar snorharen trilden tegen zijn gezicht. De fijne lijntjes op zijn gezicht werden dieper toen hij glimlachte. Waarom was hij niet bang voor haar, een grote, krachtige leeuwin? Een lage grom begon diep in haar keel, maar de man lachte alleen maar. Hij legde zijn hand op haar kop, kriebelde achter haar oren, sloeg zijn armen om haar hals.

'Papa,' zei ze tegen zijn schouder.

Toen ze opkeek, was ze weer een meisje, gekleed in een leeuwenvacht, met de kop als kap over haar hoofd. Haar vader hield haar nog steeds in zijn armen. Maar zijn gezicht was veranderd.

'Leeuwenman,' fluisterde Joeni.

23

'Het is tijd,' zei Ippi terwijl ze de tent binnenstapte. De schelpjes in haar haren blonken in het licht van het vuur achter haar. Ippi's jas was van wit vossenbont en haar benen waren omwonden met geweven banden van roodgekleurd gras. Joeni was naakt. Weer.

Maar dit is de laatste keer, dacht ze. Hierna ben ik de dromer van de stam van Ippi. Hierna heb ik mijn plek.

Ze stond op en keek Ippi in de ogen. 'Je hebt meer voor me gedaan dan wie ook,' zei Joeni. 'Ik zal je altijd dankbaar zijn.'

'Maar ik verwacht er iets voor terug,' zei Ippi met een glimlach. 'Wijze raad, krachtige dromen, nieuwe paden.'

'Ik zal mijn best doen.'

'Dat weet ik. Kom.'

Het was onwerkelijk. Het leek nog maar zo kortgeleden dat ze had willen vertrekken en dat Das haar tegen had gehouden. Uitgerekend Das, die haar zo lang had gekweld. Die nacht had hij haar meegenomen naar zijn vuur, waar Tira sliep. Ze was woedend geweest toen ze zag wie hij mee had gebracht. Das had haar alles verteld, en tegen haar vader kon Tira niet op.

Ze hoefde Joeni niet aardig te vinden, als ze haar maar accepteerde, haar niet meer als bedreiging zag. Het was een begin.

Joeni knipperde met haar ogen tegen het felle licht van het vreugdevuur, dat dansend en knappend vonken de hemel in spuugde. Io glimlachte breed. De leeuwentand om zijn nek glom haar tegemoet. Mala en Eti stonden naast hem, hun haren gevlochten in tientallen vlechtjes met kralen aan het uiteinde die tegen elkaar tikten als ze zich bewogen. Das en Tira zag ze niet. Maar dat was niet erg. Het zou niet lang duren.

'Onze nieuwe dromer is hier!' riep Ippi toen ze Joeni dicht naar het vuur had geleid.

'Joeni was een dromer alleen, maar Io vond haar en bracht haar bij ons. Haar dromen zijn krachtig, en haar hart ligt bij de stam. Wij zijn haar stam. Ze heeft al velen van jullie gezien en gesproken. Maar vanavond zal ze ieder kind zien, iedere man en vrouw. En wij zien haar.'

Ippi draaide zich naar Joeni en zette met drie vingers rode strepen onder haar sleutelbeenderen.

'Ippi,' zei ze, en Joeni knikte.

Heel even leek het of de tijd stilstond. Niemand bewoog, zelfs de vlammen achter Joeni leken te bevriezen. Maar toen stapte het eerste stamlid naar voren. Io. Hij doopte zijn vingers in de stenen kom met rode oker die Ippi vasthield, en wendde zich tot Joeni. Hij sprak zijn naam terwijl hij zijn vingers langs haar schouder liet glijden.

Toen stapte Mala naar voren. Daarna Eti, met haar dochtertje op haar arm. Het meisje giechelde terwijl ze haar handje op Joeni's wang legde. Joeni kietelde haar en aaide haar over haar hoofd. Anderen volgden, die ze nog niet kende. Allemaal vertelden ze haar hun naam. Ze zou ze allemaal leren kennen. Haar stam. Haar nieuwe jas.

Ze raakten haar aan met het bloed van de Moeder op hun handen. Ze kleurden haar armen, rug, buik en benen met hun handen, alsof Joeni de moedergrot was en zij allemaal dromers. Sommige stamleden durfden haar zelfs onder haar navel aan te raken, laag, tussen haar benen. Het waren vooral vrouwen die dat deden. Misschien hoopten ze dat het hun geluk zou brengen. Het tintelde.

Uiteindelijk stond Das voor haar. Ze keek hem aan en dacht dat ze in zijn ogen iets zag van het vuur dat daar altijd in gesmeuld had. Hij had zijn baard gekleurd met rode strepen. Ze sloot haar ogen toen hij zijn vingers naar haar gezicht bracht en de oker uitsmeerde over de littekens die de leeuw haar had gegeven.

'Das,' zei hij, zijn stem hees. Joeni sloeg haar blik naar hem op en glimlachte. Hij beantwoordde die zo aarzelend dat Joeni haar armen om hem heen wilde slaan. Dit was Das' zachte kant, de kant die ze nooit eerder had gekend, die altijd gereserveerd was geweest voor Tira. En nu stond hij hier voor haar met glimmende ogen. Ze kon het bijna niet geloven, maar toch was het waar.

Toen hij opzijstapte, nam Tira zijn plaats in. Joeni probeerde haar gezicht te lezen, maar Tira's uitdrukking was net zo donker als die van haar vader, alleen kouder. Tira legde haar vingers op Joeni's ruggengraat en trok een streep naar beneden, hard over haar wervels. Recht omlaag, zoals Tira's rug nooit zou voelen. Joeni huiverde.

'Tira,' zei het meisje, alsof haar naam met geweld uit haar keel werd getrokken. Het was niet erg. Ze had haar naam uitgesproken. Joeni knikte haar toe. Ze waren stamgenoten, opnieuw, maar nu waren ze niet meer gelijk. Samen met Ippi was Joeni verantwoordelijk voor het welzijn van de stam. Tira was onderdeel van die verantwoordelijkheid, en ze wist het. Waarschijnlijk haatte ze het.

Er waren nog maar een paar mensen over. Ze lieten hun tekens achter op Joeni's huid, zeiden hun naam, en Joeni prentte ze zich in.

'Het is tijd,' zei Ippi toen. 'Tijd voor de eerste droom die Joeni dromer van de stam van Ippi zal maken. Is de hut klaar, Mala?'

'Ja, Ippi,' zei het meisje. 'Alles is klaar.'

Ze keek naar Joeni. 'Volg mij, dromer.'

Joeni haalde diep adem en volgde Mala naar de zweethut die in het duister verscholen lag. Wat zou ze zien? Wat zou ze horen, en voelen? Ze was de vorige keer nog niet vergeten, tijdens de nacht van de Verbinding.

Ik hoef niet bang te zijn. Ik ben nu een dromer. De leeuwenman is bij me. Papa is bij me.

Steeds als ze eraan dacht, kreeg ze het warm vanbinnen. Ze had haar vader al die tijd bij zich gehad. Sim, haar vader, de leeuwenman.

Maar deze droom is voor de stam.

De eerste hete stenen lagen al op de grond. Toen Joeni binnenstapte, was de hitte als een rotswand waar ze met haar koude huid tegenaan botste. Ze ging zitten op de leren lappen die voor haar waren neergelegd.

Mala goot de waterzak die ze bij zich had leeg over de stenen. Hete stoom siste en borrelde en brandde in Joeni's neus en mond. Hij smaakte zoet en bitter tegelijk.

'Droom een goede droom,' zei Mala. Toen glipte ze stilletjes naar buiten.

In de gloed van het enige lampje bij de ingang van de hut bekeek Joeni haar lijf. De oker die haar nieuwe stam daar had achtergelaten begon al te smelten, uit te lopen, glimmend over haar huid, ín haar huid. Ze zou hun hand- en vingerafdrukken in zich opnemen zoals de Moeder dat deed met de adem van de dromers. Ze zou hen kennen.

Joeni sloot haar ogen en ademde diep uit. Dit keer was ze er klaar voor.

Zweet vermengd met verf stroomde langs haar rug, buik, gezicht en armen op de grond. Ze reikte naar de grond, naar de almaar groeiende plas zweet en oker. Haar vingers verdwenen onder water, daarna haar hele hand, haar onderarm. Ze reikte verder, en viel voorover.

Ik krijg geen lucht!

Ze worstelde, sloeg met haar armen en benen, alles om boven te komen, alles voor lucht. Het water waarin ze zwom was rood.

De eerste ademteug bevroor haar longen. Koud als ijs, scherp als steen. Joeni worstelde zich naar de waterkant en sleepte zich hoestend op de oever. Achter haar was het water van de rivier veranderd in een heldere stroom. Geen spoor meer van rood. De rotsen voor haar waren niet hoog, maar steil en vlak, met oranje vlekken die haar vertelden dat ze hier oker voor haar verf kon vinden. Heel even drong zich een ander beeld aan haar op, als een visioen, van een donkere ruimte en drukkende hitte, maar het beeld vervaagde en ze liep naar de rotswand toe. Toen ze boven was, keek ze recht in de ogen van een grote leeuw. Zijn staart bewoog loom heen en weer.

'Ik ken jou,' fluisterde ze, al wist ze niet hoe. Ze strekte haar hand uit. Ze wilde hem voelen, zijn kracht, zijn felheid. Zijn vacht was verrassend zacht, en ze liet haar vingers over zijn rug gaan. Joeni kon zijn ademhaling horen, een licht raspen in zijn keel. Toen keek hij omhoog, draaide scherp zijn kop en sprong weg, snel als de wind, vloeiend als het water in de rivier.

'Wacht!' riep Joeni, en ze rende achter hem aan.

Ze ging steeds sneller, kwam steeds dichterbij, ze haalde hem in! Heel even rende ze naast hem, één met zijn tred. Een grom rommelde diep in haar keel. En ze was weer alleen.

Joeni struikelde, stopte. Waar was de leeuw? De grom in haar keel kwam naar buiten en werd een brul die galmde over de vlakte. Haar oren suisden ervan. Heel even was er niets, maar toen hoorde ze hen. Zwak nog, ver weg. Als ze nu niet snel was, zou ze hen niet meer vinden.

Ze begon weer te rennen, in de richting van de geluiden van de kudde.

Daar! Ze keek op hen neer vanaf de hoogvlakte. Een moederkudde met jongen. Waar was deze vallei?

Onthoud. Kijk en onthoud, dromer Joeni.

De rivier beneden was loom en breed, het water blauw. De rotsen waren grijs en hoekig. Er groeiden wat dennen in de luwtes, het gras was donkerder dan ze kende. Boompjes, kaalgevreten door de mammoeten, stonden langs de rivier. Een kreet in de lucht, en ze keek omhoog. Gieren. Een deel van de rotswand aan de overkant was ingestort. De puinberg leek zelf op een rivier, uitwaaierend met stroompjes gruis. Donkere gaten gaapten haar aan in de rotswand aan de overkant. Moedergrotten? Woongrotten?

Ineens leek de wereld te vervagen. Waarom was het zo warm? Ze wreef in haar ogen en knipperde, maar het werd steeds donkerder. Joeni greep om zich heen en vond aarde, stevig samengepakt, aangestampt. Ze lag op haar zij. Moeizaam krabbelde ze overeind. Waar was haar jas? Ze legde haar handen op haar hoofd en probeerde na te denken. Waar wás ze?

Langzaam begon het terug te komen. Een flakkerende vlam liet het haar zien: de ruimte waarin ze zat, de stenen op de grond, hoe naakt ze was. Geluiden drongen tot haar door, geluiden van buiten. Gezang, gelach. Een groep mensen.

Mijn stam.

De laatste keer dat ze dit had gedaan, had iemand haar verteld dat het tijd was en haar meegenomen naar buiten. Maar dit keer zou niemand dat doen. Zij, Joeni, was de dromer, en zij bepaalde zelf wanneer ze terugkeerde naar de echte wereld. Ze rilde ondanks de warmte.

Mammoeten. Ze had mammoeten gezien. Waarom geen rendieren of paarden? Waarom geen zwerm vogels, of de komst van een troep hyena's waarvoor ze haar stam kon waarschuwen? Waarom mammoeten, van alle dieren die ze had kunnen zien?

Niet weer. Ik zal niet weer een stam de dood injagen. Waarom was je er niet, papa? Jij had me kunnen vertellen wat ik zag.

Maar ze moest alleen beslissen. Ze moest tekenen, nu, voordat de droom vervaagde.

Toen ze de flap van de ingang optilde, schrok Mala zo erg dat ze een gilletje slaakte.

'Zit je hier al de hele tijd?' vroeg Joeni.

Mala knikte. 'Wat kan ik doen, dromer?'

'Ik heb een plek nodig om mijn droom aan de Moeder te geven. Ik heb verf nodig.'

Even aarzelde ze. 'Rood.'

Mala knikte en snelde weg, maar Joeni riep haar na: 'En kleren! Het is koud.'

Dit keer zou ze niet baden na de zweethut. Ze zou de tekens van de stam zo lang mogelijk op haar lichaam dragen.

Mala verstijfde en kwam haastig terug. 'Het spijt me, dromer. Hier. Ik heb ze voor je bewaard.'

En het meisje vertrok meteen weer.

Even dacht Joeni dat het haar eigen oude kleren waren die ze aantrok, zo vertrouwd voelden ze. Maar de broek was van vossenbont en de jas van winterrendier had al zijn haren nog, in tegenstelling tot haar eigen jas. De kap was van wolf, grijs en vol. Rode en zwarte banden waren op het bont genaaid, rondom haar middel en borst, en in kruisen op de armen. Iedere band had een rij rotsschelpjes in het midden. De leeuwentand, de trofee die ze deelde met Io, hing aan de rand van de kap, precies in het midden, zodat hij op haar voorhoofd hing als ze hem opdeed.

Mijn nieuwe jas, dacht Joeni. Nu is het echt. Dit is mijn thuis.

Ze was nog niet klaar met het ombinden van haar schoenen toen Mala alweer voor haar stond.

'Kom, dromer,' zei ze.

Joeni volgde het meisje, weg van de geluiden van de stam, die zo aanlokkelijk klonken dat ze zich bijna omdraaide om zich bij hen te voegen.

Eerst de droom, sprak ze zichzelf toe, eerst de droom en dan gezelschap.

'Ik ben heel blij met mijn nieuwe kleren,' zei Joeni.

Mala keek even over haar schouder. 'Eti heeft ze gemaakt. Io en ik hebben de rotsschelpen gezocht.'

'Dank je.'

'Het was geen moeite, dromer. Dit is onze gift aan jou. We geven hem graag.'

Mala draaide zich naar Joeni om. 'Hier is een goede luchtgrot,' zei ze. 'Rim heeft hem weleens bezocht, maar er is nog ruimte voor nieuwe dromen. Ik wacht hier. Als je klaar bent, zal ik je naar Ippi brengen.'

Mala verdween in de nacht en Joeni liep naar voren. De welvende rotswand was verlicht door lampjes en op de grond lagen platte, holle stenen gevuld met poeder en een zak water. Mala nam haar taken serieus.

Rims dromen waren vol roofdieren geweest, zag Joeni, vol beren en leeuwen. Geen wonder dat Io droomde over bloed en jagen.

Ze pakte het schaaltje dat bij haar voeten stond en mengde de verf. Ze bevoelde de rots en nam een slok.

Eerst de leeuw, de boodschapper, rennend, snel als water.

De verf spatte tussen en op haar handen, maakte vloeiende lijnen op de rots. Met een penseel schilderde ze zijn kop, zijn poten, zijn zwiepende staart. Hij was anders dan de leeuwen van Rim. Dat waren de dieren die haar de littekens hadden gegeven. De leeuwen die Uma's jagers hadden gegrepen. Háár leeuw was een vriend.

Heel even zag ze niet de leeuw, maar haar leeuwenman. Hij strekte zijn hand naar haar uit en ze probeerde hem te grijpen, maar haar vingers vonden enkel rots. Toen ze haar hand weer optilde, was er een afdruk achtergebleven op de flank van haar leeuw.

'Ik vertrouw je,' fluisterde ze dicht bij zijn oor.

Waarom was dat zo moeilijk geweest? De mammoeten kwamen nu vanzelf, ze verschenen als in een roes op de rotswand. Ze waren een belofte van kracht voor de stam van Ippi. Ze zouden er zijn. Dit keer zouden de mammoeten er echt zijn.

Joeni riep Mala, en het meisje was er meteen.

'Breng me naar Ippi,' zei ze. Heel even stond Mala doodstil, en ze bestudeerde Joeni's gezicht en de tekeningen.

'Het was een goede droom,' zei Joeni, en Mala's gezicht ontspande.

'Volg me,' zei ze.

Het kamp was niet ver, al had Joeni geen idee waar ze was. Ze kende de vallei nog niet, ze kende de geuren en geluiden nog niet. Maar de stemmen van de stam lokten haar naar het licht als een nachtvlinder. Allemaal keken ze naar haar, zodra ze tussen hen in stapte. Alle geluiden stopten en er was alleen nog stilte. Ze herkende dit. Dit gevoel, de spanning, de nieuwsgierigheid, de angst. Altijd als Toek de woongrot binnen was gekomen na een droomsessie, had ze het ook gevoeld.

Toek, als je me nu eens kon zien…

En ze herinnerde zich wat hij dan altijd deed. Joeni glimlachte haar rode tanden bloot.

Ze voelde opluchting door de groep gaan, zoals dat ook altijd bij Toek gebeurde als hij lachte. Nu was zij Toek. En haar stam wachtte op haar, vertrouwde haar. Ze hoopte dat Ippi dat ook zou doen.

'Joeni, welkom,' zei Ippi. De stammoeder zat op de grond voor haar tent, haar handen gevouwen in haar schoot. 'Ik heb op je gewacht.'

'Hier ben ik,' zei Joeni. Mala glipte stilletjes weg.

'Vertel me je droom.'

Joeni vertelde alles. Ze verzweeg niets, zoals ze dat wel bij Toek had gedaan. Het was nu gemakkelijker. De leeuwenman was er niet geweest. Ze hoefde hem niet te verraden.

Toen Joeni klaar was, verscheen er een grote glimlach op Ippi's gezicht.

'Ik ken de vallei die je hebt gezien. Hij ligt ten noorden van hier, maar niet erg ver. Mammoeten, Joeni! Dat is goed nieuws. We zullen onze beste jagers vooruitsturen. De rest van de stam zal later volgen. We zijn langzaam met de tenten. Weet je zeker dat ze er nu zijn?'

'Ja,' antwoordde Joeni. 'De lucht rook zoals nu. Het seizoen is goed. Ze zullen er zijn.'

'Is er gevaar?'

Joeni sloot haar ogen en zag de jagers van Uma, overvallen door een troep leeuwen, hoorde hun kreten, rook het bloed. Een leeuw had haar de mammoeten laten zien… Maar had ze hem wel goed begrepen? Had de leeuw haar aangewezen waar hij zelf zou zijn? Had hij haar willen laten zien dat de mammoeten zíjn prooi waren en dat ze afstand moest houden?

'Joeni?'

Nee. Er was geen angst geweest in haar droom, geen gevaar. Zelfs geen bloed. Of was de rivier waarin ze bijna verdronk, gemaakt van de verf die haar stamgenoten op haar lijf achter hadden gelaten, een teken dat hun bloed binnenkort zou vloeien? Zo veel mogelijkheden, zo veel fouten die ze kon maken! Ze drukte met haar vingers op haar oogleden, zodat ze sterretjes zag. Ippi zuchtte.

'Joeni. Kijk me aan.'

Joeni opende haar ogen en keek naar Ippi. De stammoeder pakte haar hand en kneep erin.

'Je twijfelt. Ik zie het. Dit is iets wat de dromer en de stammoeder samen doen. Daarom bestaan we. Vertel me de reden dat je twijfelt en ik zal met je meedenken. Samen zullen we de oplossing vinden. Ik help jou, jij helpt mij. Twee dochters van de Moeder. Samen zullen we haar wijsheid ontdekken.'

Joeni staarde Ippi even aan. Toen vertelde ze over de rode rivier, hoe ze daar bijna in was gestikt. Ippi was niet bezorgd.

'Ik zie het als jouw geboorte als dromer van een nieuwe stam,' zei ze. 'Je was gedrenkt in hun handafdrukken en je klom eruit, je verdronk niet. Een goed teken, lijkt me.'

Joeni knikte en hoopte maar dat Ippi gelijk had. Er was nog tijd, tijd om na te denken. Dit keer moest ze het goed doen. Er was geen andere mogelijkheid.

24

Io mocht mee op mammoetjacht. Het was wat hij had gewild, maar hij werd heen en weer geslingerd tussen vreugde en angst. Hij zei het nooit, maar ze zag het aan zijn blik op de momenten dat hij haar bestudeerde en dacht dat ze dat niet in de gaten had. Ze begreep hem wel. Hij wist wat haar vorige mammoetdroom veroorzaakt had. Maar hij wist ook dat ze inmiddels veel had geleerd. Hij had met haar gereisd, hij kende haar. Ze had gehoopt op meer vertrouwen. Hij zou haar kunnen helpen.

Das ging ook mee. Ippi waardeerde zijn scherpe blik en zijn ervaring, al zou hij de jachtpartij niet leiden. Die eer viel te beurt aan Eti.

'Io heeft me nooit verteld dat jij ook van de grote jacht bent!' zei Joeni op de avond dat Ippi de jagers had aangewezen. Een vrolijke grijns had Eti's gezicht laten oplichten.

'Iedereen weet dat ik de beste ben,' had ze gezegd. 'Io zegt misschien dat ik hem uitkoos, maar in werkelijkheid smeekte hij mij om hem op mijn tochten mee te nemen. Ik kwam niet meer van hem af!'

Op de avonden die volgden, zocht Eti Joeni bijna dagelijks op bij haar vuur. Ze had nu een eigen plaats in de stam, dicht bij Ippi en Mala, waar ze hoorde. Eti vroeg haar naar de samenstelling van de kudde die ze had gezien, hoeveel mannetjes en vrouwtjes er waren, hoe oud ze waren en hoe ze zich hadden gedragen. Telkens als Joeni antwoord gaf, herinnerde ze zich meer details, en Eti was tevreden. Maar ze wist nog niet dat Joeni mee zou gaan.

Het was moeilijk geweest om Ippi te overtuigen.

'Waarom zou een dromer op jacht gaan?' had ze gevraagd. 'Ik heb je liever hier, dicht bij me. Wat moet ik doen als ik je raad nodig heb terwijl je weg bent? Wat als je gewond raakt, of erger? Je bent pas net bij ons, Joeni. Ik wil je niet zo snel alweer kwijt.'

'Ik zal niet meedoen,' had Joeni haar verzekerd, 'ik wil alleen zien of de mammoeten er zijn. Dit is belangrijk voor me, Ippi. Mijn eerste droom voor een nieuwe stam. Ik wil zien waarheen die droom ons leidt. Ik wil ervan leren. Alsjeblieft. Ik kan de boodschapper zijn. Zodra er nieuws is, kom ik terug om je alles te vertellen.'

Het had even geduurd, maar het was gelukt. Ze zou met eigen ogen zien of de mammoeten die ze gedroomd had, er echt waren.

'Dromer?'

Een stem deed haar opschrikken uit haar gedachten.

'Tarik! Welkom,' zei ze. Ze gebaarde naar de huiden aan de overkant van haar vuur. Tarik ging zitten, maar hij was onrustig. Hij schoof heen en weer en frunnikte aan zijn kleren.

'Wat kan ik voor je doen?' vroeg Joeni. Ze had hem of Tira niet gesproken sinds haar inwijding.

'Joeni... Mag ik Joeni zeggen?'

Zijn sluike, bruine haar hing half voor zijn gezicht. Een lang gezicht met vriendelijke trekken en lieve ogen. Tarik was niet gekozen voor de mammoetjacht, maar hij was een goede jager, dat hadden Eti en Io haar verteld. Misschien wilde Ippi niet dat Tira lang alleen zou blijven.

'Natuurlijk, Tarik.'

Hij aarzelde.

'Wat is er?'

'Tira weet niet dat ik hier ben,' begon hij. 'Maar ik denk dat het belangrijk is dat ik je dit vertel.'

Werden zijn wangen nu rood?

'Ik... Tira... Wij, bedoel ik. Wij krijgen een kindje. Tira is zwanger.'

'Dat is goed nieuws, Tarik! Hoe gaat het met haar?'

'Goed... Goed.'

Hij stond op. 'Ze zal vechten als een leeuwin om ons kindje te beschermen. Ook als er geen gevaar is.'

Hij verdween even snel als hij verschenen was.

Tira was zwanger. Geen wonder dat ze er alles aan had gedaan om Joeni te verjagen. Dat was wat moeders deden. Ze beschermden hun kind. En als Tira Joeni als bedreiging zag... dan was dat reden genoeg om alle oude vijandelijkheden vast te houden in plaats van ze opzij te zetten. Hard en sterk was wat Tira wilde zijn. Als er maar een kans was dat Joeni het slecht met haar voorhad, zoals ze altijd had gedacht, was strijd beter dan vrede.

Dappere Tarik, dacht Joeni, ik hoop dat Tira er niet achter komt dat hij hier is geweest.

De mammoetjacht zou een wandeling langs de rivieroever lijken vergeleken met wat Tira hem zou aandoen, maar ze was hem dankbaar. Het betekende dat hij Tira's wantrouwen en vijandigheid niet deelde. Hij nodigde Joeni uit om iets te doen, iets wat het beter zou maken. Al kon ze zo gauw niet bedenken wat. Joeni kneep haar ogen stijf dicht en deed ze toen weer open. Ze zou wel iets verzinnen.

Toen bijna iedere mammoetjager bij haar langs was gekomen om haar te vragen om een amulet of een mammoet op hun speerwerper te graveren, wist ze niet alleen wat ze voor Tira wilde doen, maar ook dat het tijd was om de jagers te vertellen dat ze mee ging op de jacht.

Eti stribbelde niet eens tegen.

'Zolang je doet wat ik zeg en niet in de weg loopt, zijn we beste vrienden,' zei ze.

Joeni lachte. 'Ik zal mijn speer alleen gebruiken om op te leunen.'

'Misschien brengt het wel geluk om een dromer mee te nemen op jacht,' mijmerde Eti terwijl ze opstond om naar haar eigen vuur terug te gaan. 'Als het goed gaat, ben je van mij. Ik zal het Ippi na de dans vertellen, zodat ze alvast naar een nieuwe dromer uit kan kijken.'

De dans! De dans van de jacht!

'Ik weet helemaal niet hoe ik moet dansen!' fluisterde Joeni dringend tegen Mala, die ze meteen had opgezocht. Mala wist veel, en Joeni hoopte dat er iets te redden viel voordat Ippi zou ontdekken dat ze nooit eerder voor een stam had gedanst.

'Ik kan me wel wat herinneren van hoe Toek het deed, maar… het zal er vreselijk uitzien. En dat zal niemand het vertrouwen geven dat nodig is!'

Toek had haar er nooit iets over geleerd.

'Je moet je droom uitbeelden,' zei Mala, 'je tekent ze, je vertelt erover… Dan moet een dans toch ook kunnen?'

'Ik weet het niet.'

Mala keek ongerust. 'Het is belangrijk.'

'Kun jij hem niet doen?' vroeg Joeni wanhopig.

'Ik?' Ze lachte. 'Nee, dat kan niet. Jij bent de dromer. Probeer het. Het is niet erg als het anders is dan we gewend zijn. Je bent nieuw, dit is je eerste keer. Rim was een geweldige danser, maar we weten heus dat niet iedereen dat kan zijn.'

'Dat stelt me helemaal niet gerust. Had ik maar een stam gekozen waar niemand danst. Een stam van mensen zonder benen bijvoorbeeld.'

Nu lachte Mala niet. Ze keek Joeni ernstig aan.

'Ik ben bang dat die niet bestaat.'

Joeni zuchtte. Er zat niets anders op. Ze zou dansen.

Op de laatste avond voor de mammoetjacht sloop Joeni naar de haard van Tarik en Tira en legde de amulet die ze had gemaakt op de huiden naast de haard, waar ook hun messen en naalden lagen. Het was een beer, uit mammoetivoor gesneden, net zo sterk als Tira zelf. Sterk en bang tegelijk, zoals de beer in de droom die Joeni had gehad vlak voordat Toek ziek werd. Tira zou de gift vinden. Hopelijk zou ze hem begrijpen.

Ze keerde terug naar haar eigen haard en trok de kleren aan die ze van Eti, Io en Mala had gekregen: de jas met de rode banden en de kap met de leeuwentand. Ze waste haar gezicht bij de rivieroever, verwijderde de zwarte en rode vegen van haar nieuwste dromen en trok toen nieuwe lijnen op haar gezicht, die haar zo veel mogelijk op een mammoet zouden laten lijken: zwart rond haar ogen en rode, gebogen lijnen op haar wangen, als slagtanden.

Denk aan de droom, denk aan de kudde. De droom was rood, rood en niet zwart, de jacht zal goed gaan, de jacht zal lukken. Dans dat die lukt.

Toek had vaak gedanst, met zijn stramme, magere lijf. Als hij het had gekund, kon zij het ook. Ze betreurde het dat hij er nooit aan gedacht had het haar te laten zien, om er met haar over te praten in al die tijd dat ze samen waren. Maar ze begreep het wel. Zonder stam hoefde er niet gedanst te worden, hoefde niemand je dromen te begrijpen behalve een andere dromer. Dromers hadden geen dans nodig.

Mala kwam haar halen. Joeni merkte pas dat het meisje naast haar stond toen ze haar schouder aanraakte. Joeni schrok op, in haar maag zat een dikke knoop van spanning.

'Kom, dromer,' zei Mala. 'We wachten op je.'

Er was geen langzame aanloop, er was geen tijd om te wennen. Zodra Joeni de kring van licht binnenstapte, werd het stil. De jagers die zouden vertrekken, zaten vooraan op de grond, hun ogen groot en glanzend van opwinding.

Of van angst.

Ze zag Das tussen de jagers zitten, Io, en Eti. Heel even ving ze de blik van Tira, achterin, half in de schaduw. Tarik stond naast haar, zijn hand rustte op haar schouder. Tira's blik leek minder vijandig, maar ze wist het niet zeker.

Joeni draaide haar gezicht met de zijkant naar de mensen toe, zodat ze de rode slagtanden goed zouden zien.

'De mammoeten!' riep ze. Ze kon niets anders bedenken. Ze moest vertellen. En ze hoopte dat de dans dan vanzelf zou komen.

Ze stapte met één been opzij, maakte zich groot en boog naar voren.

'De vallei is breed, de rivier is rustig.'

Ze wiegde heen en weer. Iemand begon het ritme op een trommel te slaan.

'Ze grazen, ze zijn tevreden. Ze wachten. Op ons.'

Joeni sprong op en rende in het rond, de trommels volgden haar. Plotseling stond ze stil en was ze weer een mammoet: groot, traag en machtig.

'De mammoet zal zich verzetten!'

Ze sloeg en zwaaide met haar armen, liep naar de jagers en maakte zich groot, zo groot als ze kon, en boog over hen heen terwijl ze brulde. Ze wist dat het niet zo goed zou klinken als in de moedergrot van Mam, maar het had effect. Ze zag het aan de gezichten van de jonge jagers, die eerst nog een beetje lacherig waren geweest, maar nu schrokken van het geluid, van haar nabijheid. Iemand blies op een hoorn, een bizonhoorn, en het geluid was angstaanjagend.

Joeni sprong opzij en weer terug, op het ritme van de trommels; ze liet haar voeten stampen op de grond, vlak bij de jagers, en danste weer weg.

'Maar wij zijn jagers! De jagers van Ippi!' riep ze toen. 'De Moeder helpt ons, geeft ons kracht!'

En het ritme van de trommels versnelde weer. Joeni zette haar vingertoppen op haar wang en veegde de verf naar beneden, veranderde de slagtanden in bloedvegen. Ze begon weer te rennen, stak een speer in de lucht, danste en draaide in het rond, en voor ze het wist, was ze niet meer alleen. Een voor een stonden de jagers op en mengden zich in haar dans. Ze bewogen en draaiden rond elkaar. Het was verslavend, opwindend. Heel even dacht ze hem te zien, haar vader, de leeuwenman, aan de rand van haar blik, maar toen ze naar hem toe danste, was hij er niet meer. Toen ze zich omdraaide, dacht ze de schaduw van een mammoet te zien, neergehaald door de jonge jagers, en zij zagen hem ook want ze dreven hun speren in zijn lijf en joelden toen zijn kop met een dreun op de aarde viel. De dans werd een overwinningsdans, en de hele stam mengde zich erin, met kreten van vreugde en een duizelingwekkend zwieren. Iemand pakte Joeni's hand en draaide haar rond. Het was Mala en ze lachte.

'Dit was een goede dans. Een goede droom!' riep ze uit, en ze liet Joeni los om Io vast te grijpen, lachend en buiten adem.

De dans ging verder zonder Joeni. Ze bewoog zich naar de rand van de groep en glipte weg in de luwte. Haar hart klopte wild en ze hijgde toen ze zich op de grond liet zakken. De stam danste verder. Háár stam. Zelfs Das had zich in de groep gemengd, en hij bewoog soepel en zelfverzekerd, alsof hij tien winters jonger was. Het was goed om te zien.

'Joeni,' zei een bekende stem toen. Ze keek omhoog. Het was Tira. Snel stond Joeni op.

'Is dit van jou?' vroeg Tira.

Ze haalde een bundeltje uit haar jas en maakte het open. Het was de amulet die Joeni bij haar vuur had achtergelaten.

'Ja,' antwoordde Joeni. 'Je bent sterk, Tira. En ik wens je nog meer sterkte. De kracht van een beer. Ik wil dat de Moeder je die blijft geven.'

Tira keek naar het figuurtje in haar hand.

'Dank je,' zei ze kortaf.

Ze draaide zich om en verdween weer in de schaduwen. Joeni keek haar even na en ging toen zitten. Was ze teleurgesteld? Had ze tranen verwacht, omhelzingen? Nee. Dit was al beter dan wat ze had durven hopen. Beter dan het ooit was geweest. Joeni glimlachte.

25

De wind gierde, de zon brandde, maar vanbinnen voelde ze zich koud. Joeni rilde en keek om zich heen.

Ik loop in mijn droom.

De vallei, de rotsen... Het klopte allemaal, al weken de kleuren wat af en voelde de lucht anders. De jagers die vlak bij haar liepen, met Eti en Das voorop, waren stil en gespannen.

Een heel verschil met de eerste dagen, dacht Joeni.

Aan het begin van de tocht hadden de jonge jagers gelachen en gezongen tijdens het lopen, ze hadden elkaar stoere verhalen verteld bij het vuur en ademloos geluisterd naar Das en zijn vertellingen over beren en wolven. Hij had zelfs het verhaal over Joeni's vader en de leeuw verteld, terwijl hij ongeruste blikken in haar richting wierp. Die blikken waren niet nodig geweest. Het was zo lang geleden dat ze het gehoord had, en ze had ervan genoten.

Maar nu kwamen ze dichterbij, dichter bij de plek waar de mammoeten moesten zijn. Iedere jager wist hoe gevaarlijk de mammoetjacht was. Als het misging, zouden dit misschien iemands laatste dagen zijn.

'Joeni!' riep Eti.

Joeni haastte zich naar de vrouw toe.

'Vertel me, zijn we er bijna?'

Joeni glimlachte. 'Hoe doen jullie dit normaal gesproken, als er geen dromers meegaan?'

Eti trok een moeilijk gezicht, en Joeni lachte.

'We komen in de buurt,' zei ze toen. 'Soms denk ik dat ik de kudde hoor, maar dat kan een droom zijn. Ik zal extra goed opletten. En we moeten voorzichtig zijn. De wind staat verkeerd. Ze zullen ons ruiken.'

'Ik weet het.'

Eti tuurde in de verte. 'Io zegt dat je niet zeker weet of je droom van de mammoeten goed of slecht was. Dat dat de reden is dat je met ons mee gaat.'

'Hij maakt de anderen bang.'

'En mij ook.'

De vrouw draaide zich naar haar toe. 'Dromer, als er iets is, dan wil ik het weten. Lopen we gevaar? Meer gevaar dan gewoonlijk?'

'Het is een mammoetjacht, Eti.' Joeni verstijfde. 'Dus ja, het is gevaarlijker dan gewoonlijk. Dat weet jij ook. Mijn droom was goed, dat is de waarheid. Maar ik wil het zien. En zodra ik ook maar enig idee heb dat er iets mis zal gaan, kom ik het je meteen vertellen. Als jij me dan ook gelooft en zonder tegenstribbelen omkeert…'

'Je stelt me niet gerust.'

'Meer kan ik je niet geven.' Joeni zuchtte. 'Ik ben een beginnende dromer. Als ik nu zie waar mijn droom ons heen leidt, kan ik daarvan leren. Ik wil leren. Een dromer moet dat net zo goed als een jager.'

Hoog boven hen krijste een roofvogel. Eti keek omhoog en volgde de vogel met haar blik.

'Goed dan,' zei ze, en ze draaide zich om. Het gesprek was voorbij.

In de verte klonk de roep van een jonge mammoet.

De jagers bevroren op hun plek, alsof een plotselinge ijswind hen had overvallen. Dit was geen droom. Iedereen had het geluid gehoord.

'Jij, en jij,' zei Eti. 'Met mij mee. De rest blijft hier. Wees op je hoede. Wij zijn niet de enige jagers in dit land.'

Voorzichtig raakte Joeni Das' schouder aan. Hij schrok op. Joeni wist waar zijn gedachten waren. 'Ben je bang, Das?' vroeg ze.

Hij legde zijn hand op de hare. 'Ja.'

'Ik ook. Maar laat ons dan op de leeuwen letten. Laat ons degenen zijn die waakzaam zijn. Kijk naar de anderen. De mammoeten lopen al in hun ogen. Ze zien niets anders meer.'

Zelfs Io's gezicht had een andere glans gekregen, voor heel even afgeleid door het vooruitzicht van de jacht, de mogelijkheid tot uitblinken. Dit was waarvan hij zijn hele leven had gedroomd.

'Je hebt gelijk,' zei Das. 'Ik heb al genoeg mammoeten gezien. Genoeg gejaagd. Laten wij de oren en ogen van deze jonge jagers zijn, en kijken en luisteren naar waar zij nu blind en doof voor zijn.'

Er zat niets anders op dan te wachten. Wachten tot Eti en haar verkenners terugkwamen. Speren werden tevoorschijn gehaald, geïnspecteerd, aangescherpt. Twee meisjes liepen een eindje weg en begonnen hun worp te oefenen, tot Das naar hen toe liep en zei: 'Genoeg. Bewaar je kracht voor de mammoeten.'

Bedeesd liepen de meisjes terug naar hun groep.

Joeni bleef staan en staarde langs de rotswand waartegen ze rustten. Ze draaide rond, zoekend, maar ze wist niet waarnaar. Ze snoof de lucht op, tuurde in de verte. De zon verblindde haar. Een schaduw op de klif...

Ze gilde en deinsde achteruit. Ze knipperde met haar ogen, en de schaduw was verdwenen.

'Joeni?' Een scherpe stem, ver weg. 'Joeni, wat is er?'

Iemand pakte haar arm. 'Joeni!'

Het was Das. Joeni kneep haar ogen stijf dicht en keek toen weer naar de plek waar ze de leeuw had gezien. Niets. Ze trok zich los uit Das' greep.

'Er is niets. De zon stak in mijn ogen. Ik zie nog vlekken.'

'Als je iets ziet, als je iets denkt te hebben gezien, wil ik ervan weten,' gromde Das dicht bij haar oor. 'Zie hoe de anderen naar je kijken. Je hebt ze bang gemaakt. Bange jagers zijn dode jagers.'

Joeni schudde haar hoofd. 'Er was niets.'

Das keek naar haar met wantrouwige ogen.

'Heja!' riep een van de meisjes die door Das terug waren geroepen. 'Ze zijn er weer!'

Drie donkere figuren snelden naar hen toe.

'De mammoeten zijn er,' zei Eti hijgend. De jonge jagers dromden samen. 'Een kleine kudde, maar sterk en goed doorvoed.'

'Hun slagtanden, Io!' hoorde Joeni een van de verkenners zeggen. 'Ik heb nog nooit zoiets gezien. Ze waren wit als sneeuw!'

'Ze bewegen langzaam,' zei Eti. 'Er is hier genoeg te eten. Ze zijn rustig, niet erg op hun hoede. De leeuwen zullen ze nog niet gevonden hebben. Ze verwachten geen jagers. De enige die we echt moeten vrezen, is de moeder van de kudde. Zij is waakzaam. Oud, maar krachtig. Ze heeft al veel gevochten in haar leven. Een van haar slagtanden is gebroken.'

'Zijn er jongen?' vroeg Das.

'Niet van deze lente,' antwoordde Eti. 'Een kudde van acht, zes vrouwtjes en een paar jonge mannetjes. Het zal niet lang duren voor de moeder van de kudde die twee wegjaagt.'

'Die moeten we hebben,' zei Das. 'De kudde zal ze makkelijker laten gaan.'

Eti knikte. 'Vandaag zullen we zo dicht mogelijk bij ze proberen te komen om ze aan onze geur te laten wennen. Als de kudde onrustig wordt, stoppen we en slaan ons kamp op. We zullen ze observeren. In de ochtend zullen we jagen.'

Joeni's hoofd zoemde. Ze waren er. Ze waren er echt. Ze had haar droom goed begrepen.

En de leeuw op de klif?

Ze keek nog een keer omhoog naar de plek waar ze zijn schaduw had gezien. Ze sloot haar ogen en luisterde, voorbij de mensenstemmen, achter de wind in haar oren, zoekend naar dat ene geluid. Het geluid van het dier dat ze beter kende dan welk dier ook, het dier dat haar had verwond en tegelijkertijd had geholpen, altijd geholpen.

Maar ze hoorde het niet.

Toen ze haar ogen weer opende, staarde Das haar aan. Ze knikte, en hij knikte terug. Zij zouden zich niet laten afleiden. De leeuwen waren voor hen.

Joeni lag op haar buik in het harde gras. Nog even zou ze ze kunnen zien. Nog even, en dan zouden de mammoeten zijn opgeslokt door het duister. De lucht begon al roze te kleuren.

Ze waren dichter bij de kudde dan Joeni had durven hopen. Pas toen ze de dieren zo dicht genaderd waren dat de geur van hun vacht en mest in Joeni's neus prikte, waren de mammoeten onrustig geworden. Het oude vrouwtje was de kant van de jagers op gelopen, dreigend, met haar slurf in de lucht en zwaaiend met haar slagtanden. Ze tetterde en stampvoette, en de anderen volgden haar voorbeeld. Eti had Joeni en de jagers teruggeroepen, en de rust was weergekeerd.

'Wat zie je?' fluisterde Io, die naast haar kwam liggen.

'Alles,' zei Joeni.

De mammoeten waren prachtig. Ze wilde dat ze hier altijd kon blijven liggen en kijken. Naar hun lome bewegingen, hun grote koppen die net zo massief waren als de rotsen. Toch waren ze ook teder, in hoe ze met elkaar omgingen als stam. De oude moeder zorgde voor ze allemaal. Ze raakte ze aan met haar slurf, alsof ze vroeg hoe het met ze ging. Ze zette de jonge mannetjes al een beetje apart, om ze voor te bereiden op hun verbanning. De mannetjes probeerden elkaar uit. Ze duwden en trokken, een goedmoedig gevecht. Joeni stelde zich voor hoe ze straks allemaal gingen slapen, dicht bij elkaar, alle moeilijkheden even vergeten. Ze stelde zich voor dat een van ze wakker zou blijven, net als bij de mensen. Eén iemand om over de slapers te waken, al hadden ze geen vuur om gaande te houden. De kudde was de stam, de stam was de kudde. Maar de stam bestond uit jagers. De kudde was prooi.

'Het spijt me, Joeni,' zei Io naast haar. 'Ik had niet bang moeten zijn.'

'De jacht is nog niet begonnen.'

'Nee.'

Even was Io stil. Joeni rukte haar blik los van de mammoeten en keek opzij.

'Ik dacht dat jij, van alle mensen, zou begrijpen dat ik niemand, maar dan ook niemand zou toewensen wat er met de jagers van Uma is gebeurd. Dat ik nooit naar Ippi zou zijn gegaan met een droom van mammoeten als ik ook maar het idee had dat het niet goed was. Jij was bij me toen ik ontdekte wat mijn fout was. Jij was bij me toen ik de botten van de jagers vond in de vallei. Jij zou me moeten vertrouwen. In elk geval meer dan nu.'

Io zei niets en staarde naar de mammoeten. Joeni zuchtte en raakte zijn arm even aan.

'Ik ben ook bang. Heb ik het wel goed begrepen? Zal er niet toch iets vreselijks gebeuren? Maar als dat zo is, Io, is dat niet door mijn droom. Want die was goed. Dat weet ik zeker. En ik wil het met eigen ogen zien. Daarom ben ik hier.'

De mammoeten vervaagden in de schemer, hun donkere vormen gingen langzaam op in het landschap. Io draaide zijn hoofd naar haar toe. Zijn ogen glommen van ingehouden tranen.

'Ik wil niet doodgaan.'

'Niemand wil dat. Denk je dat de mammoet die wij morgen uitkiezen dat wel wil? Je wilde de grote jacht. Die heb je nu. Herinner je je de leeuw, Io. Je was dapper en snel. Waar is die jongen nu? Hij laat zich wegjagen door verhalen. Door dromen die niet van hem zijn. Laat mij me zorgen maken over mijn dromen. Maak jij je zorgen over de jacht. Die is al gevaarlijk genoeg.'

De mammoeten waren bijna niet meer te zien, al waren ze nog wel te horen.

Ze praten veel, dacht Joeni.

Io draaide zich op zijn rug, zijn handen onder zijn hoofd. Hij staarde omhoog.

'Kom,' zei Joeni. 'Laten we teruggaan naar de anderen. Denk aan morgen, Io! Denk aan de jacht. Jouw jacht.'

Ze dacht niet dat hij haar volgde toen ze opstond en terugliep naar de groep. Dat was niet erg. Hij zou vanzelf wel komen als hij er klaar voor was.

De anderen hadden het observeren al een tijdje geleden opgegeven. Ze wisten genoeg. Joeni had de kudde niet kunnen achterlaten. Want hoe vaak zou ze nog mammoeten zien, buiten haar dromen?

De nacht was fris, en er was geen vuur om hen warm te houden. De geur ervan zou de mammoeten zeker wegjagen. Ze verwachtten misschien geen jagers, maar voor vuur hadden ze een aangeboren angst.

Behalve Zoeker. Hij zou zonder te twijfelen bij ons komen liggen.

De jagers zaten dicht bij elkaar. Ze lieten Joeni toe in hun kring, gaven haar een berenhuid om om zich heen te slaan en een stuk gedroogd rendiervlees. Het duurde niet lang voordat Io zich bij hen voegde.

'Jullie weten allemaal wat je moet doen,' zei Eti. 'Joeni, ik reken erop dat jij je erbuiten houdt.'

'Ja, Eti,' antwoordde Joeni.

'Goed zo. Jij hebt de laatste wacht. Maak ons wakker zodra de sterren in het oosten verbleken. En jagers... slaap goed vannacht. Morgen moeten jullie snel en scherp zijn, jullie hoofd én jullie speer.'

Een grove hand wekte haar.

'Het is tijd,' zei Das. 'Het is stil in de vallei. Zelfs de uilen laten zich niet zien. Blijf waakzaam, Joeni.'

'Slaap goed, Das.'

Ze wrong zich tussen twee meisjes uit, van de plek waar ze zojuist nog had gelegen, hopend dat ze hen niet wakker zou maken. Ze miste hun warmte meteen. Rillend rolde ze zich in de extra huid die Das zojuist bij haar voeten had gelegd. Een restje van zijn lichaamswarmte hing er nog in, en ze kroop er dankbaar in weg.

Had ze gedroomd, zojuist? Ze kon het zich niet herinneren, en dat maakte haar ongerust. Hoewel ze zichzelf voorhield dat het niets was, bleef de schaduw van de leeuw die ze op de klif had gezien haar achtervolgen. Was het de sluipende, bedreigende leeuw geweest, de moordenaar, de jager? Of was het de leeuw geweest die haar de weg had gewezen, de vriend, haar vader?

Zal ik ze ooit uit elkaar kunnen houden, vroeg ze zich af. Of zal ik het altijd pas weten nadat de dingen gebeurd zijn? Wat is dan het nut van een dromer?

Maar iets was beter dan niets. De schaduw van de leeuw had haar alerter gemaakt, meer op haar hoede. Dat kon nooit kwaad.

Ze tuitte haar lippen en blies haar adem in een witte wolk naar buiten. Hij loste op in de nachtlucht. Ze moest nu goed opletten. Wakker blijven. Haar nieuwe stam lag achter haar te slapen, weerloos en kwetsbaar. Ze moest hen beschermen, in elk geval totdat de ochtend kwam.

26

'Eti.'

Joeni schudde haar schouder. De vrouw was meteen wakker en hielp haar met het wekken van de anderen. Ze waren de zon nog voor. De mammoeten zouden sloom en onoplettend zijn.

We sluipen als leeuwen, we jagen als wolven, dacht Joeni toen ze met de groep langs de rotswand bewoog. Zachtjes, langzaam, waakzaam, gespannen.

Wolven met lange tanden.

Iedere jager had meerdere speren op zijn of haar rug gebonden.

Eti liet hen stilstaan en snoof de lucht op. De wind stond nog steeds verkeerd. De mammoeten zouden hen ruiken.

'Dit is ver genoeg voor jou,' fluisterde Eti tegen haar. 'Blijf veilig. Ik wil het liefst die speer van je afpakken.'

Joeni klemde hem met beide handen vast. 'Ik ben geen klein kind.'

'Nee. Je bent een dromer.'

Met die woorden draaide de vrouw zich om en wenkte haar jagers.

'Vanaf nu geen enkel geluid meer.'

En ze slopen verder, Joeni achterlatend bij een donkere puinhelling. Alleen Das keek nog even om. Ze knikte hem geruststellend toe.

In het oosten kleurde de lucht donkeroranje. De zon liet niet lang meer op zich wachten, en de mammoeten waren wakker. Joeni kon ze horen. Hun kaken maalden, hun lippen smakten. Ze wilde het beter zien. Dat kon toch geen kwaad? Voorzichtig sloop ze langs het puin en drukte zich tegen de koele rots terwijl ze de jagers volgde. Ze waren bijna bij de kudde. De dieren snoven onrustig. Ze vroegen zich vast af wat ze roken in de schemer van de morgen. Ze staken hun slurf in de lucht en een lage brom rommelde in hun keel.

Terwijl Joeni dichterbij sloop, zag ze dat de jagers zich opsplitsten in twee groepjes die elk naar een kant van de kudde bewogen. Ze kon nu wel iets dichterbij komen...

Een schreeuw doorbrak de stilte van de ochtend, en de mammoeten antwoordden. Sommige steigerden en zwaaiden met hun kop. Er klonk meer geschreeuw, joelen, gillen.

'Heja!' riep Das. Joeni herkende zijn stem. Haar hart klopte in haar keel. Mensenstemmen echoden tegen de rotswand alsof ze in een moedergrot waren. De kudde kwam in beweging. De grond trilde.

De mammoeten waren snel, sneller dan Joeni ooit had gedacht. De jagers renden naast de vluchtende kudde, staken met hun speren naar de dieren om ze bij elkaar te houden. Het was bijna zover. Ze moesten hun prooi kiezen.

Moeder, geef kracht en richting aan hun speren...

Er klonk een kreet, en een van de twee jonge mammoeten steigerde. Een speer stak uit zijn borst. Io juichte en zijn medejagers moedigden hem aan.

Het was Io! Het is hem gelukt!

Een deel van de jagers bleef tegen het gewonde dier schreeuwen, terwijl anderen de rest van de kudde voortjoegen, in de hoop die in twee groepen op te delen. De jonge mammoet brulde en de oude moeder keek om, maar ze raakte ingesloten. Ze kon niets doen. De jagers prikten hun prooi, bestookten hem, en uiteindelijk draaide hij zich om en rende weg van zijn kudde. In Joeni's richting. De mammoet trok de speer met zijn slurf uit zijn borst. Joeni zag een van de jagers het wapen oprapen.

Een regen van nieuwe speren volgde. Stuk voor stuk boorden ze zich in de huid van de mammoet, in zijn zij, zijn rug, zijn nek. Er stroomde bloed uit zijn wonden, maar hij rende door en de jagers renden onvermoeibaar mee. Ze bleven schreeuwen en gooien en richtten zich nu op zijn kop en hals. De mammoet vertraagde zijn pas. Zijn vacht was kleverig van het bloed.

Zoals in mijn eerste mammoetdroom, dacht Joeni, dit is wat ik dacht dat er zou gebeuren. Dit is hoe het had moeten zijn.

Een speer boorde zich in het oog van de mammoet, en hij gilde. Joeni hoorde zijn kudde antwoorden, roepen, vragen. Ze waren helemaal uit het zicht verdwenen. De rest van de jagers zou ze op afstand houden.

De mammoet bleef rennen, ondanks de speren die uit zijn lijf staken. Ze deinden mee op het ritme van zijn galop. Pijn en angst straalden van hem af, zo hevig dat Joeni het kon voelen. Opeens waren ze bij haar. Io rende vlak langs de flank van het dier en probeerde een van zijn speren los te trekken zodat hij opnieuw kon gooien. Hij was snel, sterk... Maar de speer liet niet los, en hij struikelde met een gil. De mammoet draaide zich naar hem toe, zijn slagtanden laag. De speren die de jagers gooiden, deerden hem niet. Ze konden niet bij zijn kop komen. Het dier rende op Io af.

Ik heb een speer. Ik sta precies goed.

'Io!' riep Joeni, en ze wierp haar wapen met al haar kracht. De punt boorde zich in de zachte hals van de mammoet en hij steigerde. Io keek op van de grond, waar hij opgekruld en met zijn armen over zijn hoofd geslagen had gelegen. Hij rolde weg, zo snel als hij kon.

Maar de mammoet rende niet meer. Hij wiegde heen en weer, terwijl het bloed uit zijn hals stroomde. Hij trok de speren uit zijn lijf en smeet ze weg. Hij begreep niet dat dat niet slim was. Iedere keer kwamen ze terug, iedere keer dieper. Het duurde lang voor het dier door zijn poten zakte. Zijn goede oog rolde omhoog. De jagers kwamen dichterbij, prikten hem, plaagden hem met harde woorden die hij niet begreep.

Plotseling kon Joeni niets anders dan verdriet voelen.

Maar het is voor de stam, dacht ze voor het dier, je zult een zegen zijn voor de stam.

Toen de anderen terugkwamen, slaakten ze kreten van blijdschap en opwinding. Het was gelukt! Een goede jacht! Ze hadden een mammoet! Terwijl ze hun overwinning vierden, liep Joeni naar de mammoet en knielde neer.

'Het spijt me,' zei ze zacht. 'Dank je.'

Maar de mammoet had daar niets aan. Hij rilde, verschoof zijn machtige kop. Zijn laatste adem ontsnapte pruttelend door zijn slurf. Joeni legde haar hand op zijn wang. Zijn vacht was minder stug dan ze had verwacht, de haren fijner. Ze liet haar hand langs een van zijn slagtanden gaan. Sterk, haast onbeschadigd ivoor. Speerpunten en amuletten, naalden en beeldjes. Ze haalde haar vingers door het bloed en trok strepen onder haar ogen. De Moeder huilde voor de mammoet, maar was blij voor de stam.

'Joeni,' zei Io.

Ze draaide zich naar hem om terwijl anderen zich ontfermden over de mammoet, over zijn vlees, zijn huid en slagtanden.

'Je hebt mijn leven gered.'

'Dacht je dat ik je zou laten doodgaan?'

'Je mocht je nergens mee bemoeien. Iedereen wist dat.'

Joeni lachte. 'Ik denk dat Eti het me wel vergeeft. Ik kon het, Io. Dus deed ik het.'

'Dank je.'

'Geen dank.'

'Io!' riep Eti. 'We hebben je hulp nodig!'

In het westen verschenen lome vormen in het ochtendlicht. De kudde. De oude moeder ging voorop, en ze riep kort, klaaglijk. Joeni keek op en zag tientallen gieren boven hen cirkelen, met trage vleugels en kromme nek. Zo snel lokte de dood ze. De jagers lachten en sleepten de onbruikbare ingewanden van de mammoet uit zijn buikholte om ze een stuk verderop neer te leggen. De gieren doken meteen naar beneden, afgeleid van de buit van de jagers door dit gemakkelijke feestmaal.

De kudde bleef op afstand. Ze zouden wachten, wachten tot de mensen klaar waren en de resten van hun familielid achterlieten. Ze zouden hem gedag zeggen voordat ze verdertrokken, zich ervan verzekerend dat hij echt niet meer in leven was.

'Joeni!'

'Wat?'

Eti stond voor haar, tot aan haar ellebogen onder het bloed en met haar gezicht vol rode vegen. Ze leek wel een dromer!

'Je belofte.' Haar blik was streng.

'Ik weet het, maar Io...'

'Niet die belofte. Waarom ben je nog hier?'

Haar glimlach was vreemd onder al dat bloed op haar gezicht. Joeni begreep niet wat ze bedoelde.

'Ik...'

Eti stompte tegen Joeni's schouder.

'Droom je soms? Het is gelukt. De jacht is succesvol. Je droom was goed. Ga! Waarschuw de stam, en zeg dat ze opschieten. Mos en Taki staan al klaar om met je mee te gaan. Een mammoet, Joeni. We hebben een mammoet!'

Eti had gelijk. Joeni was een van de boodschappers.

'We komen snel terug, met versterking,' zei ze.

'Ik reken erop. Ga nu!'

Eti's lach klonk nog na in Joeni's oren terwijl ze rende. Snel en soepel als een leeuw. Ze liet de twee jongens ver achter zich.

Het is gelukt, papa! Ik had het goed!

Haar ogen traanden in de wind. Haar blik vertroebelde. Ze was niet alleen.

Hij rende naast haar. Haar vader. Hij was lang en pezig, en zijn bruine haar wapperde losjes.

'Mijn Joeni,' fluisterde hij. 'Ik ben zo trots op je.'

Hij bukte, boog zijn rug en rende verder op handen en voeten. Een staart groeide, een vacht verscheen. De leeuw keek nog één keer om voordat hij vooruitschoot, sneller dan Joeni ooit zou rennen, soepeler dan water, vlugger dan de wind. Ze zou hem nooit kunnen bijhouden. Maar ze lachte, en ze probeerde het toch.

Nawoord

Het verhaal van Joeni speelt zich 28.000 jaar geleden af, tijdens de laatste ijstijd. Je vraagt je misschien af waar dat vreemde getal vandaan komt. Waarom niet 30.000 jaar, of 40.000? Dat komt omdat de vallei met de woongrot waar Joeni's verhaal begint, echt bestaat. Hij ligt in Frankrijk, in de Bourgogne, bij het stadje Arcy-sur-Cure. De tekeningen van mammoeten en andere dieren in de moedergrot kun je gewoon nog gaan bekijken. Ze zijn 28.000 jaar oud.

Er zitten nog veel meer dingen in dit boek die echt bestaan. De woon- en moedergrot van Jerrik bijvoorbeeld, met al die handafdrukken die vingerkootjes missen. Dat zijn de grotten van Gargas in Frankrijk, en ze zijn ongeveer net zo oud als die van Arcy-sur-Cure. De moedergrot van Mam en Toek is gebaseerd op de grotten van Niaux, ook in Frankrijk.

Jezelf versieren was erg belangrijk in de ijstijd. De haarnetten van schelpjes en de kralen en amuletten van dierentanden, been of ivoor, zijn er allemaal echt geweest. Ze hebben op kleren en tassen gezeten, om iemands nek of in iemands haren. Op allerlei plekken in Europa zijn ze teruggevonden.

Ook de moederbeeldjes die in het verhaal bij de Verbinding aan de meisjes worden gegeven bestaan echt.

De beroemdste is de Venus van Willendorf uit Duitsland, een dikke vrouw met haar haren in knotjes. De beeldjes zijn vaak ingesmeerd met rode oker en worden vaak in de buurt van een haard gevonden.

En dan is er nog de 'Löwenmensch' van Hohlenstein-Stadel uit Duitsland. Dat is de leeuwenman. Het beeldje van een man met een leeuwenkop is gesneden van mammoetivoor. Er is maar één vergelijkbaar beeldje bekend, al is dat veel kleiner.

De mensen uit de ijstijd waren niet alleen maar jagers. Het waren echte kunstenaars. Niet alleen is het behoorlijk moeilijk om iets uit je hoofd te tekenen, je moet het ook nog bij het licht van een vlammetje doen en het moet in één keer goed zijn. Want op een rots kun je niet gummen... Het moet bijzonder geweest zijn, zo'n tekening maken. Als het gewoon maar iets als graffiti was, zouden de grotten helemaal vol staan met allerlei tekeningen en krassen. Maar dat is niet zo. Sommige grotten werden wel 10.000 jaar lang gebruikt. Er zijn dan hooguit een paar honderd tekeningen. Stel dat het er vijfhonderd zijn. Dat lijkt best veel. Maar dat is dan maar één tekening per twintig jaar.

De mensen tekenden bijna alleen maar grote dieren in de grotten. Bizons, mammoeten, leeuwen, beren en reuzenherten. Dieren waar ze bijna nooit op jaagden. Daarnaast tekenden ze ook heel veel symbolen zoals driehoekjes, golvende lijnen en stippen. Veel wetenschappers doen onderzoek naar de grottekeningen uit de ijstijd. Maar niemand weet wat ze echt betekenen. En waarschijnlijk zullen we dat ook nooit weten.

Na het lezen van dit boek denk je misschien: die Joeni is wel heel modern voor een meisje dat in de ijstijd leeft. Waren mensen toen geen primitieve, wilde wezens, die altijd honger hadden en moesten vechten om te overleven? Hadden zij wel tijd voor dromen en tekenen, voor jaloezie, verliefdheid en verdriet? Ik geloof van wel. Ze waren mensen, net als wij. Ze waren even slim, ze zagen er hetzelfde uit. Ze leefden in kleine groepen, en waren dag en nacht bij elkaar. Het is logisch dat je dan af en toe boos, bang of verliefd bent. Het is logisch dat je dan dromen hebt. Je zou misschien net zo stoer willen zijn als de jagers uit de verhalen. Je zou misschien willen dat je ergens anders woonde, met andere mensen, of dat je eindelijk eens een keer iets anders mocht doen dan datgene wat je altijd doet. Eigenlijk net als nu.

Ik ben benieuwd naar jullie gedachten. Laat het me weten via het contactformulier op mijn website www.lindadielemans.com.

Linda Dielemans

Lijst met grotschilderingen

Paard, Grotte de Niaux (Frankrijk), ongeveer 13.000 jaar oud

Reuzenhert (megaloceros), Grotte Chauvet Pont d'Arc (Frankrijk), ongeveer 36.000 jaar oud

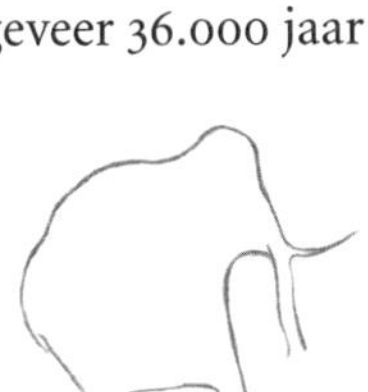

Wolharige mammoet, Grottes d'Arcy-sur-Cure (Frankrijk), ongeveer 28.000 jaar oud

Handafdruk met stippen, Grotte Chauvet Pont d'Arc (Frankrijk), ongeveer 36.000 jaar oud

Grottenleeuwen, Grotte Chauvet Pont d'Arc (Frankrijk), ongeveer 36.000 jaar oud

Paarden, Grotte Chauvet Pont d'Arc (Frankrijk), ongeveer 36.000 jaar oud

Abstracte tekens, Cueva de El Castillo (Spanje), ongeveer 35.000 jaar oud

Vis (waarschijnlijk heilbot), Cueva de la Pileta (Spanje), ongeveer 20.000 jaar oud

Handsjabloon van een man, Grottes de Gargas (Frankrijk), ongeveer 27.000 jaar oud

Abstracte tekens, Cueva de El Castillo (Spanje), ongeveer 35.000 jaar oud

Stippen, Cueva de El Castillo (Spanje), ongeveer 35.000 jaar oud

Wolharige neushoorn, Grotte Chauvet Pont d'Arc (Frankrijk), ongeveer 36.000 jaar oud

Handsjabloon van een tiener, Grottes d'Arcy-sur-Cure (Frankrijk), ongeveer 28.000 jaar oud

Grottenbeer, Grotte Chauvet Pont d'Arc (Frankrijk), ongeveer 36.000 jaar oud

Abstract teken, Cueva de El Castillo (Spanje), ongeveer 35.000 jaar oud

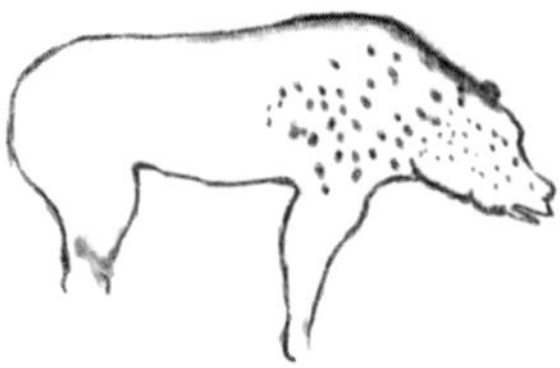

Grottenhyena, Grotte Chauvet Pont d'Arc (Frankrijk),
ongeveer 36.000 jaar oud

Bizon, Grotte de Niaux (Frankrijk), ongeveer 13.000 jaar oud

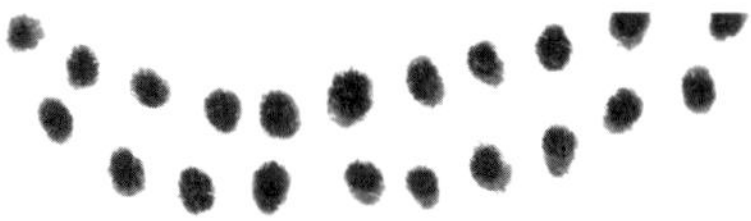

Stippen, Grotte de Niaux (Frankrijk), ongeveer 13.000 jaar oud

Abstracte tekens, Grotte de Niaux (Frankrijk), ongeveer 13.000 jaar oud

Reuzenhert (megaloceros), Grottes de Cougnac (Frankrijk),
ongeveer 23.000 jaar oud

Steenbok, Grotte de Niaux (Frankrijk), ongeveer 13.000 jaar oud

Wolharige neushoorn, Grotte de Rouffignac (Frankrijk), ongeveer 13.000 jaar oud

Wolharige mammoet, Grotte du Pech-Merle (Frankrijk), ongeveer 28.000 jaar oud

Grottenbeer, Grotte Chauvet Pont d'Arc (Frankrijk), ongeveer 36.000 jaar oud

Wolharige mammoet, Grotte de Rouffignac (Frankrijk),
ongeveer 13.000 jaar oud

Abstracte tekens, Grotte de Marsoulas (Frankrijk),
ongeveer 15.000 jaar oud

Oeros (op achterplat), Grotte de Lascaux (Frankrijk),
ongeveer 18.000 jaar oud

Eerste druk 2018

Omslagillustratie en illustratie achterplat: Martijn van der Linden
Illustraties binnenwerk: Linda Dielemans
Uitgeverij Leopold, Amsterdam / www.leopold.nl
ISBN 978 90 258 75 25 1 / NUR 283/284

FSC
www.fsc.org
MIX
Papier van verantwoorde herkomst
FSC® C004472

Uitgeverij Leopold drukt haar boeken op papier met het FSC®-keurmerk.
Zo helpen we waardevolle oerbossen te behouden.